旅游管理精品教材译丛

〔美〕威廉·S.里斯（William S.Reece） 著

宁传锋 张红 译

The Economics of Tourism

旅游经济学

东北财经大学出版社
Dongbei University of Finance & Economics Press

PEARSON
Prentice Hall

大 连

图书在版编目（CIP）数据

旅游经济学／（美）里斯（Reece, W. S.）著；宁传锋，张红译 . 一大连：东北财经大学出版社，2011.3（2017.9 重印）
（旅游管理精品教材译丛）
书名原文：The Economics of Tourism
ISBN 978 - 7 - 5654 - 0304 - 0

Ⅰ. 旅…　Ⅱ.①里…②宁…③张…　Ⅲ. 旅游经济学 - 教材　Ⅳ. F590

中国版本图书馆 CIP 数据核字（2011）第 032475 号

辽宁省版权局著作权合同登记号：图字 06 - 2010 - 08 号

William S. Reece：The Economics of Tourism

东北财经大学出版社出版
（大连市黑石礁尖山街 217 号　邮政编码　116025）
教学支持：（0411）84710309
营 销 部：（0411）84710711
总 编 室：（0411）84710523
网　　址：http：// www. dufep. cn
读者信箱：dufep @ dufe. edu. cn
大连图腾彩色印刷有限公司印刷　东北财经大学出版社发行

幅面尺寸：185mm×260mm　字数：241 千字　印张：12　插页：1
2011 年 3 月第 1 版　　　　　　2017 年 9 月第 2 次印刷

责任编辑：李 季 吉 扬 刘 佳　　责任校对：贺 鑫
封面设计：张智波　　　　　　　版式设计：钟福建

定价：30. 00 元

版权所有 侵权必究　举报电话：（0411）84710523

目录

第 1 章
绪论

学习目的

- 理解旅游的定义
- 了解世界旅游业的范畴
- 理解旅游经济的循环概念
- 了解旅游业的主要组织

1.1 概要

探亲访友或度假旅游为我们留下了许多快乐的记忆。商务旅游也为惯常的工作生活带来了令人兴奋的体验。因此，和访医看病不同，人们渴望参加旅游。旅游业是很有吸引力的产业。通过旅游，人们可以体验敞篷滑行车、酒店、迪斯尼乐园、邮轮、拉斯维加斯、埃菲尔铁塔、大堡礁及参观世界上无数的美景胜地。但是旅游业并不仅仅带来刺激或娱乐，它还是一个严肃的经济活动。

那么什么是旅游业？作为联合国的分支机构，世界旅游组织（WTO）对旅游做了以下定义：旅游是人们基于休闲、商务或其他目的到其惯常居住地以外的环境所从事的活动，其在该地连续停留时间不超过一年，并且主要不从事赚钱的活动。

因此，可以认为旅游是人们离开他平时的居住地和工作地，出行距离通常至少为 50 英里，并在一年内返回的行为。其出行目的可以为商务、休闲、探亲访友、个人事务（如出席婚礼、葬礼或参观大学等）、购物及其他目的。对于移民或到异地去工作并且从异地获得报酬的行为则不属于旅游活动。另外每天例行公事的往返，如通勤也不能被看作是旅游活动。

旅游业在全世界得以迅速发展，为数以千万的人提供服务、就业和投资机会，同时还能通过上缴大量税收，推动地方经济的发展。据世界旅游组织估计，2005 年全球国际旅游总消费，包括国际间往返交通，共计达到 800 亿美元。同时，我们也需要对世界各国的国内旅游情况加以考虑，以期掌握总体旅游消费情况。

本书的目的是帮助您了解旅游业内正在发生的事情。本书阐述了旅游业的经济发展状况，并探讨了有助于理解旅游问题的经济学原则和方法。问题不在于这些经济学理念能否帮助我们理解整个旅游业，而是能否有助于我们去理解旅游业发展中遇到的任何一个问题，答案当然是肯定的。

我们会考虑到对消费者和政府的研究，但是在本书中，我们的重点是了解旅游行业中的各类企业。我们确信通过观察相关的旅游企业，会取得重大的进展：

- 我们所关注的企业
- 企业的结构和运作方式
- 企业间的相互关系
- 企业所提供的服务
- 企业的定价
- 企业面临的政府规则

通过学习应用经济学的基本原理，我们可以做到以较小的投入获得较大的产出。经济学课程基本原理中所包括的方法和理念会极大地帮助我们去理解旅游业的发展。

1.2 旅游业的经济概念及问题

在当今社会中，许多人和组织都会参与到旅游活动中来，其中包括消费者、工人、经营者、投资商、私人组织、政府以及其他机构。可以说应用相对较少的经济学理念就可以帮助我们理解上述所谈到的参与者在旅游业中的行为。在我们对旅游业各个组成部分进行研究调查的时候，这些经济学理念将会被一再应用。

一些经济学原理的产生和应用为它们的创造者赢得了由瑞典皇家科学院授予的诺贝尔经济学奖。我们可以来回顾一下获得诺贝尔经济学奖这一殊荣的部分经济学科研成果，并来探索一下这些研究成果是如何帮助我们去理解旅游业的发展的。例如，Ronald Coase 认为，不论是在哪一个产业领域，任何一个企业都是尽可能地以最低成本来运行，无论这个企业的规模大小，无论这个企业的经营方向是单一的还是综合的，也无论这个企业是本地经营还是拥有较大的经营领域。这个原理有助于我们理解汽车租赁公司和旅游经营商的运作。再举一个例子，Wassily Leontief 因提出"投入—产出分析"而于 1973 年获得诺贝尔奖。旅游业通常会运用这种分析模式来衡量旅游对地方发展的经济影响。我们将进一步解释这项工作是如何开展的。

■ 1.2.1 为客户创造价值，为员工和经营商创造收入

经济制度是创造社会所需要消费的物质产品和服务的一系列制度。旅游业所创造的价值来源于向旅游者提供旅游产品和旅游服务，包括餐饮、住宿、去目的地的旅游活动以及其他服务等。通过对上述价值的创造，旅游业为旅游经营商和旅游业从业人员创造了收入。旅游业的收入主要包括劳动力的工资、薪水及旅游企业效益。

■ 1.2.2 供应

在多数情况下供应属于企业行为。生产物质产品和服务所需要的花费是影

响企业供给行为的最主要因素。多数旅游企业具有两个典型特征，这两个特征有助于我们去理解旅游业中诸多子行业，包括航空、酒店、游乐园以及其他相关行业的发展。这两个特征为：(1)旅游服务的提供具有高固定成本及产出的低边际成本特征。(2)在任何时间点旅游企业的产出容量都具有容量限制。

高固定成本意味着提供任何层次的服务均需要初期的物质投入，如修建过山车等设施。低边际成本意味着在企业生产一定数量的产品和服务后，再生产的产品或服务而带来的成本增加量较小。再以过山车为例，一旦过山车的设施建设完毕，每增加一个客人乘坐过山车所耗费的成本则非常小。因此，为第一个乘坐过山车的客人提供服务需要高额成本，但紧接着再为第二位乘坐过山车的客人提供过山车服务则几乎不会增加什么成本。最后，我们来看看容量限制的理论。在过山车一例中，每额外增加一辆过山车的成本非常小，直至过山车轨道达到饱和。一旦该游乐园接待足够多的游客以致过山车轨道上的过山车数量已经达到轨道所能承载的最大限度，那么，若再增加一个乘坐过山车的客人，其服务成本将是非常巨大的——为了增加的这个客人，游乐园必须修建更多的基础设施来运行待增加的过山车。

许多旅游企业对研究包括高固定成本、低边际成本及容量限制等在内的成本结构采取了详细的举措。如复杂的航空票价体系的制定，机票定价每一分钟都可能发生变化，乘坐同一航班的乘客即便他们座位相邻也可能为享受同一服务而付出了不同的价钱。另外还包括对于学生、资深客户等的票价折扣、对持优惠券消费者的特殊定价、网上票务公司的里程赠与活动、奥兰多主题公园对佛罗里达居民的折扣优惠以及许多其他类似的行为。一旦我们理解了成本的基本理念，航空公司、邮轮、主题公园以及其他旅游公司的定价体系就不再神秘了。

除了成本以外，还有其他的因素影响企业的经营行为。科技变革也是影响旅游企业运营成本的重要因素。但是或许更重要的是科技变革有时改变了旅游服务的性质。200多年前蒸汽机的改进带来了科技变革，随后这一变革被应用到旅行中来，使乘坐火车或轮船出行成为可能。

之后飞机的发明为旅游业的发展带来了更大的变化。但是，需要注意的是，科技变革本身不会产生供给。在市场供给变化之前，企业需要将科技变革应用到创造新的经营模式或制定新的经营战略中去。企业的经营模式是企业如何通过服务客户而获得经济收益的具体阐释。经营战略体现的是企业如何去融入已经具有其他竞争者的市场环境。关于在旅游市场中企业的经营模式和经营战略如何影响旅游企业的供给行为会在本书的后续章节加以学习。

■ 1.2.3　需求

需求针对的是消费者行为。在经济学中，我们通常没有意识到"需要"或"需求"这样的词汇是多么有意义。这并不意味着人们不需要食物、医疗或其他产品，而是分条列举人们的需要并不能帮助我们去更好地理解他们的行为。例如，大家会认为人们在干旱地区会更加需要水，然而事实是在干旱地区人们使用更少的水。原因是什么呢？因为在干旱地区水价更高，人们的用水量取决于价格。可见需求是人们所购买的物质产品及服务的数量和价格之间的关系。这是一种颠倒的关系：价格越高，消费者购买越少；价格越低，消费者购买越多。

　　影响旅游消费者需求行为的最主要的因素是收入。当不同收入水平的消费者参与到旅游活动中的时候，更高的收入对日益增加的旅游需求有着强烈的影响。随着时间的推移我们会看到这种影响：国家平均收入水平的提高带来旅游需求的快速增长。另一方面，在任何一个时间点对收入和需求的关系进行研究时则可以发现，高收入水平的消费者相比于低收入水平的消费者具有更大的旅游需求。

■ 1.2.4　竞争

　　垄断是由单个企业主导的行业。在旅游系统中，我们很难找到真正的垄断者，因为旅游业的运营需要有众多企业的参与，这些企业争夺着消费者。竞争影响了企业所提供的服务和产品类型以及对产品的定价。我们将探索合适的方法去理解旅游企业之间的竞争，并会进一步探求越来越多的企业参与竞争对旅游产品定价和服务的影响。一个重要的领域是研究已经运营了几十年的几个主要航空公司和新近入市的低价航空公司之间的竞争关系和行为。

■ 1.2.5　政府监管

　　政府对于旅游业的发展已经实施了重要影响。有时政府通过直接的现金补助扶持旅游业的发展，如对早期的航空公司就是这样。有时政府通过资助建设基础设施、河流和港口设施、机场及道路设施等来促进旅游业的发展。政府还会通过旅游广告宣传及其他方式来支持旅游目的地的开发。

　　政府也会通过安全监管来保障旅游业的发展。一个重要的例子是在泰坦尼克号灾难之后各地政府对客运线路所施加的一系列规定。政府还规定了对邮轮、饭店以及其他场所所提供的食物管理要求。另一个例子是联邦和州政府联合建设的既高速又安全的州际公路系统，这一点极大地促进了美国旅游业的发展。

　　在其他方面，政府则可能会限制旅游业的发展。一个最直接最经常采用的方式就是通过税收来调节，这提高了旅游服务的价格。有些情况是政府通过制定保护环境的规章制度来约束旅游业的快速或无序发展。当然也可能存在其他的情况，即即便没有深思熟虑的理由，政府监管也有可能阻碍旅游业的发展。最引人注目的例子是现已解散的美国民用航空委员会，这将在第7章中有所论述。

　　政府的工作既能促进旅游业的发展也能限制旅游业的发展。最知名的是有关赌场赌博的案例。政府有时选择禁止开设赌场，有时则选择支持赌场的发展。一些政府则在不同时间选择以上两种政策。在部分国家和地区则是政府通过公民投票决定赌场赌博的建设问题。赌场经营是全世界多个地区的一项大生意，正如我们所看到的一样，政府正在对其课以重税和严格管制。

1.3　旅游行业组织

世界各地有许多组织在从事研究、促进、衡量旅游业的发展态势以及收集旅游信息的工作。这些组织是了解旅游业发展情况的重要信息来源。它们提供相应服务以支持企业经营、数据分析、政策建议、统计分析以及把信息转化成更容易理解的形式，后者主要通过网络来进行。

这些组织中有一部分是政府机构，包括国家、省、州等各级地方政府的分支机构，有些则是代表政府的各国集团机构。美国商业部有一个旅游业发展办公室，其主要工作是促进美国旅游业的发展，并定期评估美国出入境旅游的发展情况。其他国家也设有同样的机构，专门负责国内旅游的推广，并测评国际旅游的发展。例如"澳大利亚旅游组织"就是向澳大利亚实施以上职责。

世界各国主要的数据分析机构通常对旅游业的发展给予特别关注。美国商务部经济分析署将旅游卫星账户列为国民收入和产值账户（NIPA）的一部分以定期统计国民生产总值（GNP）。加拿大数据分析部门也做了同样的工作。新西兰和许多其他国家也都具有类似的政府工作计划。

总部设在马德里的世界旅游组织是全球性的国际旅游组织。它的目标是促进世界各地的旅游发展，并通常通过向寻求提高旅游接待量的国家提供技术支持来实现这一目标。同时，世界旅游组织也从事收集或传播国际旅游信息的工作。

还有一些非常重要的旅游组织是同政府没有正式关联的私营协会组织。其中有许多是行业协会，即以保护促进旅游服务的供应者利益为目标的协会组织。在美国，美国旅游协会就是一个非常巨大的行业协会，它代表了整个旅游业的利益，并促进旅游业在美国的发展。大多数旅游行业部门都拥有代表其利益的行业协会。这些协会的一个重要职能是协调行业和政府关系，包括监督政府政策、将即将发生的政府行为通知给协会成员，以及代表协会成员进行相关的游说活动。同时，它们也向协会成员提供科技方面或操作方面的帮助，诸如有关电信这样的事情或处理涉及多个服务供应商的付款问题。

航空运输业拥有一些最强大最活跃的协会组织。国际航空交通协会为全球的航空运输业服务，服务对象包括客运航空公司和货运航空公司。美国航空交通协会面向美国航空交通运输业提供类似职能。邮轮公司、旅游代理商、旅游经营商以及旅游业的其他行业分支也都拥有代表其利益的有效行业协会并为其成员服务。

这些组织旗下的网站是学生和其他从事旅游研究的科研人员获得相关信息的重要来源。我们会在以后各章中涉及许多相关协会。

1.4　小结

出于商务、休闲需要离开惯常居住地，并在一年内返回的旅游活动向世界上众多人提供了服务、就业机会和投资回报。经济学原理的基本理念和方法，如对供给和需求、消费、科技和政府监管等的研究，都有助于我们更好地理解旅游业。

许多国内和国际组织研究并推动了旅游业的发展。这些组织包括联合国的世界旅游组织，及诸如美国商务部和"澳大利亚旅游"等的全国性旅游组织，还有诸如美国交通运输业协会这样的行业协会。这些组织机构提供的数据和分析是研究旅游业发展的重要信息来源。

在第 2 章我们将学习到旅游业是如何为消费者创造价值，并为生产者带来收入的相关内容。

第2章

旅游业的价值创造

学习目的

- 理解什么是经济
- 理解收入和增加值的关系
- 理解旅行社是如何去创造价值的
- 了解美国和加拿大旅游业增加值的规模

2.1 什么是经济？为什么我们需要经济？

经济是创造社会所需要消耗的物质产品和服务的一系列制度的集合。如果说经济是制度的集合，那么我们有必要对制度这个词进行定义。有些制度是社会交往活动的行动准则。这些规则可以是正式的，诸如法律和规章制度，也可以是不正式的，诸如风俗习惯和社会行为等。私有产权或通过劳动获得报酬等都是经济制度得以体现的重要例子，既包含了正式的法律含义，也包含了非正式的社会行为。一些社会机构也是制度的存在形式，如像地方鱼市场一样的现货市场，像全国证券交易商协会自动报价系统一样的电子市场，像劳动力市场一样的更加抽象的市场等。大多数制度通常是持久的，历经几个世纪或几代人也几乎不发生什么变化，但是某些制度则可能变化得非常迅速。科技变革能够导致制度的迅速改变，正如随着电话及随后的移动电话的发明、网络、电子邮件以及其他电子通讯的变革等所带来的多种变化一样。这些变革都带来社会交往规则的变化。

经济和经济制度的存在是因为我们需要解决温饱问题，我们也需要娱乐活动，我们还需要流动以及其他的众多需求。同时还因为我们是消费者，自然界不会直接提供给我们完全令消费者满意的物品。从最基本的层次上来看，即使我们是以天然生长的水果或浆果为生，我们首先也需要把这些水果或浆果收集下来，这一过程或许也需要一些形式的准备工作。所有的这些收集或准备的过程也是一种经济活动——将资源转化成待以消费的、令消费者满意的产品或服务。

让我们想象一个新的现实电视节目秀叫做"经济岛"。这个节目的假设条件是制片人把参赛选手扔在一个小荒岛上，岛上除了选手们自己穿的衣服和一个电视摄像机之外什么也没有。因为这个岛非常偏远，所以直到制片人返回前选手们和外界都是没有任何联系的。六个月之后制片人再返回岛上去了解选手们在岛上的生活状态，并接收摄像机录下来的内容。他们会发现选手们或者是创造了经济活动，或者是死于饥饿、疾病或冻死。选手们或者积极从事各种各样的活动以使他们生存下来，或者只有死亡。如果他们得以生存，他们一定是进行了类似采集、种植、捕猎、储存以及消耗食物等一系列的经济活动。弄个避风雨的地方或制作衣服也属于经济活动，就像自我娱乐或处理他们可能遇到的伤害和疾病一样。在从事以上活动的过程中，选手们已经体验到合作或竞争的制度关系。他们可能已经划分了资源并分派了责任。一些选手们或许已经在特定活动中行使了一定的权利，或者他们已经建立了政治制度，如表决机制、权利分派以及制定决策等。经济岛的本质是选手们利用自身的劳动和岛上的资源创造了一种经济活动，否则他们只有死路一条。

通常经济活动的目的是创造价值。像在经济岛上所发生的这样原始的经济活动中，收集食物的活动创造了价值，其过程是把散乱的、偏远的零散食物收集在一起形成一定的规模以便于选手们能够利用它们。在这样做的过程中，经济活动为消费者创造了价值。在随后的清洗、削皮或烹制食物等一系列的烹饪过程中也创造了价值。通过人们的工作，把这些食物转化成可见的、人们可食用的，令人愉悦的形式，这一过程也创造了价值。通常经济活动由一系列的活动组成，这些连续的活动为大自然的馈赠增加了价值，而这些价值的大小则是由消费者在消费产品或服务过程中所获得的满意程度主观上决定的。

我们通常以增加值来衡量经济活动所创造的价值，即企业收入减去购买中间产品的成本。应避免重复计算，即避免对同一价值量进行两次相同的计算。例如，福特汽车公司销售的汽车中配置有 CD 播放机，但是福特公司本身并不生产 CD 播放机。因此，福特公司从其他公司，如索尼公司购入播放机。在计算福特公司的经济增加值时，我们需要减去福特公司购买 CD 播放机所需的成本。生产 CD 播放机的经济增加值属于索尼公司。从汽车总销售额中减掉花费在中间产品如汽车 CD 播放机上的成本避免了对 CD 播放机价值的重复计算。

再看一个例子，这次我们考虑的是制作木制家具。樵夫通过锯下木头并销售给锯木厂创造了价值。锯木厂进一步生产，将原木制作成木材销售，但是其总增加值要少于总销售额。为了确定锯木厂的增加值，我们必须扣除其从樵夫手中购买木头的成本。总体来讲，为了计算一个公司所创造的增加值，我们需要减去所有从其他公司购买中间产品所需要的成本。接着来看木材生产至最终产品这一过程，"绿色"木材随后被送至干窑并通过烘干木材的工作对木材创造了增加值。干燥的木材进一步被出售给家具制造商，后者通过将木材制作成家具进一步创造了增加值。在上述每一个环节中，相比于前期阶段的处理而言，每个加工商都通过对中间产品的加工使产品的价值有所增加。

2.2 收入和增加值

收入是一定时期经济活动中所创造的价值净流量，它是经济学中最重要的概念之一。在理解收入和增加值的概念中至关重要的一点是通过经济活动所创造或增加的价值是收入的唯一来源。那么在上文所提到的"经济岛"中，当选手们在岛上生活的时候他们的收入是什么呢？其收入即是他们所创造的任何价值。这在其他任何地方也都是相同的——创造价值是收入的唯一来源。需要注意的是收入的形式有多种，包括薪水、工资、小费、利润、利息、版税以及租金等。对于任何一个社会而言，以上各种收入的唯一来源是这一时期所产生的增加值。

学生或者一些人常常会混淆金钱、财富以及收入的概念，导致此种情况出现的部分原因是多数收入是以金钱的形式支付的，而且财富也是以金钱的形式持有的。但其实金钱、财富以及收入是不同的概念。金钱是交换的媒介，同时它也是人们所持有的部分财富的媒介。而收入则是不同的概念。总体来看，收入是一定时期在经济活动中所创造的价值流量。财富则是以往收入在一定时期的累积。

理解以上几个概念非常有助于我们去理解许多重要的经济问题：

●政府通过雇用居民为政府工作，并用最新印制的货币为其支付报酬能否增加国民收入？在高就业率的时期答案当然是否定的，因为这样的政策虽然会增加金钱的供给，但不可能创造经济活动中价值量的持续增长。如果价值量没有增长的话，收入就不会增加。

●为什么一些国家的居民收入非常低，而另一些国家的居民收入非常高？典型低收入国家的居民每一工时所创造的价值非常低，或者他们的工作时间非常短。典型的高收入国家居民每一工时会创造大量的价值，并且每周或每年的工作时间也非常长。

●一个成年人在他一生的工作时间内可能会获得多少收入呢？这取决于这个人在每一个时期所创造的价值。如果他是一个脑科医生，我们可以预见他每一工时会创造大量的价值，而且会获得较高的收入。如果他是在法院做保洁的工人，我们不可能认为他有较高的收入，因为这个人每一工时不会创造较大的价值。

●那么旅游代理商、工程师或者牙医们赚多少钱呢？答案同样取决于他们所创造的价值。

增加值是经济活动中非常重要的概念，因为增加值减去折旧成本刚好用于支付收入。我们对收入的计算正是从增加值中扣除折旧的成本。对于一个企业而言，折旧被定义为一定时期内该企业资本存量的价值损耗，而资本则是用于企业生产的持续投入，如厂房、车辆、机器和工具等。一个企业，如上文讨论过的锯木厂，所拥有的设备设施以及其他资本存量都会随着时间的流逝在价值上有所折旧。例如，锯木厂的发动机会磨损或者过时，进而贬值。企业在使用相关设备设施中创造价值，同时设备设施在使用中也在折旧贬值。锯木厂的收入应该是总销售额减去企业购买中间产品的成本及折旧的成本。

锯木厂创造的经济增加值扣除折旧成本后的剩余可用于支付工人的工资或薪水、利息、租金及成为债权人、土地出让方和投资人的利润。锯木厂可能借款继续经营，需要付出一大笔钱甚至可能超过企业经营活动所创造的经济增加值。在此情况下，锯木厂借用了贷款人的经济增加值。将经济作为一个整体来看，净值为零，总收入相当于总增加值（减去折旧成本）。当企业当前支出超过经济增加值时，企业可以动用储蓄来维持经营，但企业是转换了不同时间的经济增加值，将财富（以前所积累的经济增加值）转化为收入。这并不违背增加值是收入的唯一来源这一事实。

我们可以来看看美国商务部所计算的GDP（国内生产总值）中收入和增加值的关系。美国商务部每年分四次分别计算最新季度的GDP以及国内总收入，二者一起被称为国民收入和产值账户（NIPA）。GDP（国内生产总值）是一定时期所生产出的全部最终产品和服务的总价值，或者是一定时期一个国家或地区的经济中所创造的经济增加值的总和。国内总收入的概念表示的是国内各行各业收入的总和。

假设一些经济活动的增加值是负值，即假设通过经济活动所创造的产品价值要低于生产成本的价值。例如，假设锯木厂生产的木材价值小于锯木厂所购进的原木价值，即使企业不需要支付给工人工资，其利润也是负增长的。因此，我们可以预见到该企业可能会停业。除非企业从外部获得援助进而克服了销售额和成本之间的收入短缺，否则企业最终会彻底停产。像企业经济出现负增加值这一现象并不常见，但绝不是不可能出现的。它们可能出现于非市场经济环境，诸如前苏联时期很少进行利润的统计，企业决策通常也不是基于利润的考虑而制定的。当企业决策制定者没有完全认识到企业经营面临的所有成本时，引起企业经济增加值负增长这样的经济活动也可能被继续下去，如企业的经济活动对环境产生大量的负面影响时即属于这一情况。

对于经济增加值为负值这样的企业，其生产总值低于中间投入的价值。然而有些企业也存在着在其经营活动中增加值虽为正值，但仍然亏损这样的情况。企业需要提取经济增加值用于支付劳动力报酬和资本回报（利润和利息）。增加值可能为正值但是不足以支付劳动力报酬，同时一部分经济增加值还需要用于偿付资本回报。企业的经济利润是总收入扣除总成本之后的剩余，不仅仅是扣除中间产品成本的剩余。正常的资本回报也包括在总成本里面，因此，企业赚取的回报率仅仅为正常值的话，其经济利润为零。经济利润为负值或回报率低于正常线以下表明企业生产总值低于其投入的成本价值。

2.3 旅行社的增加值

旅行社通过多种渠道创造价值。旅行社是旅游者和旅游服务供应商之间的中介机构，向交易双方提供有价值的服务。对于旅游者而言，旅行社提供有关旅游机会、产品价格以及其他旅游事项方面的信息咨询。旅行社能够搜集到大量关于有效航班、低价产品、酒店空房以及其他旅游者所需要的信息。同时，旅行社也提供服务，这是一种特殊形式的服务，一个经验丰富的、合格的旅行社会先行游览游客正在考虑的旅游目的地，会在目的地的多家酒店先行试住，会在多家邮轮上试航，会先行体验旅游者考虑选择的航班。来自于亲身经历或其他类似渠道的建议是非常有价值的。此外，旅行社会经常进行各种交易活动。例如，旅游者进入旅行社时带着现金，离开时却带着机票，尽管机票可能是电子票而非纸质机票。所有这些活动都为旅游者创造了价值。从供给的一方看，旅行社也通过这样的交易活动创造了价值。旅行社也可以提供下述服务，即对特定旅游服务供应商的产品或服务进行积极的促销或销售。总之，旅行社为旅游者和旅游服务供应商都创造了价值——通过提供信息、搜索、建议、促销、销售和交易活动。

■ 2.3.1　旅行社能够创造多少收入?

现在来考虑一下旅行社能够创造多少收入? 答案取决于旅行社能够创造的价值。旅行社创造的价值近年来发生了显著的变化。促使旅行社所创造的增加值发生变化的强大推动力之一便是互联网。

互联网是迅速发展的通信网络。当互联网和个人电脑、浏览软件以及地方通信结合在一起时，互联网便向消费者、员工和企业提供了一种廉价的、方便的、无处不在的传播、获取和处理信息的方式。互联网对信息密集型企业产生了深刻的影响。出版业、经济人佣金、电信业及零售业都目睹了互联网迅速有力的发展所带来的重要变革。旅行社业是受到重大影响的产业之一。这些影响迫使旅行社业发生变化。

互联网的特征使得它成为旅游者获得各种各样信息的重要来源。旅游者能够利用互联网获得有关旅游机会、旅游产品定价、旅游资源特征等旅游信息。互联网和相关软件尤其擅长搜索。有许多搜索引擎和门户网站能够运行大量信息以供全世界的互联网所用。通过网站发布的数量惊人的信息，人们可以轻易地完成搜索工作。一些信息采取了忠告或建议的特殊形式。福德尔网（www. fodor. com）、韩国导览网（www. frommers. com）、*Conde Nast Traveler* 杂志的管理员网（www. concierge. com）及其他众多类似企业充当了旅游顾问的角色，提供了大量有关目的地游览建议、旅游方式及旅游服务供应商的全方位产品信息。旅游服务供应商也利用互联网，全球资讯网和电子邮件创造了多种新方式来提供他们的服务。他们拥有自己的网站，并在其他网站上投放广告，同时还向潜在消费者发放电子邮件。旅游服务供应商不仅利用互联网推动企业发展，而且利用互联网进行销售。现在旅游者和旅游服务供应商利用在线机构进行交易、预订和买卖门票已经是再正常不过的事了。

2.4　美国的旅游增加值

之前我们了解过国民收入和产值账户，即美国商务部出版的按季度统计美国经济中的增加值和收入账户。大多数国家都有类似统计账户，如澳大利亚统计局（2000）。

很多年以来，政府部门对国民收入和国民生产总值都进行了统计，旅游业通常没有被单独划定为一个产业。诸如农业、零售业、手工业和交通运输业等多个产业的产值都具有相关统计报告。旅游业仅仅构成了交通运输业、零售业以及其他产业的一部分。近年来，世界旅游组织、美国政府和其他国家创造了"卫星账户"，进而将旅游业的经济增加值从国民收入和产值账户中分开。旅游卫星账户即是从传统的国民收入和产值账户中分离出来的额外账户，这些账户归属于旅游业，并被重新组合成新的、单独的旅游账户。这样，旅游经济增加值和收入就清晰可见了。

美国商务部定期对美国旅游卫星账户进行评估。2005 年，美国商务部出版了 2003 年年历，印制了相关账目。表 2—1 显示了商务部对旅游经济增加值和旅游从业人员行业报酬的统计。

旅游住宿、餐饮服务及航空交通等部门的经济增加值在旅游账户统计中占有半数以上的份额（54%）。零售服务、旅游接待和预订服务等部门所创造的经济增加值所占比例也较高，均超过了总增加值的 6%。需要注意的是，在 285 亿美元的旅游业经济增加值中有 172.3 亿美元作为劳动力报酬支付给旅游业从业人员。这意味着旅游经济增加值中超过 60% 的比例是作为工资、薪水及从业人员的其他补偿方式来支付的。余下的 40% 则体现为资金回报，其形式是利息、租金、特许权使用费和利润（包括股息及保留盈利）。

表 2—1　　　　　　2003 年美国旅游增加值和旅游从业人员薪酬

行业	旅游增加值（百万美元）	旅游业劳动力补偿（百万美元）
旅游住宿	68 284	36 180
餐饮服务	36 836	25 393
航空交通服务	50 029	32 901
铁路交通服务	1 174	718
水路交通服务	2 509	1 499
城际公交服务	880	603
城际租车服务	653	488
当地公交和其他交通服务	992	2 355
出租车服务	2 375	1 491
景区交通服务	1 658	786
汽车租赁	7 516	4 141
汽车修配	2 919	1 603
停车费	817	325
公路通行费	391	152
旅游接待和预订服务	17 188	13 962
电影与表演艺术	2 874	2 222
体育比赛	6 257	3 792
体育参与	6 209	4 137
博彩	9 018	4 631
其他娱乐	7 359	3 691
石油精炼厂	1 703	588
生产非耐用个人消耗品企业商品支出，不包括石油精炼厂	16 579	8 078
批发贸易和运输服务	12 966	7 145
加油站服务	3 550	1 361
零售贸易服务，不包括加油站服务	18 270	10 493
其他行业	6 201	3 587
总计	285 027	172 322

数据来源：Kuhbach and Herauf（2005）。

2.5 加拿大的旅游增加值

　　加拿大统计局给我们提供了 2000 年的类似统计（见表 2—2）。加拿大统计局的旅游业国内生产总值是由旅游业收入总和计算得出的，而非取自各行业经济增加值之和。在概念上，这两种方法得出的结果是一样的。

　　同美国一样，可以看到旅游住宿、餐饮服务和航空运输在加拿大旅游业总增加值中所占比重超过了一半（52%）。约有 67% 的旅游业增加值作为劳动力报酬支付给了旅游业从业人员（见表 2—2）。

表 2—2　　　　　　　加拿大旅游业国内生产总值和劳动报酬（2000 年）

行业	旅游业国内生产总值 （百万美元）	劳动力收入 （百万美元）
航空交通	3 680	2 949
铁路交通	683	101
水路交通	128	96
巴士交通	419	275
出租车	94	34
汽车租赁	949	268
住宿费用总计	5 247	3 393
餐饮服务	2 691	2 206
休闲娱乐	1 776	1 247
旅行社	1 689	1 257
其他行业	5 050	3 304
总计	22 406	15 130

　　数据来源：Barber – Dueck and Kotsovos（2005）。

2.6 小结

　　旅游业的目的是为旅游消费者创造价值。在履行这一职能过程中，旅游业为旅游行业员工和投资者创造了收入。

　　许多国家编制旅游卫星账户来统计其旅游业发展规模。从这些账户中可看出以工资、薪金和福利等形式表现的劳动力收入构成了旅游业收入的主体。在随后的章节中，我们将会利用这些有关收入和增加值的基本经济概念来帮助我们理解旅游业各个组成部分如住宿业和航空业等行业的行为。

第3章

旅游消费者

学习目的

- 能够描述美国的国内旅游者行为
- 了解美国全国家庭旅游的调查结果
- 理解影响旅游需求的因素
- 了解旅游需求价格弹性和需求收入弹性的定义
- 理解商务旅游需求
- 理解顾客忠诚度计划

3.1 概要

在 2004 年美国总统选举中,许多美国人非常惊讶于候选人之一的 John Kerry 这位已经 60 岁的美国参议院成员竟然拥有一个滑雪板,因为在参议员 Kerry 这样的群体中很少有人会拥有滑雪板。滑雪板生产商和运营商非常了解他们的目标市场,其目标市场主要为男孩子和年轻人,一般要比美国参议院的成员年轻得多。同样,旅游企业也需要了解他们的目标市场。

所有企业的营销工作都始于确定目标消费者,或明确最有可能为其带来盈利的群体,这是企业提供服务的对象。旅游服务的供应商,包括航空公司、酒店、旅游目的地、旅游吸引物开发商及其他相关企业都非常了解其目标市场。旅游企业和诸如城市协会、访客局这样的营销机构通过利用旅游者档案来分析旅游者的特征,旅游者档案记录了旅游者或游客的各种特征,其中包括人口统计学特征、旅游目的、旅游行程、选择消费的服务以及其他特征。

3.2 美国旅游者的特征

我们对旅游者了解多少?他们是谁?他们为什么旅游?他们去哪儿旅游?各种各样的旅游调查和研究结果提供了有关旅游者的大量信息。美国旅游业协会(TIA)是一个能够代表美国旅游业的行业协会和营销机构。它定期对美国的旅游者进行调查,并出版旅游者统计资料。TIA 对美国人的旅游行为进行了调查统计,该调查对旅游距离有一定的限制,要求旅游单程行程至少为 50 英里,发生在日常事务中的短途旅行不统计在内,如到超市购物。根据 TIA 的报告,2004 年美国有 4.9 亿以休闲为目的的家庭旅游,有 1.7 亿出于商务目的的国内家庭旅游。"家庭旅游"即来自同一个家庭的一个或多个人参加的旅游形式。另一种形式是"个人旅游",意为个人单独旅游。一对夫妻带着一个孩子旅游就构成了 1 个"家庭旅游",或 3 个单独的"个人旅游"。TIA 还总结了美国国内旅游的其他特征(如表 3—1 所示)。

表 3—1 　　　　　　　　美国国内旅游特征(2004 年)

旅游季节	比例(%)
冬季	20
春季	23
夏季	33
秋季	24
旅行目的	
休闲	81
商务或会议	12
兼具商务和休闲	7
旅游方式	
小汽车、卡车、房车	73
飞机	16
豪华大巴	2
火车、轮船或其他	4
租车(主要的)	3
旅游期限	
当天	23
1 至 2 晚	35
3 至 6 晚	29
7 晚及以上	13
住宿方式	
酒店、汽车旅馆或住宿加早餐旅馆	44
私人住宅	40
房车或帐篷	5
公寓或分时度假	4
其他	7

数据来源:Travel Industry Association of America(2006)。

由上我们可以看出,2004 年美国国内旅游的主要形式为短途休闲旅游,主要交通工具为私家车。夏天是旅游旺季,冬天是旅游淡季。春季和秋季居于中间水平,通常被称为"平季",又被称为"肩部季节"。因为在一年的旅游活动中,夏季旅游犹如头部,而春季和秋季两个季节的旅游情况则宛若人的两个肩膀。当然,尽管一年中有将近 7 亿的家庭旅游,但其他的旅游形式,包括商务旅游、长途旅游以及利用其他交通方式的旅游也是非常重要的。

3.3 美国全国家庭旅游调查

2001 年,美国交通统计局(BTS)进行了全国家庭旅游调查,该调查是对美国旅游者的一次全面调查。这个调查随机抽选了 26 000 个家庭,以了解过去一年他们的旅游信息。调查中包括了对"长途旅游"的问卷调查，即从居住地开始，单程出行距离至少为 50 英里的旅游活动。该调查表明在 2001 年出游的美国人中，旅游距离至少为 50 英里的长途旅游者为 2.6 亿人次。大约 98% 的长途旅游发生在美国境内，62% 的长途旅游发生在本州之内。57% 的长途旅游参加者为男性。

2001 年，大约 56% 的长途旅游者的旅游动机是出于娱乐目的，这其中还包括度假、探亲访友、休闲放松及其他相关形式。大约 16% 的长途旅游出于商务原因。个人事务和通勤工作各占长途旅游的 13%。

■ 3.3.1 旅游方式

美国交通统计局的调查还包括了对长途旅游方式的调查。大约 90% 的长途旅游是利用私人车辆——基本上为小汽车，但是也包括卡车、货车、摩托车等。大约 7% 的长途旅游利用了商业航空方式，航空旅行的比例随着旅行距离的增加而发生非常大的变化。大部分距离较短的旅游方式是利用私人车辆。但是在往返 2 000 英里或更远距离的旅游中，采用飞机这一交通方式的比例几乎达到了75%。调查发现大约还有 2% 的家庭旅游采用了城际大巴这一交通方式，另外不足 1% 的家庭旅游则利用火车出行。利用不同方式进行长途旅游的比例随着旅游目的不同也发生了巨大变化。表 3—2 表明了旅行方式和旅游目的之间的关系。如商务旅游更倾向于乘坐飞机出行，在商务旅游采用的交通方式中，利用私人车辆出行是最不可能的方式。

表 3—2　　　　　　长途旅游的目的和方式分布表（2001 年）

方式	旅游原因（比重%）				
	通勤	商务	游乐	个人事务	其他
私人车辆	96.4	79.3	90.4	89.3	96.6
航空	1.5	17.8	6.7	4.7	1.9
大巴	0.5	0.8	2.2	5.6	0.5
火车	1.6	1.6	0.5	0.3	0.0
其他	0.0	0.5	0.2	0.1	1.0

数据来源：U. S. Department of Transportation, Bureau of Transportation Statistics, 2003a, p. 26。

■ 3.3.2 商务旅游者

2001 年美国全国家庭旅游调查表明，在长途商务旅游者中男性占 77%（见表 3—3）。由此可见，商务旅游者更倾向于为男性，年龄为 30—59 岁，多从事专业、管理或技术职业，从家庭类型来看，多来自高收入或中等收入家庭。

表3—3	2001 年商务旅游的人口统计特征分布表
职业	**商务旅游者的比例（％）**
专业、管理、技术人	53
销售与服务	28
办事员及行政人员	4
其他	15
年龄	
18—29	16
30—39	28
40—49	27
50—59	19
60 及以上	10
性别	
男性	77
女性	23
家庭收入	
等于或少于 25 000 美元	6
26 000—74 000 美元	49
75 000—99 000 美元	18
100 000 美元及以上	27

数据来源：U. S. Department of Transportation，Bureau of Transportation Statistics，2003b。

3.4 旅游需求

对旅游服务的需求体现的是消费者所购买的服务数量和服务定价之间的关系。有效需求的数量和产品价格之间存在着反方向的关系，本书将在第6章对此进行论述。在图3—1 中可以看到需求曲线揭示了有效需求的数量和产品价格之间的关系。需求曲线的负斜率体现了这种反方向的关系。

经济学家通常假定在既定预算条件下，旅游者购买旅游产品或其他物质产品和服务来使他们从所购买的产品和服务中所获得满意最大化。也就是说，消费者想要购买食物、衣服、住房、交通、医疗保险、娱乐、旅游、胜地度假及其他，但是消费者的收入和以往的储蓄是有限的，所以他们不能购买他们想要的任何东西。预算限制的原理是消费者想要购买的商品和服务是有价格的，消费者想要购买的每种商品的价格和数量决定了消费者只能购买一定数量组合的商品和服务。总花费是所有商品的花费之和，即由每种商品的单价乘以每种商品的数量，再求和得出。如果商品 1 的定价为 P_1，商品 2 的定价为 P_2，以此类推，消费者想要购买的商品 1 的数量为 X_1，消费者想要购买的商品 2 的数量为 X_2，以此类推，那么购买以上商品的总花费为：

$$P_1 X_1 + P_2 X_2 + P_3 X_3 + P_4 X_4 + \cdots$$

但是，消费者可能没有足够的收入来支付这笔支出。消费者不能改变商品的价格，所以他或她需要调整拟购买商品的数量，进而使购买相关商品所需要

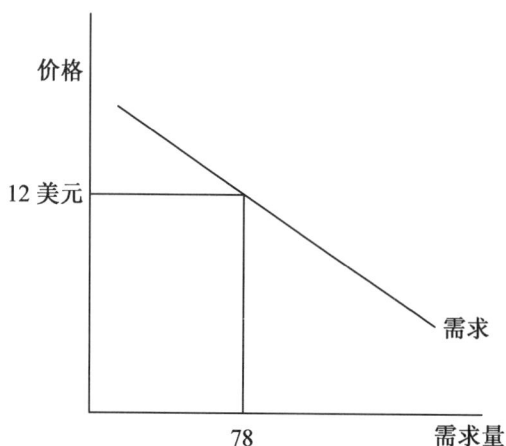

图 3—1　需求曲线

的花费正好匹配于他或她的可支配收入。

也就是说，消费者必须要进行选择——他们需要在他们所面临的多种选择中合理分配他们有限的收入。我们假定消费者以最令他们满意的方式来进行多种商品间的消费。经济学家称之为预算约束下的消费者效用最大化。市场上消费者所购买的某一特定商品和服务的总和即是对该种商品的市场需求。消费者在消费行为中通过有限的收入获得消费效用最大化这一规律具有重要的含义，下面来看看其中的一部分含义。

■ 3.4.1　价格变化的影响

假设如上文所述，消费者在预算约束下能达到消费效用最大化，其中一种商品的价格上涨，在该商品价格升高的情况下，消费者不再拥有足够的收入来支付价格上涨之前形成的商品和服务的组合。消费者现在可能会减少总的购买量，或者更具体，他们会减少对价格上涨的商品的购买量。消费者可能会对价格上涨的商品进行购买转移，转而购买其他商品。

以下是替代法则：当相对价格发生变化，消费者会选择相对更便宜的商品以替代价格上涨的商品。举一个旅游业方面的例子，假定机票上涨，那么休闲旅游者就会倾向于选择汽车旅游、火车旅游或其他交通方式替代乘飞机旅游。消费者也可能选择其他的休闲方式如听音乐、看电影、看电视等方式进行休闲，进而完全放弃休闲旅游活动。以上商品具有替代性，消费者倾向于在某种商品相对价格上涨时选择具有替代性的商品进行替代。

消费者经常购买多种商品的组合。例如，在旅游活动中，旅游者通常购买航空服务、目的地租车服务及酒店住宿等多种服务。这些商品不存在替代关系——它们的关系称之为互补。如果航空旅游价格上涨，可以预期旅游者会减少航空旅行，并由此减少了对目的地租车服务和酒店住宿的购买。在这个例子中，随着航空机票的价格上升，旅游者对目的地租车服务和酒店住宿的需求量则会降低。再举一个广为人知的例子，如消费者对咖啡、茶和糖的需求关系。

对许多人而言，咖啡和茶是替代品，而咖啡和糖则是互补的。如果咖啡的价格上升，对茶的需求将会上涨，因为在某种程度上，消费者用茶替代了咖啡。然而，消费者对糖的需求则会下降，因为消费者随着对咖啡消费量的减少也降低了对糖的需求。

3.4.2 收入变化的影响

继续假定消费者在预算约束下达到消费效用最大化。当收入增加时会发生什么样的变化呢？收入越高，消费者就可以花费越多的钱来购买商品和服务。在各种可以选择的商品和服务中，消费者可以购买更多数量的这些商品和服务。然而，这并不是收入增加时通常会发生的情况。当收入增加时，消费者倾向于非均衡地增加部分商品的购买，将其所增加的收入集中花费在某些特定领域，甚至会减少对某些商品的购买。我们将诸如热狗或马铃薯这样的商品称之为"次要"商品，随着消费者的收入上升，消费者会减少对劣等商品的购买。"正常"商品则是随着消费者收入上涨时，消费者会随之购买更多数量的商品。随着收入的增加，消费者对"奢侈品"的购买量会有更大比重的增加。

3.4.3 影响需求的因素

为了掌握消费者对航班的需求量，波音公司每年在其年度市场调查中都对旅游需求进行一定的调查。经统计，波音公司认为，从世界范围来看影响航空旅行总需求量增长态势的最重要因素是该国家的国内生产总值。另外，其他影响航空旅行需求量增长的因素则包括航空旅行价格下调、服务改善及国际贸易的发展等。

下文列出了对休闲旅游需求的影响因素：

1. 收入

无论是公民收入的长期增长还是不同商业周期的收入波动都会强烈地影响到旅游者对休闲旅游及相关旅游产品和服务的需求。

2. 季节

休闲旅游的季节性非常强。对休闲旅游需求最旺盛的季节是夏季。在北美，休闲旅游的淡季是每年的 1 月至 3 月。

3. 每周时间

对休闲旅游的需求在每周的不同时间都会发生变化，周末达到需求的高峰，而在每周的中间时段旅游需求量则最低。周五和周六是旅游的高峰期。

4. 旅游服务的价格

在旅游服务价格和需求量之间存在着反方向的关系——价格越高，需求量则越低。

5. 替代品的价格

同任何商品和服务一样，替代品的价格可以影响到消费者对旅游产品和服务的需求。当价格变化时，消费者会选择变得相对便宜的产品和服务加以替代。

6. 互补品的价格

和替代品一样，互补品的价格也会影响到旅游需求。当一种产品或服务的价格上涨时，消费者对与之具有互补关系的相关产品和服务的需求量也会降低。

7. 质量

质量的改进可以刺激旅游需求。例如，波音公司的 *Current Market Outlook* 中认为航班班次和直飞航班的增加刺激了消费者对航班需求量的增长，航班的频率和直飞航班数量都是影响航空服务质量的变量。

8. 安全

有关旅游安全的变化也影响到旅游需求。例如，近几十年来美国城际高速公路系统越来越完善的安全保障以及对小汽车安全的进一步改进都促进了消费者对汽车旅游的需求。

除了上述诸如价格和收入等重要的变量之外，在决定个人或家庭需求时，还有一些变量也起着重要的作用，具体如下：

1. 人口特征变量

（1）**年龄**。旅游者的年龄可以影响到旅游目的地选择、旅游方式及旅游距离等变量。

（2）**家庭类型**。相比于配偶家庭或单身家庭，有小孩子的家庭对旅游产品及服务具有不同的需求。

（3）**教育**。家庭旅游需求，包括目的地的选择和旅游方式的选择等都随着消费者的受教育程度而不同。

（4）**职业**。主要职业类型包括管理人员、专业人员、技术人员、销售人员、办事人员、产业工人以及其他。家庭旅游需求也随着上述职业的不同而发生变化。

（5）**工作状态**。家庭成员们处于哪一种工作状态，如退休、全职工作、兼职工作、失业、上学或者是处于其他的工作状态都会影响到家庭旅游的选择。

2. 区位变量

（1）**距离**。距离对旅游目的地的选择具有重要影响。代表性的影响是随着距离的增加，旅游花费也会随之增加。另外，随着旅游目的地距离的增加，前往替代性旅游目的地的相对成本会降低。例如，相对来看，佛罗里达州的居民很少去夏威夷旅游——因为距离太远，而且佛罗里达的海滩和加勒比海在许多旅游景观方面可以替代夏威夷。加利福尼亚的居民有可能会到夏威夷旅游，因为对加利福尼亚的居民而言，去加勒比相较于去夏威夷的价格要更高一些。

（2）**其他区位变量**。城市居民、郊区居民以及农村居民在旅游需求方面也存在着差异。客源地的气候条件也影响着旅游者对旅游目的地的选择。

3.5 价格和收入需求弹性

■ 3.5.1 需求价格弹性

对任意商品和服务而言，其需求价格弹性是指商品需求量对商品价格的反应及变化关系。需求价格弹性系数主要是指需求量变化的百分数与商品价格变化的百分数的比值。这样对于商品 i 而言，用 △ 表示变化，需求价格弹性系数 Ei 就可以由以下公式求得：

$$\varepsilon_i = \frac{\%\Delta Q_i^D}{\%\Delta P_i}$$

需求价格弹性系数为负值，因为公式所示，商品的需求量和价格之间存在着反方向的关系。如果一种商品弹性较大，即需求价格弹性系数的绝对值大于 1，那么称之为该种商品富于弹性，表明如果该商品价格发生变化，那么需求量将会以更大的百分比进行变化。当需求价格弹性系数的绝对值小于 1 时，则意味着该种商品的需求缺乏弹性。

■ 3.5.2　需求交叉弹性

在前文中提到过替代商品和互补商品的价格变化也会影响到消费者对该种商品的需求。我们用需求交叉弹性来衡量该种影响。需求交叉弹性即一种商品需求量变化的百分比除以另外一种商品价格变化的百分比。这样，对于两种不同的商品 i 和 j 而言，则有需求交叉弹性的计算公式如下：

$$\varepsilon_{ij} = \frac{\%\Delta Q_i^D}{\%\Delta P_j}$$

当分子与分母同方向变化时（都为正值或都为负值），交叉价格弹性系数为正值。例如，当 j 商品价格上升时带来 i 商品需求量的增加即为上述情况。假设火车旅行费用增加，则可以预见此行为会刺激消费者对城际公交需求的增加，那么火车旅行和城际公交旅行就具有替代性——当 $\varepsilon_{ij} > 0$ 时，这两种商品具有替代性。

当 $\varepsilon_{ij} < 0$ 时，i 商品和 j 商品具有互补性。当分子和分母变化方向不同时（一个正值，另一个为负值）即为该情况，例如汽油价格上升引起租车需求的下降。

■ 3.5.3　需求收入弹性

需求收入弹性是指商品需求量对消费者收入的反应及变化关系。需求收入弹性系数是指商品需求量变化的百分数与消费者收入变化的百分数的比值。这样来看，如果用 M 表示收入，需求收入弹性系数 η_i 的计算公式如下：

$$\eta_i = \frac{\%\Delta Q_i^D}{\%\Delta M}$$

上文讲过需求价格弹性系数为负值，而需求收入弹性系数可能是正值，也可能是负值。对于正常商品而言，需求收入弹性系数是正值，而对于劣等产品，需求收入弹性系数则是负值。

■ 3.5.4　旅游服务需求弹性的计算

目前关于计算旅游需求弹性的研究有很多，包括过去四十多年来数以百计的各种学术研究。其中有许多极好的评析和研究。大多数的技术研究超出了本书的范围，然而我们可以对专家们所归纳应用的一些主要结论进行简要的回顾和学习。

计算旅游需求价格和收入弹性的一个重要方法是建立关于在不同地点、不同时间旅游花费的计量经济模型（即关于经济关系的一系列等式，包括一些随机因子）。这些模型通过衡量旅游者收入、旅游服务价格、替代品价格、距离等变量及其他变量来解释消费者的旅游消费。

尽管变量有多种选择，但在多数情况下模型中的因变量通常都是"支出份额"。"支出份额"是指旅游者在各旅游目的地的支出在该年旅游总预算中所占的比例关系。举一个具体的例子，假设美国居民可能去三个目的地旅游，这三个旅游目的地分别为阿鲁巴岛、博内尔岛和库拉索，依次以 A、B、C 来表示。假设这一年中的旅游总花费为 M_t，在每个目的地的花费分别为 X_t^A、X_t^B、X_t^C，并由 W 表示支出份额，则 $W_t^A = X_t^A/M_t$，$W_t^B = X_t^B/M_t$，$W_t^C = X_t^C/M_t$。假设上述 W_t^A、W_t^B、W_t^C 分别为 1/4，1/4 及 1/2，则意味着美国居民中 1/4 的旅游总支出是到阿鲁巴岛旅游，1/4 的旅游总支出是到博内尔岛旅游，另外有 1/2 的旅游总支出是到库拉索旅游。

在上述模型中，我们假定美国的旅游消费者已经决定在"t"年到以上三个旅游目的地的旅游总支出为 M_t。这样消费者在确定到每个旅游目的地的旅游花费中，M_t 所起的的作用相当于旅游者的收入。德亚和缪尔鲍尔（1980）认为在对消费者行为进行一定的假设前提下，可以由参数（α，β，γ）在三个旅游目的地旅游服务价格（P^A、P^B、P^C）、总支出 M 及价格总指数 P 等组成的函数来解释在这三个旅游目的地的支出份额之间的关系，即：

$$W_t^A = \alpha^A + \gamma_A^A \ln (P_t^A) + \gamma_A^B \ln (P_t^B) + \gamma_A^C \ln (P_t^C) + \beta^A \ln (M_t/P_t)$$
$$W_t^B = \alpha^B + \gamma_B^A \ln (P_t^A) + \gamma_B^B \ln (P_t^B) + \gamma_B^C \ln (P_t^C) + \beta^B \ln (M_t/P_t)$$
$$W_t^C = \alpha^C + \gamma_C^A \ln (P_t^A) + \gamma_C^B \ln (P_t^B) + \gamma_C^C \ln (P_t^C) + \beta^C \ln (M_t/P_t)$$

上述公式中 $\ln (x)$ 指变量 x 的自然对数。这些公式表明在每个旅游目的地的支出份额是各旅游产品价格、旅游净支出（总支出除以价格指数）以及相关常数的函数。

因变量 W_t^A、W_t^B、W_t^C 都是支出份额，其总和为 1。这意味着对这些参数值的可能组合有很多约束。我们可以通过估算任意两个方程中的参数来计算所有的参数。利用支出份额和估算的参数可以对需求价格弹性和需求收入弹性进行简单的代数表达。

人们可以搜集到多年来美国旅游者在各个目的地的花费和当地的旅游价格，那么就可以使用标准的计量方法来计算这些参数，本书对此不做讨论。

许多研究者已经应用了上述模型或类似模型来计算价格的影响及旅游需求总支出。例如，Papatheodorou（1999）利用了和上文所列模型相似的模型计算了1957—1990 年间来自英国、法国和西德的旅游者到地中海区域 6 个目的国旅游的需求弹性。表3—4 列举了 Papatheodorou 关于英国旅游者的价格弹性和支出弹性的一部分研究成果，见表3—4。

表 3—4　　　　　Papatheodorou 计算的弹性示例（1999 年）

目的地	价格弹性	支出弹性	交叉弹性		
			葡萄牙	西班牙	意大利
葡萄牙	−2.85	0.04	—	0.88	0.19
西班牙	−1.30	1.15	0.88	—	0.49
意大利	−1.07	1.05	0.19	0.49	—

在表 3—4 中，我们可以看到除了葡萄牙的支出弹性值接近 0 之外，其余的支出弹性都接近 1。另外，以上 3 个目的地价格弹性的绝对值都大于 1，意味着英国旅游者对这 3 个目的地的需求是富于价格弹性的。表中可见一部分交叉弹性值比较小，但是所有的交叉弹性都是正值，意味着这 3 个旅游目的地彼此存在着一定的替代性。

3.6　客户忠诚度计划

旅游者行为的一个重要特征是旅游者和旅游供应商之间具有长期合作关系。旅游者通常多年持续从一个旅游供应商或一小部分旅游供应商处购买旅游商品和服务。航空客户经常选择某一航空公司是因为该航空公司在距离消费者最近的机场中居主要地位。但更多的情况是，消费者对航空公司其实可以有多种选择，促使其重复选择某一航空公司的原因可能是因为该航空公司所提供的服务或优惠价格。酒店客人通常也倾向于选择一家或少量几个酒店进行重复消费。

为了鼓励消费者的重复购买行为，并保持长期客户关系，旅游供应商创立了忠诚度营销计划。最先实践这一做法的是西部航空公司的"旅游通道"以及美国航空公司的"优势"飞行计划。接下来这些做法开始向外传播，因此，当今几乎所有的旅游供应商都实施了客户忠诚度计划。

客户忠诚度计划具有一些特征。首先，需要具有相应的顾客登记通道以便掌握顾客信息，包括顾客身份信息、人口统计信息以及旅游行为信息和对供应商的偏好信息等。在每次购买供应商的服务和产品后，消费者会获得相应的"积分"或"里程"。随着时间的推移，这些积分可以累加，旅游者可以在之后的某个时间将累计积分兑换成奖品，诸如免费旅行、免费住宿、升级享受更高级的服务或商品以及其他优惠。客户忠诚度计划有各种级别的会员，有时可以分类为"铜级"、"银级"和"金级"。购买商品或服务越多的旅游者可以成为越高级别的会员。级别越高，通常也意味着对旅游者会有更为丰富的回报。

实施客户忠诚度计划的旅游供应商为企业赢得了稳固的收益。首先，顾客忠诚的表现是对企业产品和服务带来更多的重复购买，并对企业其他产品的购买量也会增加。从理论上讲，客户忠诚度计划可以促使消费者专门购买实施客户忠诚度计划的供应商的产品，将其所有的旅游事宜都委托给该供应商。其次，对于旅游供应商的第二个好处是便于采集消费者的新增信息，进而使旅游企业能够对消费者提供定制服务和产品。我们将会在第 11 章个性化定价中继续探讨对消费者信息的应用。

3.7 小结

　　旅游企业和营销机构利用客户资料来记录消费者信息。这些资料中包含了旅游者或旅行者的诸多信息，包括人口统计特征、旅游目的、旅游距离、拟消费的服务以及其他项目等信息。TIA 和美国交通局的统计部门周期性地公布有关美国旅游特征的各种统计数据。

　　消费者所购买的旅游商品和服务的数量取决于该项服务和商品的价格、消费者收入、替代性产品和互补性产品的价格、年旅游季节、周旅游时间以及许多其他的因素。同时，旅游消费行为也依赖于旅游者的区位条件、人口统计特征以及其他个人因素。许多研究者通过计算需求弹性来衡量消费者的购买行为与价格及收入间的关系。

　　客户忠诚度计划在旅游企业管理中具有非常重要的意义。为了鼓励消费者的重复消费并形成长期的客户关系，许多旅游供应商推出了客户忠诚度计划，给重复购买的消费者提供诸如免费服务或服务升级等奖励服务。

第4章
供应、需求以及旅游业的增长

学习目的

- 了解几个世纪旅游业的起落
- 了解旅游业如何成为受大众欢迎的活动
- 理解如何用供需关系来解释旅游业的起落和现代大众旅游的发展
- 理解旅游需求变化对收入变化以及其他因素的反应
- 理解旅游供给和技术、商业模式、商业战略以及公共关系之间的关系

4.1 概要

旅游活动自古有之,从某种形式上来说,古代的旅游跟现在的旅游很相似。在古代,希腊人、罗马人以及其他国家的人,就曾去游览过埃及的金字塔,去参加体育盛会和宗教节日,去寻医求药,以及去海边度假。然而在中世纪早期,西欧的旅游活动仍很罕见。而当今旅游业已经成为众多行业中最大的行业了。我们也许会问,为什么旅游活动的发展水平在不同世纪会有那么大的起落?通过最简单的经济分析——需求分析,我们可以理解几个世纪后旅游业的发展。

4.2 古代的旅行和旅游

公元5世纪早期,入侵罗马的外国人发现了很多今天仍然可见的发达文明。他们发现了一个活跃的中央集权政府,拥有法律、税收、官员和大量的货币。他们在私人家里和公共浴池里发现了建在室内的水暖系统。来自外埠的商品、书籍、音乐、剧院、海边度假胜地以及各种文明生活的象征充斥着罗马人的生活。当然,5世纪时期的罗马文明也包括了令人发指的奴隶制度和对各种罪犯的酷刑。

罗马帝国时期的旅行基本都是与战争或政府事务有关的。当时的贸易也很普遍,尤其是停靠在地中海港口的大大小小的船只进行的海运。为了满足陆路的出行需要,罗马人修建了复杂的道路系统,不仅设计精巧,而且维护良好。很多的路段是用石块儿铺砌的,其中有的道路有2~3排车道。其中有的道路今天仍然可以通行,有一条最近仍在使用的道路就是穿过一条公元77年建设罗马大道所修建的地道。这些马路系统使出行变得更安全了。的确,这些马路覆盖了绝大部分西方世界,从圣地和埃及到不列颠和西班牙。"条条大路通罗马"的

说法是真实的，因为远在罗马的政治家统治着整个帝国，向偏远地区派遣军队和官员，支持商业往来。沿着这些马路，旅行者可以找到位于两个地区间的各式旅馆，旅馆可以提供住宿，并且提供马匹和驴。城市和小镇都有很多旅馆可供选择。

因此，广大的罗马平民和军事政府创造了大量的旅游供给和旅游设施。罗马的经济繁荣创造了对于旅游的需求。结果，罗马人也成为了旅游者，去海边度假胜地度假和观光。罗马的旅游者可以利用那些出于军事需要和为了便于官员出访而修建的马路和旅馆。旅游者也可以乘坐货船在地中海周围旅行。他们使用旅游手册来帮助他们在陌生的异乡更合理地分配时间，其中一本旅游手册流传至今，那就是帕萨尼亚斯与公元 143—公元 161 年间著的 *Description of Greece*，这是一本介绍希腊的罗马旅游手册。

罗马的学者和艺术家对早些时候古希腊人的文明成就进行了研究。古希腊人发明了民主、哲学、剧院、科学和数学。几千年来，希腊人的建筑和雕塑仍然作为很多后来艺术家比较衡量的标准。古希腊产生了许多创造杰出成就的数学家，如毕达哥拉斯、欧几里得，哲学家苏格拉底、柏拉图、亚里士多德及诗人荷马。例如，数学家和地理学家埃拉托色尼认为地球是圆的，并且通过影子的变化测量出地球的周长。考虑到当时是在公元前 3 世纪，他预计的地球周长是相当准确了。

古希腊人也是旅行者，某种意义上也可以说是旅游者。古希腊人通常利用海陆两个旅游路线，沿途有旅馆分布，这些旅馆可以提供住宿和食物。卡森描述了古典时期之初希腊旅游的情况，这一时期大约为公元前 500 年。

- 来往商船行驶于东地中海间的港口
- 道路连接了主要城市
- 一些道路有简单的石砌，有少量的桥梁或者渡轮、路标和有限的旅游设施，包括旅馆
- 旅行工具包括马车、手推车、驴子、马匹和骆驼
- 城镇有旅馆和客栈
- 少量的真正旅行

希罗多德是公元前 5 世纪首位从希腊到达过中东、埃及、中亚的希腊历史学家，并记录了其所闻所见。在《希罗多德游记》一书里，詹姆士·瑞德菲尔德提到了古希腊的旅游，他在书中指出古希腊人的旅游目的不仅仅是战争和经商，还有观光。詹姆士·瑞德菲尔德认为希罗多德旅行的目的是参观自然景观和人文景观，从而学习异域的文化。当然亚历山大大帝也是一位旅行者，曾带兵东征到达过印度。因此，古希腊人和古罗马人掌握了大量的有关世界的第一手资料。

不可思议的是，在公元 5 世纪罗马沦陷于异族人之后，许多知识却被遗忘了。学术、艺术、知识和文化都几乎在西欧消失了。有个例子可以说明，古罗马人在公元 118—公元 128 年间就已经在罗马建造了万神殿，而直到 1420—1436 年间，布鲁捏列斯齐才设计并建造了著名的佛罗伦萨大教堂的圆顶，在此之前

在西欧没有人能够建造这样大型的圆顶建筑。至此，在欧洲能够建造万神殿一样圆顶建筑的技能已经消失达 1 000 年之久了。

学术和文化的损失是巨大的和令人震惊的。当罗马沦陷后，欧洲人就忘记了祖先曾经在数学、科学方面取得的巨大成就。古代的绘画技巧也被遗忘了，直到一个世纪后意大利的文艺复兴时期才重新被发掘。在中世纪的西欧，学者们常常被不完整的古典所困惑，萨瑟恩在其广为称道的著作《中世纪的形成》中用一个故事解释了当时古代文化损失之深重。故事说的是两位当时的学者，一个在现在的比利时的一个城市，另一个在德国的一个城市，两个人讨论了幸存下来的古罗马时期的一本著名古典。古典里记载了三角形的所有内角之和等于 180°。而当时两位学者好像谁也搞不懂书上说的三角形内角是什么意思。

除了众多古罗马和古希腊作家的大量古典作品，欧几里得、埃拉托色尼等人伟大的数学和科学成就，西欧人还丢掉了众多传自异域的古典成就。卡森指出，公元 1 世纪，罗马皇帝尼禄派遣了一支远征军到达了尼罗河位于赤道北 9° 的地方，而直到 1839 年欧洲人才到达这个点。因此，异族人的入侵终结了古典时期，同时，对于欧洲来说，也扼杀了其对广阔世界的了解。西罗马帝国的衰落也削弱了旅游活动。

中央集权政府在西欧几近绝迹长达几个世纪，直到法国卡洛林王朝的兴起，在查理曼大帝（768—814 年）时期达到辉煌（东罗马帝国坐落在君士坦丁堡，即现在的伊斯坦布尔，在西罗马帝国灭亡后又存活了几个世纪）。因此，在罗马帝国消亡之后，15 世纪以前就已经获得的知识，尽管在古代已经广为流传，对于西欧来说，却连续几个世纪成为一个谜团。要不是依靠跟东罗马帝国和伊斯兰世界的联系，这些古代的知识会一直是个谜团。总的说来，罗马帝国的灭亡使西欧的发展倒退了 1 000 年。

在 7 世纪末期，西欧绝大多数的经济都垮掉了，致使人口更加稀少，生产不足，收入更微薄，贸易更匮乏。随着相对安全的罗马道路系统的削减，以及旅馆和其他设施的减少，极大地降低了当时旅游服务的供给。欧洲经济的灾难性衰退和收入的骤减使旅游需求几乎降到零点。

4.3 中世纪的旅游

罗马帝国灭亡后，西方进入了人所共知的中世纪。在中世纪的几个世纪，西方停滞不前，之后迎来了发展。在中世纪早期，异族人和当地统治者用军阀统治取代了欧洲人的传统生活方式。异族人入侵后的一两个世纪里，在这个古老世界的先进生活方式都消失殆尽。流传甚广的罗马法律体系和其他政府活动也都随着罗马军团的消失而消失。马路年久失修，使长途旅行变得愈发困难和危险。据诺曼·坎特记录，1 400 年来，没有一个欧洲人能够知道如何像罗马人一样筑路，在 11 世纪，欧洲仅有的几条"真正"的道路还是罗马时期修建并保存下来的。

西欧的经济在 18 世纪末期才开始缓慢恢复。那时候，人口开始增长，农业生产开始发展。查理曼重新连接了意大利和北欧，崛起的威尼斯成为了欧洲和地中海贸易的纽带。最终欧洲人的生活进入了封建社会，在这种制度下，绝大多数的人都被他们的领主牢牢捆绑到其领地上了。封建制度的发展也创造出人们之间的新型关系，教堂在人们生活中占据了统治地位，宗教朝圣成为了那时期欧洲长途旅游的主要原因之一。在中世纪早期，人们的收入、商业、学习及旅游等许多活动都萎缩了，某些方面竟然几乎消失殆尽。在西方，只能在教堂里见到对古文化残余的保存，教堂保护了一些古代的生活方式，尤其是基督教，还有知识和法律。商业活动仍然在继续，但是规模很小。很多古代的知识和文化都保留在东罗马帝国、中东的伊斯兰世界、北非和西班牙，但是西欧人跟这些地方很少来往。在封建制度下，人们很少旅游，几乎没有人进行以度假为目的的旅游。

中世纪时期，部分人旅游的目的是商业、军事、外交和宗教活动，包括了宗教朝圣和宗教学习。自从匈牙利的马扎尔人在公元1000年皈依基督教后，从中欧到君士坦丁堡的陆路交通线路重新开通，这就使大量的朝圣者可以步行至圣地，最终导致了1099年的第一次十字军东征。

在西欧之外，异族人入侵之后几个世纪文化的变化却截然不同。西班牙、北非和中东地区的伊斯兰世界日渐繁荣。在那个地区，远程旅游经常可见。为旅游者和其携带的货物而修建的投宿场所分布很广，这些场所的经营模式多是从古希腊发展而来。在14世纪盛传着一个故事，讲的是来自非洲最北端丹吉尔的一个名叫伊本·巴图塔的律师，旅游足迹遍布中东、非洲和亚洲。在1325—1355年间，伊本·巴图塔游历过阿拉伯、波斯、中亚、印度、中国以及非洲部分地区。回来后，他写了一本游记，描述他的旅行经历。

来自中亚和北亚的入侵对于印度和中国也很重要。印度和中国得到了发展。印度和中国的商人到访了大部分的亚洲地区和非洲的东海岸。古代中国人最著名的旅行就是通过陆路穿过中亚，西至地中海的东部，后来被称作"丝绸之路"。之后在15世纪初的二三十年里，郑和航行到达了大部分南亚地区、波斯湾，远至非洲东海岸，即"郑和下西洋"。当然，在印度和中国，频繁的长途旅行有很多目的。自古以来，阿拉伯、印度和中国之间就有贸易往来。

在中世纪，欧洲人和亚洲的直接往来非常少。对于西欧人极少发生长途旅行以及对外面世界的无知，我们从祭祀王约翰的故事中可以略知一二。1122年，一个叫约翰的怪人，后来被称作祭祀王约翰，来到罗马称自己是来自亚洲某伟大国家的国王。他会见了教皇等人，侃侃而谈其亚洲的基督教王国。不久他就消失了，直到今天也没人知道他到底是谁。约翰及其后代虽被奉作强大的亚洲基督教国王，同时这一传奇故事广泛流传于中世纪，但是从来没有人与这些传奇人物发生过直接接触。

敢于冒险的商人为欧洲和亚洲建立了某些直接联系。到达远东地区的欧洲旅行者中最著名的一位是马可波罗，这位威尼斯人于1271年旅行来到中国，觐见了当时的元朝皇帝忽必烈，并于1295年返回威尼斯。他的著作《马可波罗游记》至今仍然广为流传。但是马可波罗并不是中世纪第一个到达远东的西欧旅行家。14 世纪一位不知名的法国作家，根据早期时候去过东方的旅行家的故事，并加上一些道听途说的旅行故事杜撰了一本自传《曼德维尔游记》，这本书至今仍然很流行，并被多次翻印。

中世纪晚期，旅行有了某种程度的恢复，但是旅行者对于外面世界的地理知识还十分贫乏。波士坦（1973）指出大部分中世纪的旅行活动使用的都是罗马时期的旧马路。14 世纪，英格兰的主要道路跟 1 000 年前一样，那时英格兰还是罗马的一个殖民地。唐纳德·霍华德（1987）向旅游者介绍了有关最伟大的英格兰中世纪作家杰弗里·乔叟（1342—1400）的相关信息。他指出，当时有导航的图表，但是却没有指引陆路旅行的地图。仅有的地图是虚幻的，对于旅行者没有任何意义。

乔叟写于 1380—1390 年间著名的《坎特伯雷故事集》中讲述了一个中世纪发生在英格兰的旅行故事。乔叟自己作为皇家官员，出行频繁。他多次不同时期从英格兰前往法国和意大利，包括一次冬天（1372—1373 年）经由德国出行意大利。那是一次陆路旅行，按路线要求乔叟一行人在冬季穿越阿尔卑斯山。通过霍华德的描述清楚表明了当时旅行服务供应的匮乏。他描述了在冬季穿越阿尔卑斯山的困难重重：常常担心天气，需要照料马匹和骡子，路况很差，路上可能会遇到强盗，另外还可能迷路。

经过几个世纪的失落、萧条、些许进步和缓慢地变化后，欧洲在乔叟时期发生了更快的变化。1347 年，黑死病侵袭了欧洲，几年间，欧洲死亡人数达到人口总数的 1/3。尽管人口损失严重，国际贸易和本地贸易仍然在继续发展。封建制度逐步衰退，劳动力变得稀缺，人口流向了城市。欧洲开始加速转变。

4.4　前现代时期的旅行

从 11 世纪开始，西欧加速恢复知识和经济生活，国际贸易开始增长。到 14 世纪和 15 世纪的文艺复兴时期，中世纪终结，西欧人已经重新发现了罗马人和希腊人古时的大部分知识。从 15 世纪一直到 17 世纪，葡萄牙、西班牙、荷兰、法国和英国探险家的探险航行带来了对外面广阔世界的重新认知（尽管这些知识曾经被遗弃），以及对来自遥远异域新知识的广泛传播。城市在发展，同时因为脱离了封建制度而不再受土地的束缚，城市人口数量也在增加。商业发展迅速。收入和旅行、旅游需要等也都得以增长。英格兰和欧洲大陆间的贸易活动，纺织品和香料的贸易活动，以及从美洲过来的糖和香烟贸易活动等都促进了旅行的增长，贸易也带动了旅游服务的供应。西欧洲内的旅行活动和从西欧到远方的旅行活动都取得了迅速增长。经由罗马时期建设的旧道路通往外界的陆路旅行仍然很困难，但是 17 世纪新修建的运河则增加了旅游供给。

■ 4.4.1　大旅游（教育旅行）

文艺复兴之后，最有意思和最有影响的旅游趋势就是在 17 世纪和 18 世纪期间从英国派遣年轻富裕的绅士去游历欧洲的著名城市以完成其学业。这个活动被称之"大旅游"。在任何一个时间段，都有大约 40 000 人的英国游客游历在欧洲大陆上，一整年间大约有 100 000 人。

到 1840 年，蒸汽机在欧洲和美洲的经济活动中得以广泛应用，蒸汽机在旅游业及其他工业上的应用，预示着旅游前现代时期的结束。随着科学技术带动了旅游供给的变化，居民收入也持续增加，均为大众旅游提供了机遇。

4.5 现代大众旅游

1834 年，国王威廉四世任命罗伯特·皮尔为大不列颠首相，不凑巧的是，当时皮尔和家人正在意大利度假，根本不知道伦敦发生什么事。惠灵顿公爵派了一名年轻的官员去找皮尔传达这个消息。当这位官员到达英吉利海峡时，开往欧洲大陆的轮船已经开走了，所以他就雇了一只小船，划船去法国。他接着换乘马车和牛车穿越欧洲大陆，最终经过 11 天的跋涉，最后终于在罗马找到了皮尔。为了尽快赶回伦敦，皮尔和家人乘坐马车经过 13 天的日夜兼程，终于到达法国海岸。在那里，他们乘船去多佛，然后经陆路到达伦敦。因此，除了乘船那段旅行外，这次旅行的方式甚至旅行路线都跟公元前 55 年尤利乌斯·恺撒去伦敦几乎一样，而后者发生在近 19 世纪以前。

我们可以把皮尔的故事和 50 年后的另一个故事比较，那是 1884 年不列颠的查尔斯·戈登将军在喀土穆战役的反应。1884 年年底，戈登将军指挥的一支英国军队在苏丹的喀土穆被大股敌军包围。英国政府需要从开罗派遣一支援军到喀土穆。你想想他们怎样才能更快、更有效率地完成任务？为了完成任务，英国政府雇用了一个旅行社，但这并不是一般的旅行社，而是托马斯·库克旅游公司，该旅游公司对埃及的旅游富有丰富的经验和可利用的资源。通过使用蒸汽轮船和火车，库克公司完成了政府赋予的这项艰巨任务。但是军事任务却因为喀土穆的沦陷和戈登被击毙而失败了。

因此，我们可以看到 1884 年，旅游比前现代时期发生了显著的变化。1840 年前，旅游还只是属于上层社会的活动。富有的欧洲绅士们可以通过大旅游游览欧洲的城市，其他的富人也可选择不同的目的地，但是上层社会之外的民众却很难涉及旅游活动。1840 年后，旅游迅速发展成为日益增长的众多社会阶层的大众活动。

促使旅行和旅游发生改变并最终导致旅游发展到现代旅游时期的最显著因素就是欧洲的工业革命。1760 年前后，詹姆士·瓦特对蒸汽机进行了的改进，提高了工人的劳动生产率，开始是纺织业，随后扩展到其他行业，包括运输业。工厂工人、商人、技术工人以及其他工薪层的收入达到或超过了以前只有领主等少数人的收入。随着商业的发展和工业革命带来的劳动生产率的提高，出现了收入的显著增长和人口的急剧增长，这些增长的人口不包括贫困的农民和无技术的劳动力。结果，在欧洲很多人能力支付奢侈品的消费，包括旅游。

在 1840—1841 年间，与蒸汽动力引入交通系统相关的两次事件改变了旅游，使大量的中产阶级消费者能够享受旅游。1840 年，塞缪·肯纳德开始了横越大西洋的定期轮船服务，从而取代了过去的帆船运输服务。这个行业后来发展成为今天的邮轮业，肯纳德公司一直运行至今，成为了嘉年华公司的一个子公司。1841 年，托马斯·库克安排了一列车的游客去参加禁酒大会，这是标志着旅游运营商和旅行社行业的开始。上文提到，库克公司曾经接受英国政府的求援参与了喀土穆援军行动，直到今天这家公司仍然在运行。至此蒸汽机的应用随处可见，这两次由库克和肯纳德领导的事件开始了旅行和旅游业的新交通时代。今天，旅游已经触手可及，而且已经被更广泛的人群所享受。到 1995 年，仅美国就有超过 10 亿人次的旅游活动。

■ 4.5.1　供应和需求

　　导致现代旅游业发展的主要原因只有两个：供应的变化和需求的变化。19世纪初蒸汽机引入交通系统极大地增加了旅行和旅游服务的供应。1840 年后，旅游服务供给还发生了许多其他重大变化。这些都归结于科学技术的变化，如怀特兄弟动力飞行器的应用。其他的变化则不是源自技术的变化，商业的变化也增加了供给，在这章后面我们会谈到。从需求方面来看，导致旅游增长的最主要原因是收入的增加。综上可见，以上诸多这些变化改变了旅行和旅游，产生了一个巨大的，每天服务于千百万客户的行业。

4.6　需求

　　作为主要的飞机制造商，波音公司谨慎地跟随旅游市场来预测每年的发展。波音公司在 2004 年的 *Current Market OUtlook* 中表达了对航空旅游的看法，认为航空旅游发展的主要动力来源于经济的增长。经济增长或者是 GDP 的增长决定了国民的收入。对于美国，尽管经济经历了起伏，但是总的来说经济快速增长还是持续了很长的一段时间。经过几个世纪的积累，这种收入增长的影响是十分巨大的，极大地刺激了旅游需求。1840 年，美国的人均 GDP 收入是 1 600 美元（按折合成 2000 年的美元计算）。到 1913 年，这个数字已经增长到 6 000 美元，2004 年已经超过 36 000 美元。1840—2004 年的年复合增长率略超过 1.9%。在过去的 75 年，年增长率超过 2%。在此增长率下，实际人均产值增长很快，在30 年间成倍的增长。按照这么快的增长率，一个美国人活到 90 岁，他/她的收入会有 3 次成倍的增长，就是说他/她一生收入会有 8 倍的增长。收入这样长期地快速显著增长对于美国商品和服务的消费都产生了深远的影响。今天典型的家庭收入已经是几代前家庭收入的很多倍了。结果是我们现在消费了更多的商品和服务，包括更多的休闲和更多的旅游。可以看到这些发展体现在平均家庭规模的增长、大多数家庭中空调和汽车的普及、户均汽车数量的增长、汽车质量的改进、卫生保健服务消费的增长及其他商品和服务消费的增长。

　　现在的年轻人很难想象当年父母成长的环境：一台只有 3 个频道的黑白电视机，只有一个浴室的房子或公寓，一部电话（线连到墙上），房子和汽车都没有空调，智齿就在简单麻醉的情况下用一把锤子和一把凿子的情况下拔掉了。他们的祖父母甚至可能是在没有电视、空调和汽车，住在公共楼层里，洗手间在外面，几乎没有医疗业牙齿保健的情况下长大的。今天美国人生活的变化是美国经济连续几十年以来一直保持超2%的年增长率的结果。

收入长期的快速增长刺激了旅游需求的增长。我们前面已经看到，美国20世纪90年代的实际收入是150年前的18倍。欧洲也看到了类似的变化，加拿大、澳大利亚和新西兰也是如此。最近亚洲的收入增长则更极端。因为收入是影响旅游需求的最重要因素，所以旅游需求也增长很快。的确，旅游需求的增长比收入的增长还要显著，这是因为旅游的需求收入弹性大于1，关于这一点，以后我们会学到。

旅行和旅游数量的增长受价格的影响。最近几十年来，各种旅游产品的价格都在下降。航空旅行的价格变化就是一个非常显著的例子。作为一个主要的航空贸易团体，航空运输协会（ATA）已经开始计算航空业的"收益"，具体是指自1926年以来这段时间每乘客英里的收入。收益是衡量航空公司定价的有效手段。当收益随着时间的变化而出现上下波动时，表明从20世纪初开始，即客运航空服务开始的几十年来，航空公司的收益一直是缓慢上升的。当然，消费者的整体价格也是随着时间而上涨。因此为了检验航空旅行的价格与普通商品之间的关系，我们必须分析一下价格的总体上涨情况。用消费者指数来划分航空公司收益能帮助我们衡量航空价格的实际收益。我们从表4—1可以看到，很长时间以来美国国内航空实际收益一直在下降。航空公司实际价格的下降增加了有购买欲望的航空旅游消费者的数量。

其他旅行和旅游服务的实际价格这几十年来也是一直在下降。最重要的可能是以汽车旅游的价格的下降。到2006年，汽油价格已经下降几十年了，汽车质量的提高降低了维护费用和在途中使用汽车救援服务的可能性。美国州际公路网络彻底地缩短了驾车旅行的时间。这些因素极大地促使存在了100多年的汽车旅游的价格得以下降。在50年代，驾车长途旅行还是一个不常见的、危险的痛苦折磨，而今天，我们对驾车一天，行驶几百英里也都习以为常了。的确，1995年的美国旅游调研显示，往返距离在500～1 000英里的家庭旅游中，超过半数采用的是汽车旅行。

表4—1 　　　　　　美国航空公司国内收益（1995—2005年）

年份	航空公司收益（美分）	消费者价格指数（1982 – 1984 = 100）	航空公司实际收益
1950	5. 56	24. 1	15. 04
1955	5. 36	26. 8	13. 04
1960	6. 09	29. 6	13. 41
1965	6. 06	31. 5	12. 54
1970	6. 00	38. 8	10. 08
1975	7. 69	53. 8	9. 32
1980	11. 49	82. 4	9. 09

续表

年份	航空公司收益（美分）	消费者价格指数（1982－1984＝100）	航空公司实际收益
1985	12.21	107.6	7.40
1990	13.43	130.7	6.70
1995	13.52	152.4	5.78
2000	14.57	172.2	5.52
2005	12.29	195.3	4.10

数据来源：航空运输协会 ATA（2007）。

旅游产品和服务的质量也影响需求。多年来，质量已经取得明显的提高。一个重要的例子是，自 1957 年凯蒙斯·威尔逊创立第一家假日汽车旅馆连锁以来，路边的汽车旅馆质量已经取得了很大的进步。此前，路边汽车旅馆的质量差别很大，在陌生的小镇过夜可能是一个不友善的冒险或者是一个糟糕的经历。这样的经历让凯蒙斯·威尔逊创立了一家公司，旨在服务以汽车为旅游工具的旅行者，特别是带着孩子的旅行者，为其提供一个美好的经历。我们也已看到航空旅行服务的改善，包括增加了航班频率。喷气式飞机的飞行速度比原先的螺旋桨飞机速度提高很多，这是航空服务的另一种质量改善，也促使了航空旅行需求的增加。

几个世纪以来，旅行安全性和安保的提高及完善也对旅游需求产生了重大影响。我们前面提过，肯那德的轮船比以前在跨大西洋贸易航线上使用的木制帆船安全得多。乘火车旅行比骑马或乘坐马车旅行安全得多。自从航空公司和飞机制造公司从以前的几起事故中吸取教训后，航空旅行安全记录随着时间不断改善。最近几年，与定期航班相关联的死亡已经很罕见了。1997—2006 年的 10 年间，美国定期航班重大事故率平均低于每 0.017 次/万次飞行。

以汽车为工具的旅游变得越来越安全。美国公路系统为长途旅行的驾驶员和乘客提供了更多的安全保障：撤掉了分级路口；设立中线来分割来自不同方向的车流；在公路汽车驶入通道和驶出通道使用长距离的加速车道。同时，汽车本身变得更安全了，在汽车的结构和系统中或是隐藏、或是显露地加装了安全带，安全气囊、改良的轮胎、改良的刹车、改良的方向盘、更安全的油箱，以及其他安全措施。表 4—2 显示了最近几十年以来，以每亿英里统计的美国汽车旅行的公路死亡率下降很快。

表 4—2　　　　　　　　美国公路死亡率（1950—2000 年）

年份	死亡人数	旅行汽车里程（百万公里）	死亡率（每亿英里）%
1950	33 186	458 246	7.24
1955	36 688	605 646	6.06
1960	36 399	718 762	5.06
1965	47 089	887 812	5.30
1970	53 816	1 109 724	4.85
1975	45 500	1 327 664	3.43

年份	死亡人数	旅行汽车里程（百万公里）	死亡率（每亿英里）%
1980	51 091	1 527 295	3.35
1985	43 825	1 774 826	2.47
1990	44 599	2 144 362	2.08
1995	41 798	2 442 775	1.725
2000	41 945	2 749 803	1.525

数据来源：Weingroff（2003）。

在 2001 年 9 月 11 日，恐怖主义者袭击美国以后，旅行和旅游的安全状况有了彻底的改变。恐怖袭击对于旅行和旅游有着特别的含义，因为恐怖主义者使用了商业飞机作为他们的武器。"9·11"发生以后，美国国内以及美国跟其他国家间的旅行和旅游需求都急剧下降了，持续低迷了好多年。尽管安检不是很方便，而且容易造成延误，但是多数旅行者都觉得这样有安全感，对于增加的安全措施表示欢迎。

因此，旅游需求因为收入、价格、质量和安全的变化而不时地发生变化。特别是在过去的 2 个世纪，旅游需求有了惊人的增长，主要是因为工业革命后收入的快速增加。很长一段时间以来，旅行服务价格的骤降、质量的提高及安全、安保的迅速完善，也促进了旅游需求的增长。这些变化的结果就是，旅游需求不仅仅产生于一小部分富人和一小部分有着特殊旅游目的的人，比如宗教目的。当今社会绝大多数的旅游需求是休闲、商务以及其他目的。

4.7 供给

对于绝大多数商品和服务，不包括国防或公共教育，供给数量就是指商家生产并提供给市场的商品和服务的数量。供给是指商品或服务的数量和价格之间的关系。因此，一般来说，供给是指商家的行为。

通过企业间的博弈，供给主要由生产和分销的成本决定。公共政策也会影响供给，特别是针对私营企业生产的商品和服务，而不是政府提供的商品和服务。

决定企业成本的两个主要因素是输入价格和科学技术。因此，输入价格和科学技术的变化也会影响供给的变化。

■ 4.7.1 供给 1：输入价格

稍后我们可以看到，支付给劳动者的报酬是旅游业所有商品和服务的最重要的输入价格。几十年来支付给劳动者的报酬飞速上涨，如果劳动者生产力的增速大于报酬的增速，那么任何一个行业的劳动成本都可以下降。总的来说，我们不太可能认为实际报酬的下降增加了旅游供给。

第二个影响旅游成本的显著输入价格是燃油价格。在 20 世纪的前 50 年，旅游业的初级燃料由煤炭转为石油、汽油及其他喷气燃料提炼的燃油，运输燃油和发电厂燃油的改进降低了成本，并增加了旅游服务供给。

■ 4.7.2 供给 2：技术变化

经济历史学家把 19 世纪前半部分称作"交通革命"时期。这是一个大规模投资交通基础设施的时期，包括运河、公路、铁路和设备，还有轮船和火车。因为运输价格快速下降和交通活动的改善，这些都增加了旅行旅游服务供给。自 1840 年以来，科学技术的变化已经成为带动旅游服务供给增加的最重要因素。塞缪·肯纳德和其他人发掘了蒸汽动力的潜力并改变了旅游服务供给。很多其他的技术革新都对行业供给产生了类似的影响。

1. 铁路

19 世纪早期，以蒸汽为动力的铁路运输为旅行者提供了新的服务。在 19 世纪四五十年代的欧美地区，铁路网覆盖广泛，并飞速发展，这极大地增加了旅游服务供给，并彻底改变了旅游行为。现在非常多的人可以通过更快捷、更舒适和更安全的旅行方式去那些以前他们从来没想到会去的地方。

2. 轮船

塞缪·肯纳德把以蒸汽机为动力的轮船投入到跨大西洋的定期航线上，从而增加了旅游的供给。此前，跨大西洋的定期航线上都是以风为动力的"包裹"船。这些相对较小的木制风帆船被叫做"包裹"船，这是因为它们主要在英格兰和西印度以及纽约间运送邮包。它们定期出航，运送邮包和其他货物，此外还承载一定的旅客。船很慢，得花将近 50 天才能穿过大西洋，而且这种船很不舒服。塞缪·肯纳德把更大的、更快的、更安全和更舒服的轮船投入到跨大西洋的定期航线上，这些以蒸汽机为动力的轮船连接了纽约和英格兰，从而从根本上增加了旅游的供给。

跨大西洋轮船服务发展很快，新的竞争者开始进入这个行业。之后的二三十年内，很多国家的大型、豪华钢铁轮船定期横跨于大西洋和其他海域。1997 年火爆上映的电影《泰坦尼克号》就真实地再现了 1912 年跨大西洋客运旅游市场的情景。

在全球范围内，轮船在 19 世纪的早期和中期在很多形式和地点上都增加了旅游服务供给。半岛轮船航运公司于 1834 年开始服务于英格兰和伊比利亚半岛航线。随后半岛和东方轮船航运公司开始服务于英国和埃及、澳大利亚、中国香港以及其他一些地方。轮船也提供沿海服务。例如，美国东岸一些城市间的沿海旅游服务，另外轮船也提供湖泊和内河的旅游服务，包括密西西比和俄亥俄州，还有欧洲的河流。

3. 汽车

19 世纪末期才出现了第一辆汽车。亨利·福特 1908 年制造的 T 型车使多数美国家庭能够支付起并拥有一辆汽车。从那时起，T 型车就很耐用和可靠，成千上万的美国人因为购买了汽车而有了更大的活动范围。汽车工业发展迅猛，随着汽车工业的飞速增长，旅游业也发生了彻底地改变，旅行时间缩短了，旅行变得更舒服，旅游也因而变得更加的容易。在加拿大、大不列颠和欧洲大陆，汽车的生产和使用也有了类似的增长。

4. 动力飞行

我们最近刚刚举行了莱特兄弟第一次动力飞行的一百周年纪念。短短几年内，飞机就开始载人飞行了。到20世纪20年代，航空公司已经开始提供伦敦和巴黎以及美国城市间的定期航班服务了。1936年泛美航空公司就开始了跨太平洋的定期客运航班服务，使用的是 Glenn L. Martin 公司制造的海陆两用飞机"China Clipper"号。因此，在很短时间动力飞行就极大地增加了旅游服务供给。

5. 喷气引擎

1958年10月，泛美航空公司用波音707开始了跨大西洋的商业航空服务。这个重要事件彻底地降低了美国和欧洲间旅行的时间，同时带来了很高的安全性和舒适性。虽然一些横渡还在继续，但是乘船横渡大西洋的大时代在那以后就已经结束了。仅在第一次动力飞行的66年后，一架波音747飞机就能够以每小时565英里的速度，承载490位乘客舒适地飞过4 800英里的距离。因此，喷气引擎进一步扩大了动力飞行对于旅游供给的影响。

6. 空调和冷藏

空调的发展极大地提升了炎热气候地区的旅行旅游服务的供给。空调使得热带和亚热带地区的很多大型酒店和度假酒店得以发展。在美国，佛罗里达地区的旅游业就是得益于这次革新。冷藏使得食品服务变得更加安全，范围更大，特别是在炎热气候地区。冷藏技术的发展支持了旅游服务供给的一个重要组成部分——餐饮服务的供给增长。

■ 4.7.3　供给3：新商业模式

成本不是影响供给的唯一因素。企业为了在市场竞争中获胜而进行的努力也会决定旅游服务供给。商业模式就是企业通过为消费者创造价值而获得利益的方式。每一个成功的企业都有自己的商业模式，尽管企业的管理者们可能无法清晰地表示这一点（有些企业，例如华尔特·迪斯尼不只有一个商业模式）。托马斯·库克的商业模式是：通过安排一整套的交通和住宿，并同相关的服务提供商进行议价来为客户创造价值。随后，再把这些服务以对客户有吸引力的低价销售给客户，而这个价格对于托马斯·库克而言，已经足够带来盈利了。麦当劳也发展了自己的商业模式：它通过在清洁、有吸引力的环境下，提供标准的快速熟食品，位置方便，价格低廉。低价格是因为低成本，其定价也足够高到可以盈利的水准。在以后的内容中我们会看到，新商业模式是增加旅游服务供给的重要因素。

1. 航空公司

我们前面提到过，在20世纪20年代，很多公司提供定期航班服务，就是新的商业模式。航空公司购买飞机，培训飞行员和空服人员，建设机场航站设施，销售机票。航空公司承载付费旅客，还有邮包以及货物，定期往返于主要城市间。在这中间，泛美航空的就抓住了新商业模式，从而从根本上增加了旅游业的供给。

2. 邮轮公司

塞缪·肯纳德开始了定期航运服务，在主要港口间运送旅客，他的商业模式很快被其他轮船公司模仿。与此相反，泰德·阿里森在 1972 年创立了嘉年华邮轮公司，向游客提供邮轮的体验，主要是提供船上的"快乐船"体验，停靠的港口倒在其次。他的目标是吸引上百万从来没有考虑过跨大西洋休闲航行的美国人。这种更现代类型的邮轮公司在开发新市场方面更成功。

3. 租车

在 1915—1920 年间，约翰·赫兹在芝加哥开了一家出租汽车公司。就是他提出了出租车应该喷成黄色。20 世纪 20 年代，他收购了一家刚创造出一个新的商业模式的芝加哥公司。这家公司提供日租车服务，租车人自己驾驶，而不是像出租车那样，包括司机。租车公司的商业模式就是购买一个车队然后提供日租，按照一个足够高的价格，可以抵消利息、折旧以及其他成本，另外还有利润。这个模式非常成功，今天赫兹租车公司的运营遍布全球 7 000 个地方。

4. 汽车连锁旅馆

当凯蒙斯·威尔逊开始建立路边汽车旅馆——假日连锁酒店的时候，他就创立了一个新的商业模式。在一次跟家人一起驾车进行长途旅行的路上，他对路边汽车旅馆恶劣的住宿条件和服务非常失望。他认为美国家庭所信赖的路边汽车旅馆应该是卫生清洁、价格合理、质量优良，特别是在陌生的地方更是如此。这成了他新的商业模式的基础——提供清洁、价格合理并有统一高质量的住宿，并带有标准配置的设备，如游泳池和餐厅，房间里配有空调和电视。此外，他还创立了全国范围内都能识别的品牌，这样即使旅游者在他们从未到达过的地方，他们也会对这个品牌的住宿质量和价格有信心。虽然对孩子不另外收费，但是价格公道，而且价格也足够高到可以盈利。

■ 4.7.4 新商业战略

每个成功的企业都有一个商业模式。为了做得更好，企业还需要有商业战略。商业战略就是解释一个企业如何在行业中有立足之地。琼安·马格瑞塔在她的《管理是什么》一书中，阐述了一个企业要为顾客创造价值，但是如果没有战略就难有什么利润，或者在运营上难以与竞争对手区别开来。因此，商业模式就是在创造客户满意的同时再研究如何创造利润；而商业战略研究的则是如何在拥有众多强有力竞争者的行业内找到自己合适的位置。

1. 替代租车

1962 年租车的商业模式开始变得家喻户晓，杰克·泰勒在汽车租赁的基础上增加了租车服务。最终这家公司发展成为现在的租车企业。当时，租车行业里已经有了几个很大的竞争对手，如赫兹和艾维斯，还有大量的小公司。但是泰勒尝试了一种新的战略，采用了行业内不同的经营方式——服务那些因汽车维修而需要租车作为替代的客户。结果，新市场的发展造就了另外一家为当地租车顾客提供价格公道、高水平服务的大型租车企业。1995 年之前，其他租车公司的市场多放在机场，但是泰勒对城郊的地方很感兴趣，因为这里更接近顾客，而且地产租金比机场的高租金便宜很多。

2. 廉价航空公司

西南航空公司有一个明确的战略把自己与其他航空公司区分开来。它主要的区别特色是以低成本支撑的低价策略。西南航空公司经营着一个非常有效的点到点的航线结构，经常使用所到城市的非主要机场。它只经营一种机型——波音737，这就降低了运营和维护成本。另外，西南航空公司采用的还有低人工成本，低销售成本，该公司主要通过自己的官方网站售票。

最后一个决定旅游服务供给的重要因素是政府的行为。

■ 4.7.5 供给5：公共政策

政府经常在促进旅游业发展中起着重要的角色，并努力增加旅游行业供给。他们通过直接补贴、购买服务、修建基础设施、规范旅游安全等多种形式来达到这个目的，政府政策也会减少旅游服务供给，例如增收旅游税，或者不去维护道路、机场以及其他设施。然而，总体上来说，美国、加拿大、欧洲、澳大利亚和世界上其他各地方的政府都有代表性地促进了旅游业发展。

1. 直接补贴

在19世纪早期和中期，美国联邦政府和各州都大量补贴道路、运河和铁路的建设。美国历史上最大的一次产业补贴是发生在19世纪中期，政府大量划拨土地用于修建铁路。1862年的太平洋铁路法案以及其他联邦法律共划拨了131 000 000英亩土地给铁路公司。几十年以来，铁路公司将一部分土地用来修筑设施，其余部分则销售出去用做其他用途。

英国政府于1921年开始对多个服务于伦敦和巴黎航线的航空公司补贴，之后这种补贴持续了许多年。最后，这些公司合并成为一个获补贴公司，即帝国航空。新的非补贴公司进入市场，最后，这些公司也合并成一家公司，即英国航空，之后英国航空也接受了英国政府的补贴。1939年，两家英国国际航空公司都国有化了，也就是说，收归国家所有，由国家运营。两个公司被合并成英国海外航空公司（BOAC）。1974年，BOAC与另外一家公司合并成英国航空公司。1987年，英国政府把英国航空私有化。1947年以后，澳大利亚政府也把澳洲航空收作国有公司开始经营。

1962年起，大不列颠和法国政府开始联合补贴协和飞机的开发。第一次商业飞行是在1976年。只有英国航空和法国航空把协和飞机用于商业服务。在1976—2003年间，协和飞机被用于跨大西洋航线，相比于其他传统飞机，协和飞机要快很多，每小时航行速度达到1 350英里，是传统喷气飞机速度的两倍多。在2003年，协和号结束了商业飞行。

2. 政府采购

美国政府通过购买航空服务直接促进了早期航空业的发展，特别是付费让航空公司承运邮件。在1946年美国的航空邮件邮费是4 600万美元，在1949年是1.12亿美元，另外还有1949年前的3 000万美元追溯欠款。很显然，这些航空邮件邮费接近承运这些邮件所需成本的2倍。英国政府也以类似的方式从肯纳德公司购买了邮政服务。

3. 基础设施开发

19 世纪初期，欧洲人和美国人把运河当做降低价格并增加旅行服务供给的手段。在美国，各州大量补贴运河建设和河运的改善。美国联邦、州和地方政府都对机场的建设进行了补贴。现在航空旅行税和使用费能够支付绝大多数航空公司所使用设施的成本，但是早期时候的商业航空情况不是这样的。航空公司向市政当局缴纳起降费，贝格在 1951 年写到，"那时候航空公司并不为联邦航空设施和其他联邦航空援助支付使用费。"

1956 年的美国《联邦援助公路法案》是其中最重要的一项法律，政府通过修建基础设施促进了旅游发展，美国州际公路网因此得以产生。政府通过对燃油进行征税，然后根据 9:1 的比例对州的公路建设进行补贴，其结果是公路建设呈爆炸式增长，到 2002 年，美国已经形成了连接美国各地的长达 47 000 英里的公路网。

4. 旅行安全的制定

1912 年 4 月 14 日，当时建造的最大客轮，英国白星航运公司的"泰坦尼克号"，首航沉没。该轮船当时是从英国朴次茅斯港出发驶往纽约，载有 2 223 名乘客和船员，可是只有 706 人生还，主要原因是船上的救生艇数量不够，而且有些还没使用。这场灾难的一个结果就是全球范围都开始改善海上的生命安全。泰坦尼克号灾难后，国际规定和标准逐渐到位，至今仍然定期调整，这些规定促进了世界范围邮轮业的发展。

4.8 小结

正如我们所认识的那样，旅游在古代已经出现，当时人们有了观光行为，例如去埃及参观金字塔或者去海边度假。但是旅游历史上，旅游活动却不是直线增长的，从古代时候的少量参与今天的大规模旅游。在西欧的中世纪早期，旅游活动降到低点。除此之外的其他时期，旅游都发展很快。

虽然是最简单的经济分析方式，但是对市场需求和供给的验证帮助我们了解了几个世纪以来旅游的增长。旅游需求主要受收入影响。价格和安全也是决定旅游需求的重要因素。企业的行为，包括商业模式和商业战略都决定了旅游供给。输入价格和技术的交互作用产生的生产成本，是影响企业行为的主要因素。

旅游需求越高，旅游活动水平就越高。影响旅游需求的主要因素是收入。因此，在罗马帝国最辉煌的时期和 18 世纪到 19 世纪的英格兰，那时候高收入的人很多，旅游需求也高。自 19 世纪的工业革命后，收入飞速增长，进而带动了大多数人的旅游需求。

几个世纪以来，旅游服务供给有起有落，在 19 世纪早期，旅行中蒸汽动力代替了马力，旅游供给取得了跳跃式发展。这种旅游供给量的飞跃一直持续到后来用内燃机来驱动汽车、轮船和飞机。因此，商业模式和新商业战略支撑的技术，还有工业革命后的收入，构成了推动旅游增长的第二个主要力量。

第 5 章
经济影响：产出、收入以及可持续性

学习目的

- 理解目的地对旅游的促进
- 了解旅游业的"经济影响"含义
- 理解研究者怎样衡量旅游对地区经济的直接、间接和诱发影响
- 学习怎样使用投入—产出模型和矩阵代数来衡量经济影响
- 了解环境对旅游的影响
- 了解可持续旅游，学会使用跨期经济分析模型来分析地区经济发展
- 了解生态旅游
- 通过公共泳池资源、外界干扰和财产权利的关联来了解经济的影响

5.1 概要

许多旅游者都觉得自己已经找到了度假的绝好去处，并且希望能够年年去那里度假。因此，他们希望在未来的几十年中，自己的度假天堂不会被别人发现，不会被别人破坏，希望那个地方在自己的有生之年保持不变。但是，随着这个未经破坏的度假天堂被其他人发现以及经济的发展，这些愿望将很难实现。实际上，地区企业和业主都积极地宣传当地的度假胜地。

我们都见过像"I ♥ New York"（我爱纽约）及"Virginia is for lovers"（属于情侣的弗吉尼亚）这种宣传纽约和弗吉尼亚旅游的著名口号。对于其他州的广告宣传活动，我们也都很熟悉。令人吃惊的是这种广告宣传的总量之大。隶属于50个州政府的旅游组织每年都将超过5亿美元的开支用于促进当地的旅游业建设。根据美国旅游协会（TIA）进行的州立旅游局年度预算调查，参与该调查的47个州在2005财年的计划开支为6.02亿美元。5亿美元的政府开支中不包括市政府、县政府及其他各级政府的开支。许多政府单位资助"会议观光局"（即CVBs）来促进当地的旅游事业。其中，拉斯维加斯观光局是规模最大的一家。它在2006年财政总开支约为2.22亿美元，其中的1.15亿美元用于广告宣传与市场推广。

为什么各州和各个城市都要投入如此巨资来促进旅游业的发展呢？因为各州和各个城市都希望这些支出能够带来更多的回报：本地就业率、收入和税收的增长。或许有人还记得见过这样的画面：在拉斯维加斯，拥有500间客房的旅馆被炸毁拆除，来为5 000间客房的旅馆腾地方。当开发商将拥有500间客房的

旅馆改建为拥有 5 000 间客房的旅馆后，与经营原来的小旅馆相比，他们就需要大约 10 倍多的员工在新旅馆服务。同样，他们也将需要 10 倍多的床上用品，10 倍多的清洁用品，及其他物品。该项开支为更大旅馆中的员工带来了更多的收入，也为旅馆用品的供应商带来了更多的收益。反之，这些员工和供应商又将其增加的收入用于在本地的消费，这样就给其他人带来了更多的收入。此外，他们还要纳税。与社会和环境影响一起，我们将就业率、收入、税收及其他经济活动衡量指标的变化称为旅游的经济影响。

5.2 经济影响分析

　　旅游的经济影响是旅游业被广泛研究的领域之一。旅游业是一个很大的产业，因此它有多种经济影响。根据美国旅游协会（TIA）的调查显示，在美国有超过 700 万的人从事旅游业方面的工作。正如我们所见到的，旅游会改变当地的性质。例如，在佛罗里达州的奥兰多，华特迪斯尼世界/环球主题公园及其他旅游景点为当地带来了巨大的经济增长。旅游者、旅游业工作者及旅游公司都要纳税。在有些情况下，这些税收可能是州和地区政府的最重要的税收来源之一，如在夏威夷。据世界旅游理事会（WTTC）估算，1999 年旅游业给夏威夷带来了 27% 的税收。

　　许多研究者曾经试图研究旅游业对各种经济活动的影响。州政府机关曾经试图衡量其规划对本州经济的影响，包括对就业率、收入和税收的影响。联邦政府曾试图衡量赌博对美国经济的影响。企业、公司和学术研究者也曾试图衡量其他影响。以下是在衡量旅游业的经济影响中最重要的，也是最常用的指标：

　　1. 产出

　　研究者常常衡量产出的增长水平，州生产总值的增长水平，或者其他类似的用来衡量地区经济活动总体水平指标的增长水平。

　　2. 收入

　　付给工人的薪资变化是衡量经济影响的主要指标之一。

　　3. 就业率

　　通常研究者会对旅游活动的变化所引起的就业率的变化感兴趣。

　　4. 税收

　　通常州和地区政府感兴趣的是旅游支出增加后所带来的额外税收；

　　5. 环境影响

　　除了产出、就业和工资之外，经济影响还包括：

　　（1）社会和文化影响（人口、生活方式及其他）；

　　（2）物理影响（建设、污染、腐蚀及其他）；

　　（3）生物学影响（栖息地的破坏、外来物种的引进及其他）。

　　这里，我们关注的主要是以上影响中的第一项，即旅游对地区产出的影响。虽然关于经济影响已经进行了各种各样的研究，但是用于衡量这些经济影响的标准方法却屈指可数。接下来，我们来看一下这些方法中最重要的几个方法及其应用。

新西兰旅游业——美洲杯帆船赛

旅游对新西兰的经济很重要。据新西兰政府估计，旅游直接和间接地带来了该国大约 10% 的生产总值（GDP）及就业率。新西兰有许多的自然景点和其他景点，吸引着世界各地的旅游者。1995 年一艘新西兰帆船赢取了美洲杯帆船赛。该胜利带来的结果之一是，卫冕冠军要在本国水域护卫自己的头衔。因此，在 1999—2000 年间，随着该赛事转到奥克兰进行，其参赛者、观赛者及国际媒体也到了奥克兰。2003 年，新西兰再次成功卫冕，将该赛事带回到了奥克兰。新西兰政府与顾问公司签约，评估筹备 2003 年美洲杯帆船赛对本国经济的影响。在筹建期间，该赛事吸引来的主要是参赛者，而非观赛者或者媒体。然而，研究仍发现了重要的经济影响：要为 500 名帆船手和岸上服务人员提供食宿，并为帆船提供相关服务。有时候，这些人也会带着他们的家人一起来奥克兰。该研究利用本章提到的标准方法估算了其直接影响、间接影响及诱变影响，发现在 2000—2002 年期间，筹建 2003 年赛事为新西兰带来的总的经济增长为 6 500 万美元，其中直接价值增长为 2 700 万美元。

5.3 直接和间接影响

衡量旅游对地区产出的经济影响，首先要衡量该地区内旅游消费变化的直接影响。直接影响，顾名思义，就是旅游消费本身的影响。在后文中，我们会发现旅游消费也会产生间接影响，但并不是所有的研究都会探讨这些间接影响。几乎任何关于旅游经济影响的研究都是以衡量食宿、参观景点、购物及其他类型的旅游者的消费变化为起点。这可以通过估算每类旅游者的数量来完成。旅游者类型有：休假旅游者、会务旅游者、商务旅游者等。然后，研究者再衡量每类旅游者的消费。可以将衡量结果按消费类型再次分类，例如住宿、餐饮及其他，也可以不再细分。计算直接影响的最后一步是估算每类消费对收益变量的影响，如产出、就业率及税收。

除了直接影响，旅游消费还有其他影响。例如，我们知道旅游者会花钱住宿。而为了经营，旅馆和汽车旅馆要在本地购买清洁用品、床上用品及其他物品。这所产生的第二轮消费就是旅游活动的间接影响。再如，如果一个小城市要建立一个会议中心，那么它就期待来年会议旅游者会蜂拥而至。这些新旅游者会在旅馆房间、餐馆饮食及其他许多方面进行消费。这项消费会对该会议中心产生直接影响，因为该地区的产出、就业率及薪资支付都会有所提高。然而这项消费还有其他影响。餐馆要为其扩大后的经营购买更多的食材；旅馆要购买更多的用品，他们的账单会增加。这些企业的额外采购又会引起本地经济其他方面产出的增长。关于旅游经济影响的研究通常将这种额外产出称之为附加旅游消费的间接影响。

一些研究提到附加旅游消费带来的诱发影响。旅游消费促使旅馆、餐馆及其他旅游服务供应商雇用大量工人并支付薪资。旅游消费中的大部分会转变为本地工人的收入。这些工人又将其收入花费于购买住房、食物及其他消费品。旅游业规模越大，工人的收入就越多，该地区的消费者消费也会随之增加。地区经济活动的额外增加，即诱发影响，会使旅游消费的总影响增大。

5.4 投入—产出分析

    分析旅游的经济影响的最重要的方法是投入—产出分析。华西里·列昂惕夫提出了投入—产出分析法，并将其应用于解决经济问题。他也因此被瑞典皇家科学院于 1973 年授予诺贝尔经济学奖。20 世纪 30 年代开始，列昂惕夫提出了投入—产出分析法，来描述和理解某个经济部门的产出对于其他经济部门的产出的依赖关系。例如，生产卡车需要购买许多其他物品，包括钢铁和卡车轮胎；而生产卡车轮胎需要购买钢铁、橡胶及许多其他物品，包括卡车；生产钢铁需要铁矿、煤炭及许多其他的物品，同样包括卡车及各种由橡胶制成的物品，例如传送带和软管。我们可以发现所有的部门——卡车、钢铁、轮胎及橡胶——以一种非常复杂的方式相互关联。列昂惕夫创造了一种方法来描述和理解这些复杂的关系，并预测了如果某个经济部门的产出需求增加，其他的部门会产生什么样的变化。对于投入—产出分析法最显著的应用是在第二次世界大战期间及战后的华盛顿及其他地方的军事计划中。那时首先需要了解：为了生产大量的战备物资，在整个经济体系中将需要什么；然后进行预测：如果政府停止购买这些战备物资，会对经济产生什么影响。

    投入—产出分析就是利用经济部门间的相互依赖关系来分析：如果某种商品的需求发生变化，那么整个经济体系将会产生何种变化。这是一种衡量每个产业部门间接影响的方法。我们可以做这样一个假定，假设在某个特定的地区，对旅游业的产出需求增加，且我们希望利用投入—产出分析方法来衡量需求增加对整个地区经济的直接影响、间接影响及诱变影响。

    我们可以使用投入—产出模型来计算乘数。例如，产出乘数就是产出的总增加量与开支的初始变化量之间的比值。它会告诉我们每增加 1 美元的开支，该地区的产值会提高多少美元。我们可以利用投入—产出分析法来计算最后需求的变化所产生的直接影响及其他影响，也可以利用它来计算乘数。类似的，我们也可以计算就业乘数和收入乘数。附录 5.1 详细地介绍了如何进行这些计算。

    旅游业提供了很多利用这些方法计算经济影响的机会，并且这方面的研究也很多。1992 年，布拉德利·布劳恩研究了举办会议对佛罗里达州奥兰多产生的经济影响。他提到在奥兰多的会议出席者的数量（包括会议和展会）从 1969 年的 36 019 人增加到了 1989 年的 167.5 万人。布劳恩的目的是计算这 167.5 万与会代表的消费对奥兰多的就业率、收入、产出和税收所带来的影响。通过计算，他认为会议的举办对奥兰多经济产生的总影响是工作岗位增加了 65 000 个，工资增加了 4.57 亿美元，产出值增加了 22.8 亿美元，州政府和当地政府的税收增加了 1.3 亿美元。布劳恩是如何进行计算的呢？他利用了佛罗里达州中部地区经济的 494 – 部门投入—产出模型。

在下文中，我们将介绍如何对旅游的经济影响进行投入—产出分析。我们会发现这个计算过程并没有什么不可思议的地方，它只是进行简单的数学运算。任何学过高中代数的人都可以很容易地理解这个计算过程。附录 5.1 详细介绍了如何使用矩阵代数进行投入—产出分析。

■ 5.4.1 任何一个行业都需要其他行业的产出

下面我们看一下如何进行投入—产出分析。首先，我们需要构建一个投入—产出表，来描述我们所研究的地区内各部门间的销售情况。投入—产出分析中提到的"部门"就是所谓的"行业"。我们可以将经济划分为狭义的行业或部门，例如住宿、旅游代理、汽车等等；或者我们也可以将经济划分为广义的行业或部门，例如，旅游业、制造业、农业及其他。当然，无论是狭义的定义，还是广义的定义，其基本思想都是相同的。

这里，我们再次以钢铁业为例。钢铁业将自己的产品卖给汽车业、建筑业、其他制造业、矿业及许多其他部门，有趣的是，其中也包括钢铁业。在特定的时期内，比如一年内，钢铁业卖给每个行业一定额度的产品，这可以用一个数学方程式来表示。在这个方程式中，钢铁业的总销售额等于它对所有行业内其他部门的销售额再加上对行业外购买者的销售额。这些行业外购买者不属于该地区的生产部门，例如家计消费者、政府及地区外的购买者。我们将针对家计消费者、政府及地区外购买者的销售称为最终需求，因为这些销售不会用于该地区内的生产。

简而言之，我们假设钢铁业只将产品卖给地区外购买者（最终需求）和三个地区内行业：卡车制造商、玻璃制造商及钢铁制造商。

这样我们就可以用如下方程式来表示钢铁业的销售情况：

$$\text{钢铁销售总额} = \text{针对卡车制造商的销售额} + \text{针对玻璃制造商的销售额} + \text{针对钢铁制造商的销售额} + \text{针对最终需求的销售额} \quad (1)$$

假设，针对卡车制造商的钢铁销售额与卡车销售总额的比值为常数 "a"，且用 T 表示卡车销售的总收益。那么，

针对卡车业的钢铁销售额 $= a\,T$

相似地，假设针对玻璃制造商的钢铁销售额与玻璃销售总额的比值为常数 "b"，针对钢铁制造商的钢铁销售额与钢铁销售总额的比值为常数 "c"。那么，

针对玻璃制造商的钢铁销售额 $= b\,G$

针对钢铁制造商的钢铁销售额 $= c\,S$

在以上方程式中 G 表示玻璃制造业的销售总额，S 表示钢铁制造业的销售总额。那么，我们就可以将方程式（1）改写为

$$S = a\,T + b\,G + c\,S + F_S \quad (2)$$

在以上方程式中 F_S 表示对钢铁的最终需求。

我们也可以以类似的方式表示卡车制造业和玻璃制造业的销售总额，即：

$T = j\,T + k\,G + m\,S + F_T$

$G = d\,T + e\,G + h\,S + F_G\,FG$

那么，该地区三个行业间的关系就可以用以下三个方程式表示：

$$T = jT + kG + mS + F_T$$
$$G = dT + eG + hS + F_G$$
$$S = aT + bG + cS + F_S$$

利用这三个简单的方程式，我们或许可以很容易地计算任何或者所有三种产品（卡车、玻璃或者钢铁）的最终需求变化对所有三个行业的总销售额所产生的影响。这就是经济影响分析的本质：如果该地区任何产品的需求发生变化，该地区内每个部门的经济活动会发生什么变化呢？

我们来看一个涉及旅游业的简单案例。假设一个小地区内只有两个行业——旅馆和餐馆。与上文提到的关于钢铁、玻璃及卡车的计算过程相同，我们可以将餐馆业和旅馆业的总销售额表示为针对餐馆业的销售额加上针对旅馆业的销售额，再加上针对最终需求的销售额。在这种情况下，我们假设最终需求包括针对本地区内消费者的销售额、针对政府的销售额及针对地区外消费者或者旅游者的销售额，将旅馆业的最终需求设为 F_R，旅馆业的最后需求为 F_H。设 H 为该地区旅馆业的总销售额，R 为该地区餐馆业的总销售额。那么，我们可以用以下两个方程式表示该地区内行业间的关系：

$$R = aR + bH + F_R$$
$$H = cR + dH + F_H$$

需要明确的是，"a" 是餐馆业总销售额中花费在餐馆业的部分与餐馆业总销售额的恒比，"b" 是旅馆业销售总额中花费在餐馆业的部分与旅馆业销售总额的恒比。假设这些比值分别为 0.1 和 0.2。同时，假设上述方程式中的 c 和 d 分别为 0.2 和 0.3。那么，我们就可以将以上两个方程式改写为：

$$R = 0.1R + 0.2H + F_R$$
$$H = 0.2R + 0.3H + F_H$$

现在，我们就可以通过简单的代数计算，求出由 F_R 和 F_H 表示的 R 和 H 的解，也就是餐馆业和旅馆业的销售收益。别忘了，这个求解过程涉及解出第一个方程式中的 R 值，用 H 和 F_R 表示，并将结果代入第二个方程式。这就会消去第二个方程式中的 R，这样，就可以求出由 F_R 和 F_H 表示的 H 的值。如果我们进行这样的运算，就会得到如下结果：

$$H = 0.33898 F_R + 1.5254 F_H$$
$$R = 1.1864 F_R + 0.33898 F_H$$

这些结果直接显示了旅游业对该地区的经济影响。由这两个结果可以看出，如果该地区的餐馆多卖出 100 美元的饮食给旅游者，这将成为最终需求的一部分，那么，餐馆业的总销售额就会提高 118.64 美元（1.1864 × 100），旅馆业的总销售额就会提高 33.898 美元（0.33898 × 100）。该地区内产量或销售额的总增加量就是这两种变化的总合，也就是 152.54 美元。

餐馆业增加的销售额会使旅馆业的销售总额提高，因为餐馆业销售收益的一部分会花费在旅馆房间上。同时也要注意，餐馆饮食的最终需求每增加 100 美元，餐馆销售总额的增加量就会高于 100 美元。这种情况的发生是因为一定比例的餐馆业销售额被消费在餐馆业本身，就像钢铁业将一部分产品再卖给钢铁业。通常最终需求的销售增长对地区内的影响比本产业更大，这种现象被称为**乘数效应**。该地区内销售额的总增长与最终需求增长之比称为产出乘数。因此，在该地区内最终需求（包括旅游者）销售额的增长会比最终需求本身的增长产生更大的影响。这是因为该地区内的行业除了对最终需求销售，还对自己销售（正如我们将看到的，从所增加的最终需求上获得更多收入的人群会将一部分增加的收入花费在这个地区，这也会引起乘数效应）。

乘数效应意味着，如果旅游业能够在该地区内获得额外的旅游者消费，那么该地区内行业销售额的增加量就会更大。乘数效应会刺激地区政府促进旅游销售。因为，由于乘数效应的存在，旅游者消费每增加1美元，当地销售额的增加量要大于1美元。

现在，我们可以来看一下地区旅游消费所带来的直接、间接和诱变影响。直接影响的产生是因为最终需求发生变化。间接影响的产生是由于行业间购买扩展到了其他部门；例如，旅游者可能不会购买该地区的干洗服务，但是，在旅馆餐厅工作的服务员会产生这样的购买。间接影响等于每个部门产量变化的总和（将家政部门包含在最终需求内进行计算）减去直接影响。最后，诱变影响等于每个部门产量变化的总和（将家政部门看作一个生产部门进行计算）减去直接影响和间接影响。该地区的一些家政部门从旅游业获得收入，并将其大部分收入花费在该地区内。附录5.1对这些影响进行了更完整的解释，并解释了在投入—产出分析中如何处理该地区的家计部门。

■ 5.4.2 在运用投入—产出分析时，我们的假设是什么？

我们应该回顾一下在运用投入—产出分析时，我们所做过的假设：
- 我们将特定的地区作为研究区域，例如一个州，或者一个大城市。并且，我们用像方程式（2）那样的方程式解释了该区域内行业间的关系；
- 我们设定了特定的时间段，通常是一年；
- 我们假设了一个线性模型；也就是说，由系数表示的比值恒定，如方程式（2）中的a、b、c。无论某个行业的产量是高还是低，以住宿为例，每个单位的住宿产品需要其他部门所生产的中间产品数量在相应部门的产量中保持同样的比例，再如擦玻璃或者法律服务。
- 最终需求变化的影响就是增加地区内的经济活动。这些影响不会减少该地区内已经在运营的其他行业的产出、就业率、收入及税收。例如，我们假设，如果住宿业产量由于旅游需求的增加而提高，那么住宿业使用的额外资源不会使该地区内某个其他行业的资源使用量减少。

5.5 旅游业的可持续发展和生态旅游

正如我们在本章开篇所提到的，许多目的地投入巨资促进旅游业的发展。我们知道拉斯维加斯每年花费 100 多万美元进行旅游宣传。拉斯维加斯旅游业的发展使该地区发生了巨大的变化，它从一个沙漠中遥远的小城镇变成了美国最大的城市之一，拥有全国最繁忙的机场之一及许多世界级的大酒店。旅游业对该地区的改变程度之深，使人们很难认出这与十年前的拉斯维加斯是同一个地方。

许多人不满于旅游业对旅游目的地所产生的影响。在某些情况下，人们普遍认为目的地的变化是消极的。因为在某种程度上，某些地区本来是因为自己低调的地方特色而引人注意，而现在这些地方充满了高层建筑、T 恤店和连锁酒店。在许多地方，由于大量旅游者的到来，当地风俗或者消失了，或者被转化为失去真实性的舞台重演。大规模旅游者的到来不是使当地的自然特征和景点消失，就是使其受到威胁。

旅游业这些潜在的消极影响引起了人们对"可持续旅游发展"和"生态旅游"的兴趣。许多研究激发了人们对可持续发展的兴趣，其中援引最为广泛的研究之一就是联合国世界环境与发展委员会于 1987 年的报告。该委员会所关注的是如何促进世界经济的发展，尤其是如何在保护环境的条件下，降低发展中国家的贫困率。根据 1987 年报告，可持续发展是指既满足现代人的需求又不损害后代人满足需求的能力。这样，我们可以认为**可持续旅游**这种发展模式明确地考虑到了今天的旅游活动会对将来的旅游者和当地居民的发展机会产生什么样的影响。可持续旅游的发展理念及旅游影响所关注的内容都涉及重要的经济观念。经济分析有助于我们理解以上知识，并利用有效的方法来解决这些令人关注的问题。

生态旅游是一个与可持续旅游相关的概念，但两者又不完全相同。生态旅游是指利用当地的自然景观来进行旅游规划，并给当地居民提供收入，同时不致使旅游环境发生大的改变。许多研究者强调生态旅游必须将教育包含在内。也有研究者强调生态旅游必须提供收入，以维护旅游者所参观的生态系统。因此，大家对生态旅游的关注和对可持续旅游的关注是相似的，其基本思想就是旅游可能对地区产生重要的消极影响。

我们可以通过以下经济学概念来进一步理解旅游的潜在消极经济影响：
●跨期分析或者跨代分析（明确地将时间因素纳入经济分析之内）
●公共池塘资源
●界外效应及财产权

■ 5.5.1 跨期经济分析

跨期经济分析是明确地考虑到时间因素的经济分析。在分析某个时期的经济行为时，我们可以分析一下某个人群在一系列时间段中的行为。例如，消费者在某个时期获取收入，或者，某代人的决定对下代人行为的影响。在涉及某个消费者群体的案例中，这些消费者会将该时期的部分收入用于消费，并且将剩余的收入储存起来，用以在将来的时期中获取存款利息。在涉及多代人的案例中，上代人会创造收入，消耗非可再生自然资源，并将资本（包括机器、建筑及知识）和剩余的自然资源留给下代人。

为了更好地了解跨期经济分析如何帮助我们理解可持续旅游所涉及的问题，我们可以假设某个地区拥有未经开发的自然资源，并且这些自然资源对旅游者来说具有潜在的价值。比如，一个珊瑚礁、一片美丽的海滨沙滩、一片雨林、一处常年拥有美景的山腰及一年中某个时间段适合滑雪的理想地区，或者其他自然奇观或景观。该地区曾经是当地几代人宁静的家园。某一天，一个开发商来到了这里，并提出要建立与当地自然奇观相配套的旅游设施。根据可持续发展观，该开发商在充分利用当地资源、为当地人创造收入的同时，还要为后代人保护这个地区的环境。

对地区的充分利用，很可能包括发展旅游业。如果开发方式明智，当地的自然资源就可能为居民提供收入，为政府提供税收。这项收入和税收可能会为许多代当地居民提供更多的发展机会，如提高教育水平、提高保健水平、改善交通条件等，并且使许多其他方面的商品质量和服务质量得到提高。但是有一种潜在危险使人们开始关注可持续发展，那就是：今天的决策者可能会为了攫取价值而破坏当地的环境，这样就无法给该地区将来的居民留下更高的收入或更完整自然资源。

要很好地服务于现在及将来的本地居民，应该开发多大比例的自然资源呢？关于非可再生资源论中的这种问题，经济学家们已经研究了几十年。他们很早就认识到，必须将非可再生资源，包括矿物、石油等，用于当前的生产和消费，不过这样做的话，我们留给后代的自然资源就会越来越少。然而上一代确实为后代留下了可再生资源，如植物和设备、新知识等等，以及剩余的非可再生资源。对后代来说，不仅非可再生资源，所有这些资源都是有价值的。

很明显，当前消耗和未来消耗之间存在一种潜在的交易。因为当代人可能会不顾后代人的发展，为了短期利益过度开采自然资源。我们可以通过规定各个时期的消耗量必须相同，来强加一个可持续发展的限制条件，从而将上述权衡从我们的旅游发展分析中剔除。这样，在下文中，我们就可以强加一个这样的限制条件：当代和后代的消耗水平相同。

这种限制可以避免当代消费者抢夺后代消费者的自然资源。但是，当代消耗量和留给后代的资本量之间仍然存在着交易关系。因此，即使 $C_1 = C_2$，其中，C_1 表示当代消耗量，C_2 表示后代消耗量，当代消费者关于消耗量和投资的决定仍然会使 C_1 和 C_2 降低或者升高。当前关于非可再生资源使用量的决定会在某种程度上决定当前的消耗量和投资以及将来的消耗量。因此，即使避免了当代人从后代人那里抢夺资源，仍然需要对当今和将来的资源开发量做出最佳的选择。

图 5—1 阐释了上述两种交易。图 5—1（a）给出了生产可能性边界线，从中我们可以看出当代消耗量 C_1 和后代消耗量 C_2 之间的权衡关系。要构建这个曲线，我

们假设在第一时期中，资本量固定，且由 K_1 表示；非可再生资源量也固定，由 R 表示。在这个时期中，我们利用 K_1 和一部分 R，即 R_1，进行生产（假设，如果不利用 K 和 R 这两种投入，我们就无法生产任何产品）。现在，我们可以消耗一部分产出，并将剩余的部分作为对将来资本的投资。设 I 代表第一时期产出中用于投资的部分。注意，我们可以为将来创造新的 K，但是，我们无法生产 R。因为，非可再生资源量 R 是固定的，而我们只能利用其中的一部分，并将剩余资源留待将来使用。

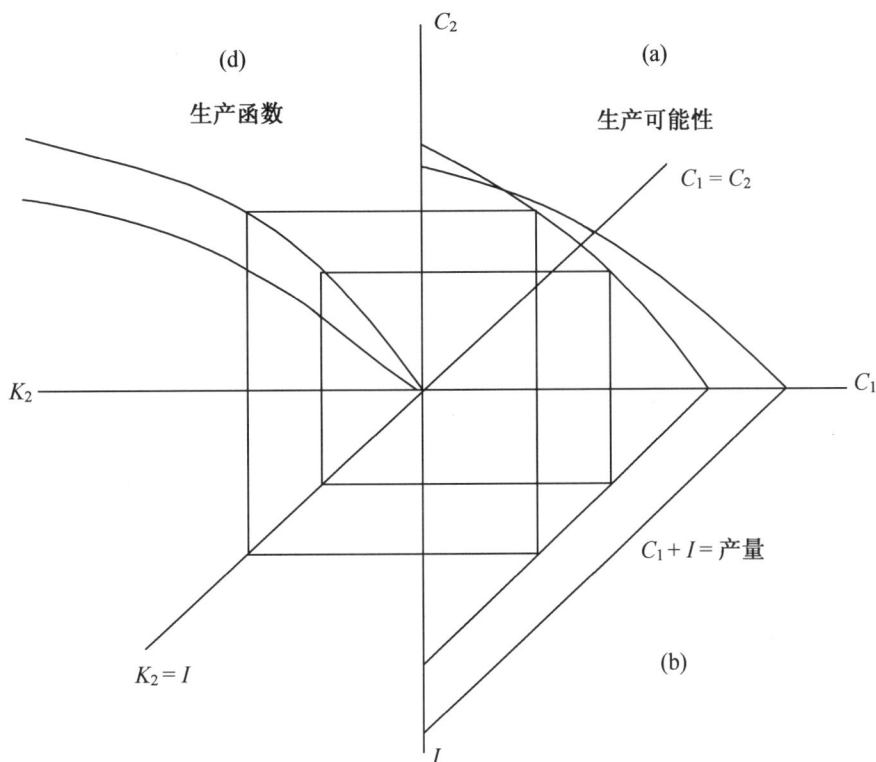

图5—1　不同水平下不可再生资源的生产可能性边界线示意图

考虑到当今的生产技术，只要知道 K_1 和 R_1 的值，就可以计算出产量。现在，我们必须决定在这些产量中有多少用于消费，多少用于资本投资以留待将来使用。图5—1（b）展示了这种交易关系。其中的直线代表限制条件，即 $C_1 + I$ 必须等于一个常数，我们将其设为当前产量。

从图5—1（c）可以看出，能够用于下一代生产的资本量等于第一时期的剩余资本（K_1 减去折旧量）加上第一时期的投资，我们已将其设为 I。在建此图时，我们假设 K_1 完全折旧，没有任何剩余留给第二时期；这时，K_2 等于 I。

图5—1（d）展示的是第二时期的生产函数，即第二时期产出和生产投入，即 K_2 和 R_2 之间的关系。R_2 固定等于 $R - R_1$，因此，在图5—1中，第二时期的产量只取决于 K_2。注意，由于只有两个时期，所以，我们不需要再为下一个时期进行投资。此时，C_2 等于第二时期的产量。

要导出生产可能性边界线，取任意 C_1 值。然后，在图5—1（b）中找到与 C_1 值对应的 I 值。接着，向左移动，在图5—1（c）中找到与 I 值对应的 K_2 值。

接着，向上移动，在图5—1（d）中找到与 K_2 对应的 C_2 值，该值等于第二时期的产量。最后，我们就可以在图5—1（a）中得到生产可能性边界线上的一个点（C_1，C_2）。再以一个不同的 C_1 值开始，按照与刚才相同的过程操作，就可以得到第二个点。将所有可能的点（C_1，C_2）连接在一起，就会形成生产可能性曲线，如图5—1（a）所示。

通过规定 $C_1 = C_2$，我们强加了一个可持续发展的限制条件，在图5—1（a）中，用45°对角线表示。但是，正如上文中所提到的，即使规定两个时期的资源消耗量相同，我们仍然需要对当今和将来的资源开采量做出最佳的选择。也就是说，当今不同的自然资源消耗量会给我们带来不同水平的 $C_1 = C_2$。

要理解这一点，记住我们是基于 R_1 的值画出图5—1（b）中的直线的。在给定 K_1 值和 R_1 值的情况下，当今的生产技术只能允许我们保证特定水平的产出量。图5—1（b）展示了我们将产量划分为 C_1 和 I 的规定。选择不同的 R_1 值，我们将得到不同的产量，而图5—1（b）中的直线也会出现在不同的地方。如图5—1（b）中的第二条直线所示，R_1 值越大，直线离原点越远。这时，不管 C_1 为何值，我们都会得到更大的 I 值和更大的 K_2 值。但是，C_2 值不一定会更大。因为，R_1 值越大，R_2 值就越小，这时，第二时期的生产函数曲线就会向下移动，如图5—1（d）所示。总体来说，与 C_1 值对应的 C_2 值的变化是不明确的。图5—1（a）也给出了关于更大的 R_1 值的生产可能性曲线。

图5—2给出了某个特定生产函数的各种生产可能边界线（关于此模型的详细信息见附录5.2）。这里，我们假设两个时期中的生产函数都是 $Q = K^{0.7} R^{0.3}$。此图给出了 $C_1 = C_2$ 时，所有的点（C_1，C_2）构成的对角线。同时，它也给出了初始资本 $K_1 = 90$，非可再生资源量 $R = 100$，以及 $R_1 = 70$，$R_1 = 60$，$R_1 = 46$ 和 $R_1 = 30$ 时四条相关的生产可能性边界线。从 $R_1 = 70$ 时的生产可能边界线可以看出，此时，$C_1 = C_2 = 56$。但是，这样的话，第一时期的资源利用量就会显得非常大。因为，如果将 R_1 的值降低至 $R_1 = 60$，就会得到更大的 C_1 和 C_2 值，即 $C_1 = C_2 = 57.5$。实际上，$R_1 = 46$ 时，可以得到最大的 C_1 和 C_2 值。此时，$C_1 = C_2 = 58.3$。

这是如何发生的呢？在这一系列生产可能性边界线中，我们所观察到的是上文所提到的第二种交易；也就是说，我们可以用自然资源换来更多的再生资本。当前，使用的自然资源越多，产出量就会越大。而这些产出中的一部分会被用来为将来的生产创造新的资本。但是，我们必须找到一个平衡点，因为，将来的生产既需要资本又需要自然资源。当前使用的资源越多，为将来留下的自然资源就会越少。这时，就必须通过更高水平的投资来为将来创造更多的资本，从而弥补自然资源的不足。但是，由于使用的自然资源越多，产量越大，在某些情况下，我们既可以得到更多的消耗，也可以得到所需的更高水平的投资。将来的资本量和将来的自然资源量之间存在的这种交易关系就是第二种交易。而且，即使通过规定 $C_1 = C_2$ 消除可持续性发展问题，这种交易关系依然会存在。

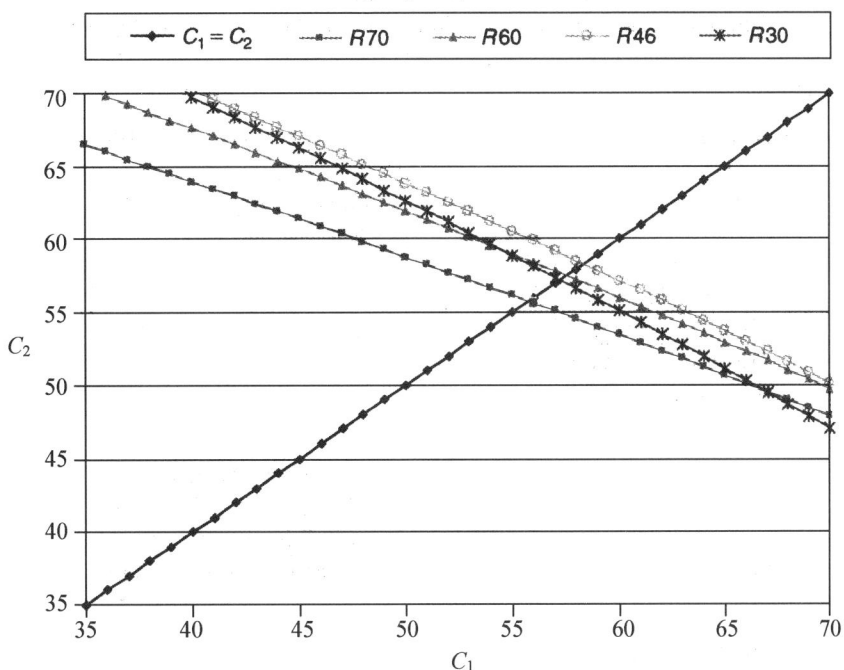

图 5—2 替代不可再生性资源的生产可能性边界线

■ 5.5.2 公共财产资源、界外效应及财产权

别人可能会在你认为不合适的时间或者地点给你打电话，你会因此感到不快吗？你曾经遇到过交通堵塞吗？我们都遇到过这些情况。某个消费者或者公司在进行一定的交易时，常常会影响到与此次交易无关的其他消费者或者公司的消费或者生产。我们将这种影响称为界外效应。正如电话和交通堵塞案例所显示的，界外效应的案例比比皆是。另一个常见案例就是，如果你的邻居花钱美化环境，并且定期修整草坪，你和其他的邻居也会从中受益。如果另一个邻居总是忽视自己的物业，而不注意修整，这样，他的房产就会让你和其他的邻居觉得不顺眼。这些影响都是界外效应。因为你并没有参与到你家邻居的决定和交易过程，但是你却会受到他们行为或交易的影响。

界外效应在旅游业的发展中很普遍，也很重要。界外效应所产生的影响包括：

● 某开发商建造了一座高大的海滨公寓楼，此楼妨碍了附近的居民观赏海景。

● 某高尔夫球场使用大量的草坪护理剂等化学品来护理球道和果园。一些化学品流到了附近的水域里。

● 某地方政府修建了一条通向一个未开发的山谷里的公路，导致一些野生物种离开了这个地区。

● 某地方政府想要通过扩建一条以前规格较小的公路，使人们能够更容易地观赏到某个自然奇观。同时，以前利用那条旧公路的居民也能够更方便地去上学、就医、上班及购物。

所有这些都是旅游发展产生界外效应的案例，有积极的，也有消极的。

界外效应的根本问题是消费者和生产者对自己所关注的事物没有明确的、强制的财产权。例如，离海滩几百米远的业主肯定没有关于观赏海景方面的财产权，因此海滨开发商在决定建造公寓楼时，不必考虑这些业主的喜好。当然，海滨开发商可以通过协商，出资让业主改变其建筑设计，来降低建造海滨公寓对业主观赏海景所产生的影响。这样，即使没有明确的产权，双方也可以进行互利交易。但是，如果相关人数太多，进行这样的交易需要很大开支，这种协商就行不通了，而损害就可能会发生。

拥挤是界外效应的一个常见案例。例如一些人决定使用某种资源，可以是一条公路或者水路，或是其他，但是他们没有考虑到自己的决定对希望在同一时间使用同样资源的其他人的影响。结果可能造成对这种资源的过度使用，各个方面都受到了消极影响。例如，交通堵塞使每个人都无法前行。

公共池塘资源是界外效应的另一个常见案例。在这种情况下，某种有价值的资源被人们广泛使用，但是谁都没有明确、强制的财产权。一方对该资源的使用会影响其他人，而这些人可能无法通过协商或交易来保护自己的利益。公共池塘资源的典型案例就是鱼塘。人们可以在池塘捕鱼，而某个人的捕鱼行为会使其他人在这个池塘捕到的鱼量减少。结果是造成过度捕捞，通常会达到破坏资源的程度。

旅游业的发展有引起或加剧界外效应问题的风险。旅游发展常常会引起污染、拥挤、对公共池塘资源的过度开采以及许多其他潜在问题。合理的政府法规可以改善这些情况，但是，法规并不总是合理有效的，它们常常会产生重大的意外影响。在某些情况下，私人协商也可能会降低界外效应的消极影响。

5.6 小结

关于旅游业，旅游的经济影响是被广泛研究的领域之一。这些经济影响包括产出、收入、就业率、税收及其他经济衡量指标的变化。国家、州、省和城市花费巨资促进旅游业的发展，因为它们都希望能够带来更多的回报：如带来本地就业率、收入和税收的增长。除了生产和就业，旅游业的发展还会引起社会、文化及环境方面的变化。各个地区都在试图从本地增长的经济活动中获取利益，同时，还要应付这些增长的经济活动所产生的不利影响。

研究者利用投入—产出分析法衡量旅游对地区经济的影响。这涉及利用地区内行业间的销售信息和针对旅游者的销售信息来衡量地区内每个行业的销售所产生的直接、间接及诱变影响。直接影响的产生是因为旅游者消费；间接影响的产生是因为卖给旅游者服务的公司也要购买地区内其他行业的商品和服务；诱变影响的产生是因为旅游公司的员工和业主将其大部分收入用于地区内消费。矩阵代数利用投入—产出矩阵计算这些影响。

地区旅游的可持续发展要求维护地区内将来的居民和将来的旅游者的利益。

因此，我们需要通过跨期经济分析来理解可持续旅游。这种分析会解释可持续旅游发展中存在的两种交易关系。第一种是当代人的利益和后代人的利益之间的交易关系。也就是说，当代人可能会为了自己的利益而过度使用自然旅游资源；他们也可能通过减少对当前资源的使用，为后代保留自然资源。第二种不像第一种交易关系那么明显，它指的是未来的资本水平和未来的自然旅游资源水平之间的交易关系。上代人会使用自然资源产生资金，并通过利用这些资金为后代人留下物质设施、新知识等许多可再生资源。对后代来说，不仅非可再生的自然旅游资源，所有这些资源都是有价值的。负责任的旅游发展会意识到这两种交易关系。

生态旅游是指利用当地的自然景观进行旅游规划，并给当地居民提供收入，同时不使旅游环境产生大的改变。它是一种对社会负责、可持续的旅游发展方式，且越来越受欢迎。

旅游发展常常引起界外效应——某次交易对与此次交易无关的个人消费或公司生产所产生的影响。旅游发展可能会引起污染、拥挤、对公共池塘资源的过度使用等许多界外效应。界外效应的根本问题是消费者和生产者对自己所关注的事物没有明确的、强制的财产权。政府法规或者私人协商可能会降低界外效应的影响。

第6章
旅游服务定价

学习目的

● 理解消费者需求、价格和收入的概念，了解它们之间的关系
● 理解企业供给——通过定价和提供服务数量使利润最大化
● 了解企业如何通过定价使利润最大化
● 理解收益管理（又称收入管理）——企业在容量约束下如何通过差别定价实现利润最大化
● 理解二重定价

6.1 概要

众所周知，坐飞机的乘客，即使相邻而坐，但是购买机票时所支付的票款也往往不同，在很多情况下，甚至可能相差几百美元。《今日美国》刊登的一篇文章将那些购买全价机票的游客称为"木头人"。在这一章中，我们将学习旅游企业为什么要把顾客分为木头人（购买全价机票的人）和其他类别（购买打折机票的人），以及怎样进行分类；同时，我们还将探讨如何为不同类别的游客定价。

在本章中，我们假设企业定价和提供一定数量的服务是为了使其利润最大化。有时，对于所有消费者，企业对其所出售的不同产品必须定价相同。这通常是由于部分买家可能会将其购买的产品在消费者之间转卖，因此，企业所面向的消费者在售价方面都是一样的。然而，更常见的情况是，即便不同的顾客购买相同的产品或服务，企业也会索要不同的价格。这种做法被称为差别定价。学生票价和老年票价是最常见的两种差别定价，优惠券则是另外一种常见形式。若成功运用差别定价策略，企业的利润将会增加。

差别定价策略在旅游服务定价中十分重要。在本章中，我们首先复习经济学原理课程中有关定价的基本概念，然后学习一些旅游服务定价的常用做法。

6.2 需求

我们用"需求"这个术语来表述企业提供的产品或者服务的价格与消费者愿意购买的数量之间的关系。假设你拥有并经营威廉姆斯爬虫动物园，你出售的是一种服务——你让公众进入动物园观赏蛇和蜥蜴；你还可以出售产品，比

如毛绒玩具蛇和前后印有各种看上去很酷的爬行动物图案的 T 恤衫。假设一张门票卖 7 美元时，每个小时会有 40 个人买票；或者你将门票降到 3 美元，那么每个小时就会有 120 个人去参观。价格和销售数量之间的这种关系就是对你所提供的服务的需求。需求曲线图 6—1 描绘了这个案例中的需求关系。

这个曲线图的竖轴表示价格，横轴表示愿意购买门票的顾客数量。图上标出了本案例中提到的两个价格和两个对应的顾客需求量。

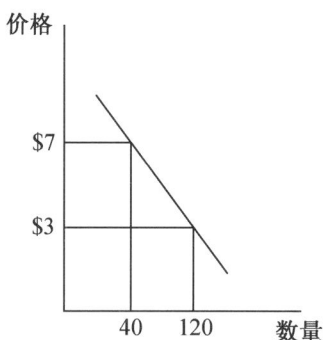

图 6—1 消费者需求

图 6—2 标出了其他一些可能的价格及对应的需求量。可以看出，当门票价格为 9 美元时，没有人想进入你的动物园，而当门票价格仅为 1 美元时，每个小时会有 160 人购买门票。

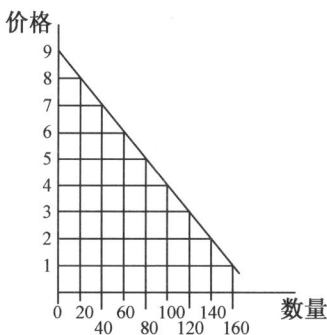

图 6—2 需求曲线

■ 6.2.1 营业收益和边际收益

营业收益是一家企业通过销售产品或服务而获得的收入。边际收益是每多销售一单位产出（一件产品或一项服务）而引起的总收入的变化。在上述案例中，假设你将门票定价为 7 美元，每小时有 40 人游览动物园，那么你的总营业收益，或者说从顾客身上赚的钱为 280 美元（7×40）。考虑到顾客对你所提供服务的需求，如果想要多销售一份服务，也就是说每小时有 41 名游客进入动物园，你必须稍微降低价格。在这种情况下，假设你需要将价格降到 6.95 美元，使游客率达到每小时 41 人，那么，你的总营业收益为 284.95 美元（6.95×41），游客人数从 40 增加到 41 的边际收益为 4.95 美元（284.95 - 280）。

应当注意到边际收益由两部分组成。多销售一单位产出，你就能够得到更多的营业收益。但是，为了在每小时 40 名游客的基础上多销售一份服务，你不得不降低单价，因此，你实际增加的营业收益并没有这么多。图 6—3 表述了这两个量：深色阴影部分表示单价从 7 美元降到 6.95 美元时那 40 份服务所减少的营业收益，浅色阴影部分表示当单价为 6.95 美元时，多售出一份服务所增加的营业收益。边际收益为这两部分的差额。本案例中的边际收益为 4.95 美元（6.95 - 0.05 × 40）（当然，你也可以不降低最初 40 份服务的单价，即 7 美元，同时以较低的价格售出额外的单位产出。我们将在之后的收益管理部分讨论这种情况）。由于要从新的单价中减去深色阴影部分，边际收益总是低于这个新的单价。因此，当深色阴影部分的数值大于新的单价时，边际收益将是负数；也就是说，在这种情况下，降低单价就会减少总的营业收益。

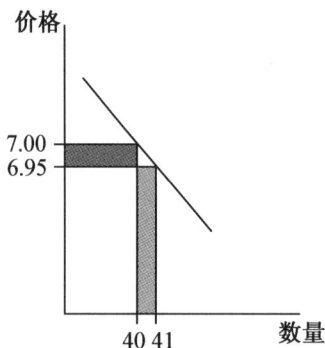

图 6—3 边际收益

图 6—4 表述了产品的需求和边际收益。正如之前所讨论的，边际收益总是低于新的单价，所以，边际收益曲线总是在需求曲线下方。而且，边际收益还可以是负数，如图 6—4 所示，当售出 120 份服务时，边际收益为负。

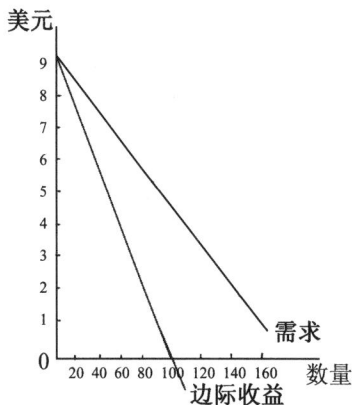

图 6—4 需求和边际收益

6.3　供应

我们已经简要学习了市场中顾客或者需求这方面的知识，接下来我们将学习有关企业或者供应方面的知识。供应是企业想要提供给顾客的产品或服务的数量与其单价之间的关系。在上述的爬虫动物园案例中，你可以将动物园的游客接待量设计成 80 人/小时，也可以设计为 100 人/小时，或是其他；你也可以将这个动物园的开放时间设定为 60 小时/周，或者 70 小时/周，或是其他。你可以更改向市场所提供的服务数量。企业向市场所提供的产品或服务数量常常取决于成本和顾客的需求，这一点很容易理解。

要得出由成本和需求决定的供应量，我们需要先回忆一下经济原理学中边际成本和边际收益的相关概念。边际成本是每多供应一单位的产出所引起的总成本的变化；而边际收益，正如我们之前所提到的，是每多销售一单位产出而引起的总收入的变化。一家企业什么时候愿意多供应一份产品呢？假设边际收益为 10 美元，边际成本为 9 美元，那么当企业多生产和销售一件产品时，利润会发生怎样的变化呢？总收益会增加 10 美元，而总成本会增加 9 美元，因此，增加的利润为二者之差，即 1 美元。由于能够增加利润，企业愿意做出这个改变。所以，企业所遵循的一条原则是：当边际收益大于边际成本时，才增加产出量，因为这样会增加利润。假设边际收益为 5 美元，而边际成本为 7 美元，那么，如果企业增加产出量，增加的总成本（7 美元）将大于增加的总收益（5 美元），利润将会下滑。此时若减少产出量会怎样呢？通过减少产出量，总成本将会随边际成本而降低，同时总收益也会随边际收益而降低，而由于降低的收益少于降低的成本，总利润将会增加，在这个案例中，利润增加了 2 美元。所以，企业所遵守的另外一条原则是：当边际收益小于边际成本时，降低产出量，会增加利润。

什么时候企业不能通过改变产出量来增加利润呢？只有当边际收益与边际成本相等时。如果二者不相等，那么上一段中所提到的两条原则就会有一条适用。这使我们得出一条基本原则：企业的产出量应使边际收益和边际成本相等，此时的利润最大。

这一理念如图 6—5 所示。该图显示边际成本为一常量，用 MC 表示；图中还

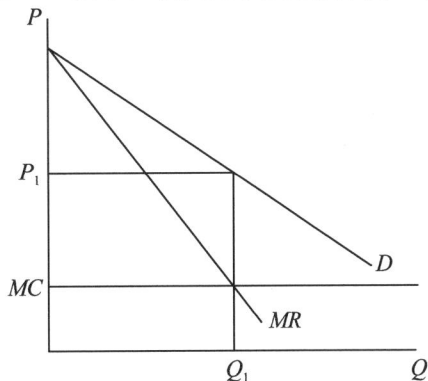

图6—5　企业单一定价时使利润最大化

画出了需求曲线和边际收益曲线。当产出量处于一个非常低的位置时，边际收益大于边际成本。当产出量为 Q_1 时，边际收益等于边际成本。当产出量处于较高位置时，边际收益小于边际成本。当产出量为 Q_1 时，企业能获得最高的利润。

6.4 收益管理——容量约束下的差别定价

在上面的讨论中，我们回顾了当企业采用合适的定价，并将产品以该价格出售给所有的顾客时，通过设定一定的价格和数量，可以获得利润最大化的标准观点。为了使利润最大化，企业生产的产品量恰好使边际收益等于边际成本。然而，与所有顾客都支付同等的价钱相比，若能向不同的顾客收取不同的费用，企业则能够获得更高的利润（同样的产品，企业常常向不同的顾客收取不同的价钱，比如学生票和老年票）。在很多情况下，企业服务客户的能力在某一特定时间是一定的，处于一个已经确定的水平，比如，一架飞机在某一既定航班中所能搭载的乘客数量在这架飞机制造好时就已经确定了；一家旅馆的房间数目也不会天天改变，只有当经过大规模装修整改之后才会改变——可接待的数量是既定的。这一事实使这种差别定价更加复杂。我们需要同时兼顾产品的差别定价和接待容量限制。旅游企业受接待能力限制，即容量约束，而向不同顾客开出不同价格的做法被称为收益管理或收入管理。

假设 2234 次航班每周三上午 9：30 从密苏里州的堪萨斯市起飞，上午 11：30 到达俄克拉荷马州的图尔萨市，南方国家航空公司为其配备了一架每次能够搭载 100 名乘客的飞机。按照惯例，企业将其乘客分为两大类：休闲旅客和商务旅客。休闲旅客通常提前很久订票，对票价的变化十分敏感：如果票价高，他们会货比三家，最后选择花钱少的航班，即使该航班不是直达的；他们也许会选择自己开车，或者乘坐大巴中转；或者，如果票价过高，他们就干脆呆在家里，不外出旅行了。而商务旅客通常在最后一刻才定下出行计划，而且不能忍受途中有经停站；因为没有足够的时间，他们不能选择乘车的出行方式去中转；他们也不可能因为价格过高而不出行，这类旅客对价格并不敏感。

航空公司愿意让商务旅客支付较高的费用，同时，如果有剩余的座位，休闲旅客可以支付较低的价格。南方国家航空公司考虑的一个首要问题是，商务旅客打电话买票的时间会晚于休闲旅客，要尽量不让付低价的休闲旅客由于提前订票而占用高价的商务座位。如何将固定数目的座位分配给不同组别的顾客，这就是座位分配的问题。飞机起航前几个月，机票预订服务就开始了，此时，南方国航必须已经定好将多少座位分配给商务旅客、将多少座位分配给休闲旅客。许多休闲旅客会尽早预订机票，但是南方国航不会让整座机舱都塞满这类旅客，而挤走往往最后一刻才买票的商务旅客。航空公司解决座位分配问题的做法被称为收益管理。20 世纪 70 年代，波音公司和美国航空公司发现并开始实施收益管理。此后，各家航空公司纷纷效仿。同时，旅游界开始效仿，尤其是那些需要考虑接待能力的企业，即只能为顾客提供固定数目位置的企业，都采用了这种做法。在之后的学习中，我们会发现需要考虑接待能力的不仅仅是航空公司，也包括旅馆、主题公园、餐馆、娱乐场所以及许多其他旅游企业。我们将详细学习航空公司如何实施收益管理，以便我们能在旅游业各方面都能熟练应用这一原理。

仍以南方国航为例，进行收益管理的一个关键问题是不同类别的顾客对企业的服务有不同需求。这就是实施收益管理的第一步：供应方必须按照顾客的不同需求对市场进行划分。通常将顾客划分为商务和休闲两类，有时也会划分出其他类别。

第二个关键问题是供应方要将顾客的分类固定下来。如果购买机票时，商务旅客比休闲旅客支付较高的价钱，航空公司就要防止商务旅客购买便宜的休闲机票。通过将机票分为打折机票和全价机票两类，这一问题得到了有效解决。只有符合特定标准的旅客才能购买打折机票。比如南方国航可以要求那些想买打折机票的旅客在航班起飞前 14 天买票，并且在周六晚上留宿过夜。大部分商务旅客不愿意或是不能满足这些条件，所以他们不能买低价票。休闲旅客通常能够符合这些要求，所以他们可以买打折机票。这样，实施收益管理的第二步就是制订能够使分组固定的限制条件。

第三步是为每个组别的旅客设定合适的价格。

第四步，也是最后一步，是为每个组别的群体分配固定的座位数，在南方国家航空公司的 2234 次航班（从堪萨斯市驶向图尔萨市）这个案例中，要将 100 个座位分配给休闲旅客（打折机票）和商务旅客（全价机票）。最后的这两步要同时进行。

为了理解收益管理是如何实施的，我们分析一下以上这两组顾客：商务旅客和休闲旅客。如前所述，这两组顾客有不同的需求，即商务旅客对价格不那么敏感，或者说他们的需求弹性小。结合经济学原理和第 3 章的知识，我们知道需求弹性是当价格上涨 1% 时，需求下降的百分比。此处，我们假定商务旅客的需求弹性比休闲旅客的小，而这个假设也通常符合事实。我们提供两种服务，分别称其为打折服务和全价服务，并为享用打折服务设定一些限制条件，而这些条件是商务旅客不能忍受的，如上文所说的周六晚上留宿过夜或者提前购买。

图 6—6 描绘了这两组乘客各自的需求曲线和边际收益。假设在该飞机上增加一名乘客所需的边际成本为 MC。如果假定无论飞机上有多少乘客，该次航班都会正常航行，那么每完成一次航班，购买这架飞机的费用、支付给机组人员的工资、燃油费及类似的费用都是恒定的，所以计算边际成本时可以将这部分费用忽略不计，只计算提供餐饮服务或其他机组人员服务的费用。利润最大时，商务旅客的数目为 Q_B，休闲旅客的数目为 Q_L；而当商务需求量为 Q_B 时，其价格为 P_B，而当商务需求量为 Q_L 时，其价格为 P_L。需要注意的一点是，需求弹性小的那组顾客（在本例中为商务旅客）比需求弹性大的那组顾客（休闲旅客）付钱多。

图 6—6 描绘了在这种情形下的标准结果。这个结果，即不同类别的顾客支付不同的钱购买同样的服务，通常被称为差别定价。这种定价形式通常是完全合法的，而且很常见。学生票、老年票、折扣券以及其他一些类似的定价方案，

都是有关差别定价的例子。然而，这个标准分析并不能解决航空公司的座位分配问题，原因在于这种标准分析没有规定 $Q_B + Q_L$ 不能大于飞机上的总座位数。

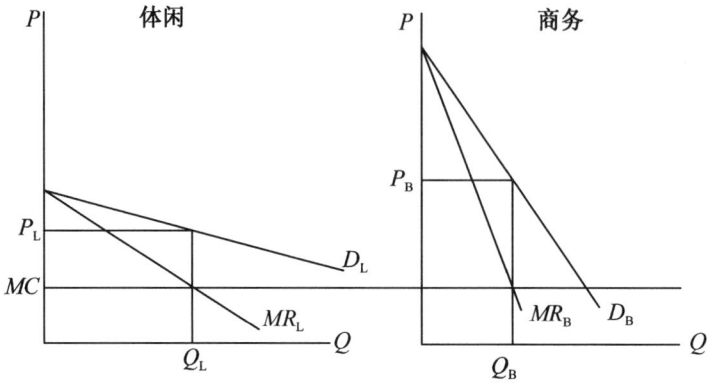

图6—6 无容量约束下的差别定价

我们可以调整这种标准分析方法，将商务旅客的图表镜像画在休闲图表的右侧，使其能够在解决座位分配问题的过程中，明确利润最大化时的价格和数量。这样画图使得横轴 Q 的长度等于这架飞机上的座位数，$Q_B + Q_L$ 的值就会小于或者等于飞机上的座位数。图 6—7 具体描述了这种方法。休闲需求曲线和边际收益曲线和图 6—6 一样，从左向右读取，但是现在我们翻转了商务需求曲线和边际收益曲线，所以这两条曲线从右向左读取。

然后，在图 6—8 中，我们增加一条直线 C，表示增加一名乘客所耗费的成本，比如多提供一份餐饮的成本。那么，飞机上增加一名休闲旅客的边际成本是多少呢？从左向右直到 y 点，增加一名休闲旅客的边际成本为 C。但是向右超过 y 点之后，增加休闲旅客时的边际成本就会大于 C。在这一点，所增加的成本并不是增加的餐饮成本。由于总的乘客数是一定的，增加的休闲旅客数超过 y 值的那部分会占用商务乘客的座位，而商务乘客所带来的收益大于 C。此时的边际成本为不能登机的商务乘客的边际收益。

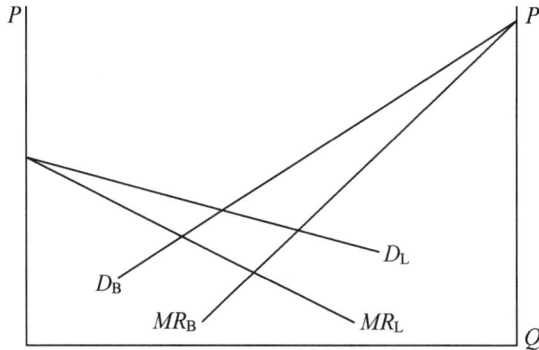

图6—7 接待两类顾客时加的容量约束

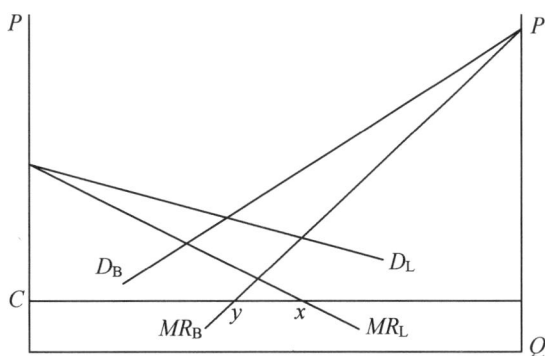

图6—8 容量约束下的边际成本和边际收益

这样，从左向右看，休闲旅客的边际成本曲线为 y 点之前的直线 C，y 点之后为商务旅客的边际收益曲线。图6—9 是去除其他曲线之后，休闲旅客的边际成本曲线。

用类似的方法，我们可以在图6—8 中找出商务旅客的边际成本曲线：从右向左看，x 点之前是直线 C；超过 x 点之后，是休闲边际收益曲线。

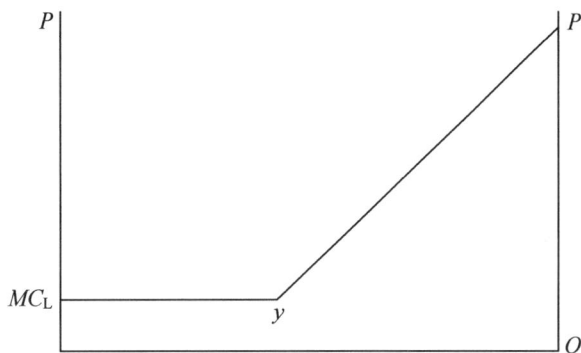

图6—9 容量约束下休闲旅客的边际成本

既然已经找出了商务旅客和休闲旅客的边际收益曲线和边际成本曲线，我们就能够从图中读出使利润最大化的价格和数量了。在图6—10 中，z 点使 MR_B = MC_B，且 MR_L = MC_L，还使得两组的边际收益相等，即 MR_B = MR_L。从左向右看，我们取 Q_L 为商务旅客的数量；从右向左看，取 Q_B 为商务旅客的数量。值得注意的是，这种作图的方法决定了 Q_B + Q_L 必然等于飞机上总的座位数。只要我们知道了这些数据，我们就能直接从需求曲线上找出两组乘客各自应付的票价。从图上还可以看出，和标准差别定价图一样，本图中需求弹性小的旅客花钱较少。

至此，我们完成了实施收益管理的四个步骤：

1. 将市场按照对服务的不同需求分成不同的顾客组群；
2. 制订将顾客划分到不同顾客组群中的限制条件；
3. 为每个组别的顾客设定相应价格，P_L 和 P_B；
4. 将可用的座位分配给两个组群的顾客，Q_L 和 Q_B。

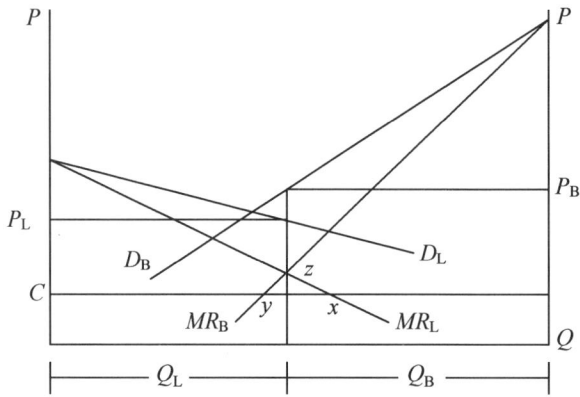

图 6—10　容量约束下的差别价格

■ 6.4.1　飞机上座位空置的原因

即使有乘客愿意为搭乘某一航班而付出一定价钱，但航空公司仍然会决定让该航班的飞机上留有空座。会存在这样的可能吗？答案是肯定的，如图 6—11 所示。在 e 点，$MR_L = MC_L$，但这一点的值 Q_L 小于使休闲边际成本曲线与商务边际收益曲线一致的那个临界点值。超过 e 点之后，边际收益将小于边际成本，所以航空公司不会继续搭载更多的休闲乘客。同样的，使 $MR_B = MC_B$ 的那个点的值 Q_B 小于商务边际成本曲线与休闲边际收益曲线重合的那个临界点值。在这种情况下，$Q_B + Q_L$ 小于飞机上总的座位数，同时，利润最大时的商务和休闲乘客数分别为 Q_B 和 Q_L，此时两组的边际收益仍然相等，即 $MR_B = MR_L$。

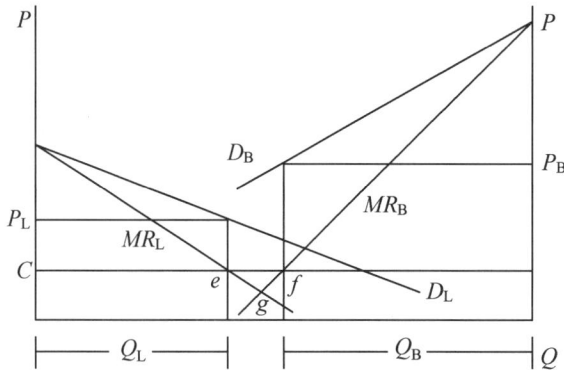

图 6—11　无容量约束下的差别定价

6.5 二重定价——差别定价实现的手段

消费者购买商品时，总能得到消费者剩余，这使得差别定价成为可能。消费者在消费中愿意支付的价格超过其为消费产品实际所支付的价格，超过的那部分价值就是消费者剩余，如图 6—12 的需求曲线所示。

在这种情况下，市场中的消费者支付的价格为 P_1，消费的产品量为 Q_1。由

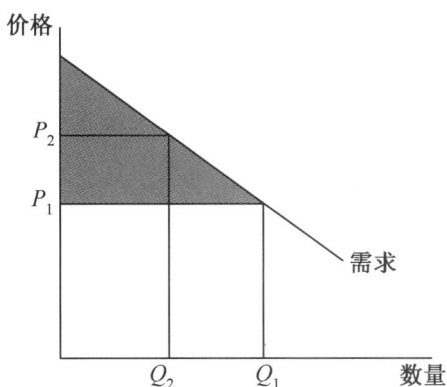

图 6—12 客户过剩价值

于这条需求曲线是向下倾斜的，对于某一数量以内的产品，一些原本愿意支付更高价格（高于 P_1 这个价格）的消费者，实际只支付了 P_1。也就是说，如果价格更高，比如 P_2，消费者所需求的产品量就对应 Q_2。由于能够以较低的价格购买数量为 Q_2 的产品，那些原本愿意为其支付更高价格的消费者就获得了消费者剩余。价格为 P_1 时的消费者剩余量为需求曲线以下和这个价格以上的阴影部分（$P - Q$ 几何平面内的所有区域都以美元为单位，所以这个量为美元）。

差别定价的本质是卖方尽可能多地获取消费者剩余。在收益管理中，企业对市场进行分割，对某些部分（常常是商务旅客）收取高价，对其他部分（常常是休闲旅客）收取低价，以此获取消费者剩余。商务旅客往往愿意比休闲旅客支付的更多，因而企业能够用这种方式获取商务旅客的消费者剩余。二重定价方式是一种较简单的定价机制，不要求企业实施收益管理的四个步骤。二重定价包括由所有消费者支付的两种价格：（1）统一的费用，如门票，以便取得购买任意数量该产品的权利；（2）该产品的单价。

采用二重定价的经典案例是一家娱乐公园，它既收取门票钱，又收取每次乘车旅行的费用，如图 6—13 所示。在本图中，我们可以看到消费者对娱乐公园的乘车旅行这一项目的需求，以及提供乘车旅行服务的边际成本。我们假设边际成本是一个常量，同时假设所有的消费者对乘车旅行服务的需求都相同。

通过售出最大量的乘车旅行服务（在这个数量之内，消费者至少愿意支付边际成本），这家娱乐公园的经营者可以使利润最大化。在图 6—13 中，这个最大量为 Q_1。对每次乘车旅行服务收取等于边际成本的费用，使需求量为 Q_1。此时，每个消费者都能获得一定数量的消费者剩余，其量值等于需求曲线下方和服务单价上方的这个大区域。公园的经营者若要获得这部分消费者剩余，可以收取与这个价值相等的入园门票费。

6.6 小结

如果一家企业只能将其产品设定为单一的价格，为获得最大利润，该企业所生产的产品量应使边际收益等于边际成本。企业对产品设定的价格也应促使

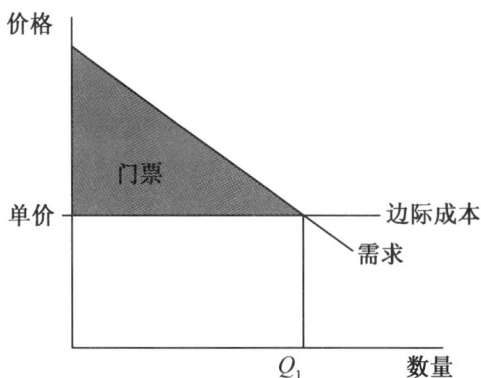

图6—13 二重定价理想图：门票加产品或服务价格

消费者对该产品的需求恰好等于企业的产出量。如果企业能为同一产品设定不同的价格，通过将顾客按照不同需求分组，而且各组的产品量都能使该组的边际收益等于边际成本，企业就能够获取更高的利润。同样的产品，向不同的顾客收取不同的费用，就是差别定价。差别定价是一种常用的做法，比如之前提到的学生票和老年票。

通常，在某一时间点，一家旅游企业接待顾客的能力是一个常量，比如某次航班飞机上的座位数和一家旅馆内的房间数。在这些情况下，企业设定其产品或服务的价格和产量时，必须考虑这种接待能力的限制，即容量限制。在旅游产业中，容量限制下的差别定价通常被称为收益管理或收入管理，它要求企业按照顾客对服务的不同需求划分市场，制定限制条件将顾客划分到不同的组群，为不同组群的顾客设定价格，并在接待能力之内为各个组群的顾客分配一定的产品或服务量。企业必须认识到一组的边际收益正是其他组的边际成本，因而，利润最大化原则（要求边际收益等于边际成本）规定企业划分产品或服务量时，各组的边际收益一定相等。

旅游企业还可以运用二重定价的方法实施差别定价。二重定价是向所有的消费者收取两部分费用，为取得产品或服务购买权而支付的一个统一费用和购买该项产品或服务的费用。

第 7 章

航空公司

学习目的

- 了解定期航空服务的发展历史
- 知道美国政府如何管制航空公司
- 知道航空公司如何创造价值——了解其运营模式
- 了解近几年航空业是如何运转的
- 了解当前美国国内航空业的结构
- 了解当前欧洲航空市场的结构
- 分析航空业内的竞争
- 了解传统航空公司和廉价航空公司的成本
- 了解航空业的最新变化

7.1 概要

我们将以航空业为开端来了解旅游业的行为和结构。从航空业开始的充分理由至少有三点：第一，由于经济学家很重视航空业，所以我们对其也非常了解。四十年间，美国民用航空局（CAB）严格管制航空业。20 世纪 60 年代，以芝加哥大学的乔治·斯蒂格勒（George Stigler）为首，经济学家们开始研究经济管制的实际效应。虽然经济管制论众所周知，但是很少有人研究管制对于市场、公司及消费者的实际效应。由乔治·道格拉斯（George Douglas）、西奥多·科勒（Theodore Keeler）、迈克尔·莱文（Michael Levine）、詹姆斯·米勒（James Miller）等人组成的研究小组仔细研究了航空业的管制情况。以该项研究工作为起点，在随后的数年里，人们对航空业的行为作了大量的研究，最终导致美国国会中止航空价格及服务管制并解散民用航空局（CAB）。虽然放松了管制，但是关于航空业的研究仍在继续。

第二，航空业是一个大行业，且是旅游业重要的核心部分。最后，航空业在开发新的营业方法方面一直处于领先地位，其开发出的新方法常被旅游业中的其他产业采用。

7.2 美国国内定期航空服务的发展

这里我们不谈军用航空，而是把重点放在商用航空上。通用航空和商用航空是民用航空的两种基本类型。通用航空由私人拥有并驾驶的飞机构成，例如，个人或公司为了内部用途而拥有并驾驶的飞机。商用航空则以出租的方式运载旅客或货物。因此，定期航空业属于商用航空。

航空业比较年轻，定期航空服务开始于 20 世纪 20 年代。因此，定期航空服务存在的时间比汽车业短——实际上，比汽车租赁业还要短。其存在时间还不到铁路业的一半。然而，在航空业简短的历史进程中却发生了许多大事：迅速的发展和繁荣、快速技术革新、政府对价格及航线的长期严厉管制、大量公司的加入与离开、大规模破产、大型并购、安全问题、公司间激烈的竞争以及重大经济亏损。实际上，由于航空业名士阔佬众多，甚至好莱坞都对该吸引人的行业持有长久的兴趣。从 1933 年的《飞往里约》到 2004 年的《飞行者》，前者将弗雷德·阿斯泰尔（Fred Astaire）和金吉尔·罗杰斯（Ginger Rogers）作为舞蹈队进行介绍，后者描述了霍华德·休斯（Howard Hughes）所拥有的环球航空公司（TWA）与胡安·特里普（Juan Trippe）所拥有的泛美航空公司（Pan American）之间的竞争，航空公司已经激起了编剧和观众的兴趣。最终，环球航空公司和泛美航空公司都失败了，前者被美国航空公司（American Airlines）收购，后者的资产被多家航空公司收购。

如图 7—1 所示的是美国国内定期航空业的迅速发展，过去的小角色变成了今天的大角色，成为了美国基本运输设施重要的核心部分。

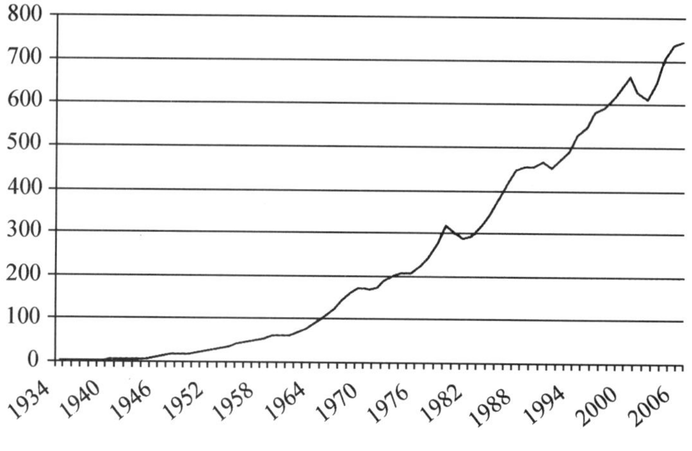

图 7—1　每年乘坐美国定期航班的人数（1934—2006）（单位：百万人）
数据来源：Air Transport Association（2007b）。

■ 7.2.1　美国政府对航空公司的管制

1938 年至 1978 年间，美国民用航空局（CAB）严格管制州际航空业。20 世纪 30 年代，许多业界观察家担心航空业这个新的行业会遭受过度竞争的损害。根据 1938 年《民用航空法》（the Civil Aeronautics Act of 1938），民用航空局建立，以管制民用航空的各个方面，包括空中交通管制、认证、安全问题、航线及机票价格。1940 年，管制工作由两家机构分担进行，其中，新民用航空局负责管制航空公司进入和退出航空业以及航空公司的运价。1958 年《联邦航空法》

（the Federal Aviation Act of 1958）修正了最初的《民用航空法》，并新成立了联邦航空局（Federal Aviation Agency）负责飞机安全管理，后更名为联邦航空管理局（FAA）。

　　民用航空局对航空公司进入和退出航空业的管制包括：新的航空公司加入航空业以及原有的航空公司加入或退出特定的航线。[①] 例如，民用航空局授权联合航空公司（United Airlines）飞纽约经由芝加哥到旧金山的航线，授权环球航空公司（TWA）飞纽约经由圣路易斯到旧金山的航线。这些长途航线被称为干线。美国有四家国内干线空运业者：美国航空公司（American Airlines），三角洲航空公司（Delta Airlines），东方航空公司（Eastern Airlines）以及联合航空公司。泛美航空公司（Pan American）是美国主要的国际性航空公司。美国除干线空运业者外，还有地方性空运业者，如阿勒格尼航空公司（Allegheny Airlines，后归入全美航空公司（US Airways）），该航空公司飞全国大部分地区，但是不飞干线。美国民用航空局（CAB）创建了一套正规的流程来考虑更改飞机票价的申请。关于新航线或大的价格变动的申请，它要花费四年的时间作出决定，从而严格限制航空公司之间的竞争。该机构否决了许多申请，包括所有关于建立新的干线空运业者的申请。

　　经过多年的研究，美国国会意识到民用航空局并不能广泛地为公众利益服务，反而是在遏制竞争和维持高运价。飞相似距离的航线，州内航空公司的运价，尤其是位于得克萨斯州的西南航空公司（Southwest Airlines）和位于加利福尼亚的太平洋西南航空公司（Pacific Southwest Airlines），要比被管制的州际航空公司的运价低很多，这条信息很重要。根据 1978 年《航空公司取消管制法》（the Airline Deregulation Act of 1978），美国国会作出了一个不寻常的举动，投票决定解散民用航空局，并结束其对大部分航空行为的监管。1984 年，民用航空局解散。几类民用航空局负责的航空管制工作由隶属于美国交通部（US Department of Transportation）的联邦航空管理局（FAA）接管。1958 年以来，联邦航空管理局一直负责航空飞行和安全管理。

■ 7.2.2　商用航空的近期发展

　　21 世纪初，美国航空业陷入动荡。2005 年末，美国大约有一半航空公司宣告破产。一些在航空史上名声显赫的航空公司，包括泛美航空公司（Pan American），东方航空公司（Eastern Airlines）及环球航空公司（TWA），也因破产和并入其他航空公司而不复存在。后文将提到的"网络"航空公司，正面临着越来越激烈的竞争。该类航空公司存在已久，通过中继站服务于全国大部分地区。"LCC"在纽约证券交易所的出现表明航空业即将陷入新的动荡。该标识所属航空公司是 2005 年全美航空公司（US Airways）和美国西部航空公司（America West）合并创建的。LCC 是 Low Cost Carrier（廉价航空公司）的简

①　See Bailey（2002）.

称。包括以上两家合并伙伴在内的廉价航空公司给传统航空公司带来了最激烈的价格竞争。LCC 这个标识标志着航空业步入了一个新的时代。

最近,不断上涨的油价已经成为航空业的主要威胁。2007 年至 2008 年间,油价上升到了历史最高,导致大范围的产业亏损,航空公司相继破产。

在了解航空业经济学时,我们需要仔细研究以下因素:

- 航空公司
- 付费乘客里程（RPM）和有效座位里程（ASM）
- 票价
- 服务、设施和服务等级
- 中枢机场和网络
- 常飞旅客计划
- 廉价航空公司和传统航空公司
- 合并
- 国内航线和国际航线
- 燃料价格

7.3 航空公司如何创造价值——定期航空运营模式

■ 7.3.1 运营

航空公司的运营是通过执行以下重要职能或进行以下经营活动:

1. 融资或获取大额资金来购买或租赁飞机以及其他的设备和设施;
2. 雇用飞行员、机组乘务员和其他员工;
3. 向顾客推销他们的服务;
4. 售票;
5. 购买燃料和其他物资;
6. 经营航班;
7. 飞机维修;
8. 其他活动,可能包括饮食服务和录像带租赁。

如表 7—1 所示,可以了解以上职能的大小。此表是 2006 年美国航空母公司（AMR Corporation）主要类别的运营成本,美国航空公司（American Airlines）和美国之鹰航空公司（American Eagle）均是该公司的子公司。注意:表中支付给劳工的薪水、工资及津贴构成了最大的成本类别,燃料成本处于第二位。2008 年末,燃料成本或许会超过劳工成本,成为航空成本中最大的类别。

表 7—1　　　　　　　　2006 年美国航空母公司运营成本

种类	成本（百万美元）
周薪、月薪和福利	6 813
飞机燃料	6 402
保养、原料和修理	971

续表

种类	成本（百万美元）
佣金、预订费用和信用卡成本	1 076
飞机租赁	606
其他租赁和起落费	1 283
折旧和分期还款	1 157
餐饮服务	508
其他运营成本	2 687
总计	21 503

数据来源：AMR Corporation（2007），p. 37。

7.3.2 设备

航空业经营三种基本类型的飞机、涡轮螺旋桨式飞机、单走道喷气式飞机、双走道喷气式飞机。由通勤航空公司或支线航空公司经营的涡轮螺旋桨式飞机属于小型或中型飞机，可容纳 20～40 位乘客。单走道喷气式飞机大小不一，既有配备大约 50～100 个座位的小型支线喷气式飞机，又有更大型的飞机，像波音 757，配备多达 240 个座位。双走道喷气式飞机，顾名思义，有两条走道可供乘客到达或离开他们的座位。该类飞机有中型的，如空中客车 A300 或波音 767；也有大型的，如波音 747，可容纳 400 多位乘客。

航空公司所经营的飞机许多是彻底购买下来的，有从飞机制造商购入的新飞机，也有从其他航空公司购入的二手飞机。另一些情况下，航空公司从金融服务公司，如通用商用航空服务公司（GECAS），租赁飞机。

飞机制造商

对于美国航空公司，实际上是对于世界上大部分的航空公司来说，最重要的两个飞机制造商是波音公司（the Boeing Company），总部在芝加哥，以及空中客车公司（Airbus），其母公司是欧洲航空防务与航天公司（European Aeronautic Defence and Space Company），总部在荷兰。波音和空中客车为争夺大型商用飞机的市场竞争激烈。这些大型商用飞机包括单走道飞机，例如，波音 737（可容纳 110～177 位乘客，短中程），波音 777（可容纳 301～368 位乘客，航程超过 9 000 海里），和空中客车 A320（可容纳 150～179 位乘客，短中程）。波音 737 是最畅销的商用喷气式飞机，1968 年上市以来，其销量已经超过 5 500 架。空中客车 A320 也非常受欢迎，1988 年上市以来，其销量已经超过 1 000 架。这两大竞争对手也生产更大型的双走道飞机，包括波音 747（可容纳 400 多位乘客，航程 8 000 海里）和空中客车 A340（可容纳 313～380 位乘客，航程达 8 500 海里）。2007 年，第一架空中客车 A380 交付，该机型为双层客舱，可容纳 525 位乘客，其航程为 8 000 海里。

巴西航空工业公司（Embraer）和加拿大庞巴迪公司（Bombardier Corporation）也是美国商用航空业的主要飞机供应商。这两家公司专门生产支线喷气式飞机，这些飞机可容纳 30～110 位乘客，其航程一般没有波音和空中客车长。但是，它们在服务较小的市场和取代螺旋桨飞机方面起着重要的作用。与涡轮螺旋桨式飞机相比，消费者更喜欢这些支线喷气式飞机，因为它们的速度更快，环境更舒适。由于消费者的青睐，及其燃料效率和匹配航线需求的灵活性，航空公司正在接受新的支线喷气式飞机型号。

表 7—2 是 2006 年末美国航空公司（American Airlines）的飞机经营情况。

表 7—2　　　　　　　2006 年 12 月 31 日美国航空公司运营飞行装备

装备	平均运力	自有	租借	总计	平均年限
Airbus A300-600R	267	10	24	34	17
Boeing 737-800	148	67	10	77	7
Boeing 757-200	187	87	55	142	12
Boeing 767-200	167	3	12	15	20
Boeing 767-300	220	47	11	58	13
Boeing 777-200	246	46	0	46	6
MD-80	136	138	187	325	17
整个机队		398	299	697	14

数据来源：AMR Corporation（2007），p. 18。

■ 7.3.3　劳工

在典型航空公司的成本中，劳工成本是最大的一类，超过总成本的 30%。许多航空公司的员工受工会的劳资谈判合同保护，该合同明确说明工资水平、津贴（其中包括健康保险和退休计划）及工作条件的各个方面，也就是工作准则。以下是航空业中存在的一些主要的工会：

●国际民航飞行员协会，代表飞行员
●飞行员同盟会，代表飞行员
●国际机械师和航空航天工作人员协会，代表机械师、客户服务代理、舷梯工人、乘务员及其他人员
●乘务员协会，代表乘务员
●空乘人员职业工会，代表乘务员
●国际卡车司机同业公会，代表机械师及其他人员
●美国运输工人工会，代表乘务员及其他人员

并不是航空公司的所有员工都受工会的劳资谈判合同的保护，工会所代表的员工在不同的航空公司比例不同。2004 年，西南航空公司（Southwest Airlines）和全美航空公司（US Airways）的大量员工加入工会，每家公司都有

超过80%的员工受劳资谈判合同的保护。同样是 2004 年，大陆航空公司
（Continental Airlines）大约有 43% 的员工有工会代表，然而三角洲航空公司
（Delta Airlines）只有 18% 的员工受劳资谈判合同的保护。[①]

当然，工会和航空公司之间签订的这些劳资谈判合同明确说明工资水平和
津贴，如退休金、医疗保健资金等等。此外，在许多情况下，这些合同也明确
说明工作规则，或者详细的雇用条件。例如，一些合同不同意乘务员将乘客的
随身行李放入头顶置物箱。[②]

■ 7.3.4　航空燃料

燃料是航空公司成本中的第二大类别。几年前，它可能只占航空公司成本
的大约15%。在燃料成本异常高的年份，像 2007 年，燃料在航空公司运营成本
中所占的比例会超过 30%。燃料价格浮动对航空业的利润率有着重要的影响。
图 7—2 是近几年航空燃料的价格变化。注意：2007 年，美国国内航空公司所支
付的平均飞机燃料价格达到了历史最高。2008 年，飞机燃料价格仍持续上涨。

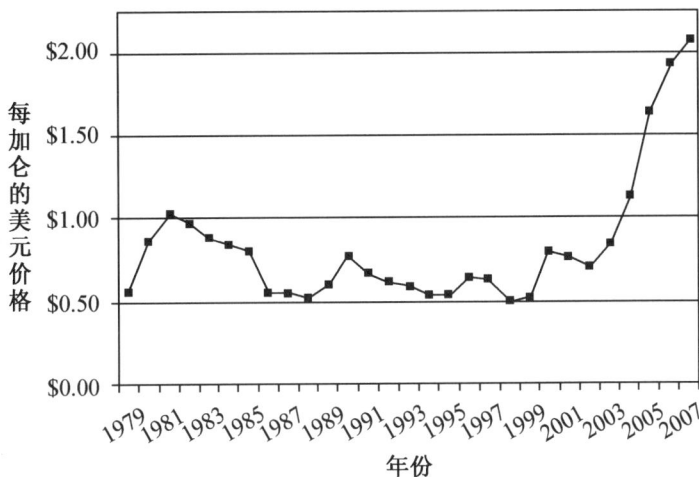

图 7—2　1979—2007 年美国国内航空燃油每加仑的平均价格

数据来源：U. S. Department of Transportation（2008）。

表 7—3　　　　　　　　　　　2005 年最大的美国机场

名称	机场编号	登机乘客数量（名）
Hartsfield – Atlanta	ATL	41 633 000
Chicago O'Hare	ORD	33 762 000
Dallas/Ft. Worth	DFW	27 713 000
Los Angeles International	LAX	22 966 000
McCarran Intl.（Las Vegas）	LAS	20 705 000
Denver International	DEN	20 206 000

数据来源：U. S. Department of Transportation（2007a）。

① Continental Airlines（2005），p. 11；Delta Air Lines（2005），p. 7；U. S. Airways（2005），p. 9.
② Peterson（2004），p. xv.

■ 7.3.5 维修

航空公司或者自己对飞机进行维修，或者从其他的航空公司或维修公司购买维修服务。

■ 7.3.6 机场起降费和其他费用

2005 年，美国有 517 家机场提供定期客运服务，登机次数超过 2 500 次。① 表 7—3 中所示的是美国六家最大的机场。

大多数大的商用机场归国家、市政机构或者其他政府机构所有。航空公司支付可观的费用为它们的飞机租借机场设施，并为售票、行李处理和登机租借终端设施。航空公司还必须以飞机重量为基准支付机场起降费。

美国的航空公司还要支付联邦机票税（Federal Ticket Tax）和联邦航段税（Federal Flight Segment Tax），前者为国内机票价格的 7.5%，后者为每次国内登机收取 3.40 美元。② 这些税收将存入机场和航空信托基金（Airport and Airway Trust Fund），用来购买机场基础设施。航空公司也代表机场收取旅客机场设施使用费（PFC），每次国内登机收取 4.50 美元。每个经营商用机场的公共机构都有权收取这些费用，用来改善机场设施，包括终端设施、跑道、通路及其他设施。2006 年，美国大约有 330 家机场收取旅客设施使用费，总额超过 25 亿美元。③

■ 7.3.7 其他运营成本

"其他运营成本"这个包罗万象的大类别包括航空公司各种各样的重要成本，如保险费、安全成本、空勤人员旅行和许多其他方面的运营成本。

■ 7.3.8 推销机票

航空公司通过各种活动和机构推销自己的服务以获取收益。近几年，推销机票的方式有了很大的变化。当然，我们都见过航空公司通过电视广告和印刷的广告来推销自己的服务。他们也雇用推销人员向公司的顾客及其他人推销自己的航空服务。1995 年，旅行社代理商售出了大部分的机票，并向航空公司收取可观的费用。机票佣金一般是票价的 10%，有时会超过 10%。通过旅行社代理商销售机票，还要付费给全球分销系统（GDS），以完成交易。全球分销系统将在第 12 章进行介绍。近几年，航空公司越来越多地使用互联网推销服务。由于互联网的发展，加上航空公司希望减少巨额推销成本，到 2004 年为止，美国的航空公司逐步取消了付给旅行社代理商佣金，并努力将销售业务转移到自己的网站或呼叫中心。例如，到 2004 年为止，西南航空公司（Southwest Airlines）59% 的客运收入是通过其网站 southwest.com 获取的。航空公司还通过自己的电

---

① U. S. Department of Transportation (2007b).
② Air Transport Association (2007c).
③ Air Transport Association (2007a).

话预订中心预订出很多的机票；它们仍然通过旅行社代理商销售机票，但是现在，旅行社代理商向旅客收取购票服务费。2004 年，西南航空公司 28% 的客运收入通过自己的预订中心获取，13% 通过旅行社代理商获取。[1]

航空汇报公司

雇用旅行社代理商推销机票时，代理商和航空公司要大力协调。这种协调主要源于两家机构：全球分销系统（GDS）和航空汇报公司（ARC）。[2] 关于全球分销系统，我们将在以后进行探讨，但基本思想是：上千家旅行社代理商要随时了解剩余座位及其票价。此外，代理商还要为其顾客预订具体的机票并将相应座位卖出去。全球分销系统允许旅行社代理商查询剩余座位及相应票价，也允许他们预订座位和售票。售出票的旅行社代理商要将票送到顾客手中，向顾客收取相关费用，并将属于航空公司的收入转交给航空公司。航空业成立航空汇报公司，就是为了处理旅行社代理商销售机票的细节。首先，航空汇报公司授权或证明那些旅行社代理商有资格为顾客印送机票。2007 年，经航空汇报公司授权的旅行社和公司旅游部超过 20 000 家。然后，航空汇报公司印发机票给授权的旅行社代理商。最后，旅行社代理商将扣除佣金后的票款交到航空汇报公司，航空汇报公司再根据旅行社代理商所售出的机票将票款分送到各家航空公司。

7.4 美国国内航空业的运营概况

航空业具有周期性。在同一个商业周期内的不同年份及同一年内的不同季节，需求量也有所差异。每年，夏季为需求旺季，而新年过后的仲冬则是淡季。当然，在商业周期的高峰期，就业率和工业生产率都比较高，这时，对航空旅行的需求量就大。相反，在商业周期的低峰期，就业率和工业生产率都低，这时，对航空旅行的需求量就比较小。表 7—4 所示的是 1934 年至 2004 年期间航空公司的经营业绩和运营水平，其中有国内付费旅客里程（RPM）、有效座位里程（ASM）、国内负载系数、名义收益以及以 1978 年的币值为准换算后的实际收益（以剔除通货膨胀因素）。

表 7—4　　　　1934—2004 年美国国内航空业的运营数据

年份	乘机人数（千）	RPM（百万）	ASM（百万）	载客率（百分比）	名义收益（美分）	实际收益（美分）
1934	472	189	368	51.4	5.90	28.71
1944	4 027	2 177	2 435	89.4	5.34	19.78
1954	32 529	16 802	26 922	62.4	5.41	13.11
1964	79 139	44 141	80 524	54.8	6.12	12.87

[1] Southwest Airlines Co. (2005), p. 18.
[2] Airlines Reporting Corporation (2007); Starr (2000), pp. 66–64.

续表

年份	乘机人数 （千）	RPM （百万）	ASM （百万）	载客率 （百分比）	名义收益 （美分）	实际收益 （美分）
1974	189 733	129 732	233 880	55.5	7.52	9.95
1984	321 047	243 692	422 507	57.7	12.80	8.03
1994	481 755	378 990	585 438	64.7	13.12	5.77
2004	640 698	551 937	741 677	74.4	12.03	4.15

数据来源：Air Transport Association（2007b, d）。

关于航空业的发展，如表7—4显示出了许多重要的实际状况。首先，我们可以看到美国国内定期航空量在近几十年有了很大的增加，1964年的付费旅客里程（RPM）为4 400万英里，到2004年付费旅客里程（RPM）超过55 000万英里，也就是说，这40年间航空量增长了12.5倍。现在，每年的登机次数数以亿计，有效座位里程（ASM）将近万亿英里。此外，这几十年的收益普遍缓慢增长。然而大体上，收益增长慢得跟不上通货膨胀的速度。因此，实际收益，也就是以1978年的币值为准换算后的收益，在这几十年中大幅度下跌。实际收益下跌是因为剔除通货膨胀因素后，近几十年的平均机票价格呈下降趋势，而且，度假旅行在航空旅行中所占的比重越来越大，而休闲旅客平均支付的费用比商务旅客少。

负载系数的计算方法是：付费旅客里程（RPM）÷有效座位里程（ASM）×100%。也就是说，如果一架飞机有140个座位，其中70个座位上是付费旅客，而其余70个座位上是未付费旅客或者是空的，那么这架飞机的负载系数是50%。近几十年，自从撤销管制后，负载系数呈增加趋势，20世纪70年代是55%，20世纪80年代是60%，而20世纪90年代是65%。[①]

不同的年份，航空营业利润大不相同。例如，20世纪80年代和90年代初期，经济衰退，航空需求量下降，付费旅客里程（RPM）减少，造成航空业亏损。燃料价格的变动也会引起航空利润的巨大变化，因为，当燃料价格处于历史最高水平时，燃料在航空公司总成本中所占的比重达30%之多。图7—3所示的是1970年至2006年间，美国国内定期航空公司的总收入和纯利润。

整个20世纪90年代末期，收入和纯利大大增加，达到历史最高水平。随后，2001年9月11日发生了恐怖袭击事件，这对美国航空业造成了损害。从2000年到2002年，该产业的收入下降了18%。2001年至2005年期间，航空业的亏损总额累计达350亿美元。注意：2003年，航空业的收入和利润开始回升，到2004年，其收入再次超过了1 300亿美元。但是，由于喷气燃料的价格迅速上涨，航空业的盈利水平在2004年再次下降。虽然到2004年付费旅客里程（RPM）和收入均超过了其2000年所创纪录，但是，由于燃料成本增加，一直到2006年航空业都无法创利。

---

① Author's calculations based on Air Transport Association（2007b）.

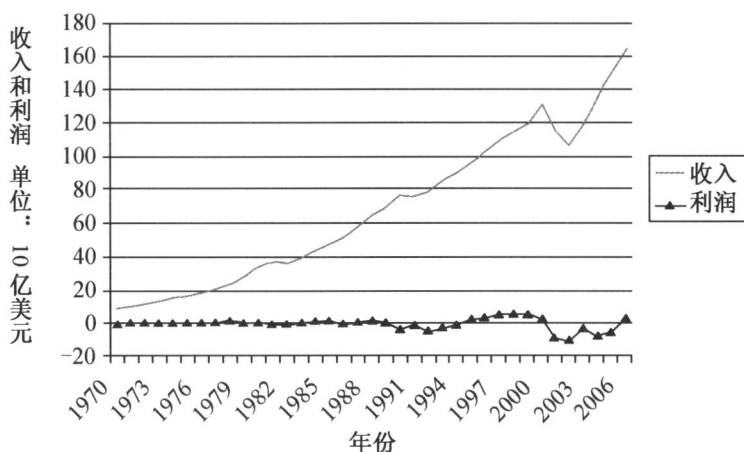

图 7—3　1970—2006 年美国国内民航业的收入和利润

数据来源：Air Transport Association（2007f）。

7.5 产业结构

联邦航空管理局（FAA）将从事航空业的公司划分为三类。大航空公司，也称第三类（Group Ⅲ），指那些年收入不少于 10 亿美元的航空公司；国家航空公司，也称第二类（Group Ⅱ），指那些年收入在 1 亿至 10 亿美元之间的航空公司；支线航空公司，也称第一类（Group Ⅰ），指那些年收入不到 1 亿美元的航空公司。如表 7—5 所示的定期客运航空公司在 2006 年被列入第三类（Group Ⅲ）。[①]

2006 年，有 32 家航空公司被列入第二类（Group Ⅱ），或者国家航空公司，其中有威斯康星航空公司（Air Wisconsin）、阿罗哈航空公司（Aloha Airlines）、拓荒者航空公司（Frontier Airlines）、夏威夷航空公司（Hawaiian Airlines）、梅萨航空公司（Mesa Airlines）、宾纳克航空公司（Pinnacle）以及精神航空公司（Spirit Air Lines）。

大航空公司包括航空业"三巨头"，即联合航空公司（United），美国航空公司（American）和三角洲航空公司（Delta）。这三家航空公司在总营业收入和付费旅客里程（RPM）上处于前三位。表 7—6 所示的是 2006 年网络和廉价大航空公司的营业收入及付费旅客里程。

■ 7.5.1　航线结构

管制的撤销在民用航空中引起了一些重要的变化，其中包括定期航空公司变化的路线结构。撤销管制以前，对于大部分城市对，航空公司主要飞"无经停直达"航班和"经停直达"航班。城市对是指乘客离开和到达的两个机场，例如，亚特兰大和奥兰多，或者芝加哥和西雅图。无经停直达航班途中不停留。

---

① 　U. S. Department of Transportation（2005b，2006）.

经停直达航班会在途中停留一次或多次，但是会继续飞到目的地，因此，从芝加哥去西雅图的乘客不需要转机。除无经停直达航班和经停直达航班之外，还有转机航班。转机航班在途中停留的时候需要乘客转换飞机。例如，从芝加哥乘坐转机航班去西雅图的旅客可能要在盐湖城换乘飞机。

表7—5　　　　　　　　　　　2006 美国第三组客运航空公司

名称	运营类别	备注
Air Tran	Low Cost	
Alaska Airlines	Network	
American Airlines	Network	ARM 的子公司
American Eagle Airlines		AMR 的子公司
American Trans Air（ATA）	Low Cost	2005 年破产
America West	Low Cost	2005 年与 US Airways 合并
Atlantic Southeast	Delta Connection	2005 年 9 月被 Skywest 收购
Comair	Delta Connection	DeHa 的子公司；2005 年破产
Continental	Network	
Delta Air lines	Network	2005 年破产
ExpressJet Airlines	Continental Express	
JetBlue	Low Cost	2000 年 2 月开始运营
Northwest Airlines	Network	2005 年破产
Skywest	United Express；Delta Connection	
Southwest Airlines	Low Cost	
United Airlines	Network	2005 年破产
US Airways	Network	2005 年破产；2005 年与 America West 合并

数据来源：FAA；company web sites；Air Transport Association（2007e）。

表7—6　　　　　　　　2006 年美国航空网络和低成本航空运营统计

航空公司	营运收入（百万美元）	付费旅客飞行的英里数
American	22 493	139 392
United	19 334	117 247
Delta	17 339	98 769
Continental	13 010	76 251
Northwest	12 555	72 588
US Airways	11 845	60 895
Southwest	9 086	67 691
Alaska	2 693	17 814
JetBlue	2 363	23 310

数据来源：Air Transport Association（2007g），p. 24。

在撤销管制以前，只有大约 28% 的乘客选择乘坐转机航班。这些乘客中，有1/2 在换乘飞机的时候，同时转换航空公司。撤销管制以后，航空公司对航线有了更多的控制。为了大幅度降低运营成本，它们将航线结构变成了所谓的中枢辐射型航线结构。在该系统中，大量的乘客被从较小的机场和不太繁忙的航线运送到"中枢"机场，在那里，乘客会登上飞繁忙航线的更大的飞机。这样，航空公司就可以用较少的航线为数千个可能的城市对服务。这样，不仅航空公司的负载系数增加了，而且，如果乘客愿意换一两次飞机的话，他们就会有许多的航线选择。撤销管制10年后，选择乘坐转机航班和换乘飞机的乘客比例上升到了1/3，同时，为了完成其飞行而换乘航班的乘客比例则接近于零。①

只有最大的网络型航空公司的航线结构能够覆盖美国的大部分地区。许多其他的航空公司通过共用班号的方法填充其部分航线结构。共用班号是指一家航空公司将自己航班上的一些座位卖给另一家航空公司。买方公司将那些座位算作自己的航班座位。因此，乘客买的票是买方航空公司的，而在登机时，登上的是卖方航空公司的飞机。这样，买方航空公司就可以利用另一家航空公司的座位扩充航线结构，而不用再多开一个航班。

■ 7.5.2 分销；预订系统

信息是昂贵的。每当旅客想要查询剩余座位，旅馆客房或者其他旅游资源的时候，这个事实就变得很明了。在20世纪60年代早期以前，旅客会打电话给航空公司或旅馆，询问剩余座位或空房间及价格。话务员会在纸质记录中查询所需的信息。这样既慢又不方便，因为如果旅客想要乘飞机去一个遥远的城市并且在旅馆里过夜，那么他就既要打电话给航空公司询问剩余座位和票价，又要打电话给旅馆询问空房间及价格。该旅客必须连续这样做，也就是说，他要先打电话给一个服务提供者，然后给另一个，或许要重复这个过程几次，直到匹配好在旅馆停留的日期和航班的日期。1960年，美国航空公司（American Airlines）开始将其预订和售票程序计算机化。到20世纪60年代中期，旅客或者旅行社代理商如果打电话给美国航空公司，话务员就会在计算机化的记录中查询剩余座位及票价，然后，直接将预订或售票信息输入计算机系统，美国航空公司发现这样做有利于降低成本和提高服务效率。

这套计算机化系统运行良好，到20世纪70年代中期，美国航空公司（American Airlines）让各个旅行社也加入是用这种被称为世博（Sabre）的服务，这样，旅客就不必再打电话给公司的话务员了。旅行社代理商可以自己直接利用这套计算机化预订系统查询剩余座位及票价，预订和出售机票。继美国航空公司成功后，其他的航空公司也开发出了自己的计算机化预订系统。此外，美国航空公司的母公司AMR让其他的航空公司加入了这套计算机化预订系统，并将世博（Sabre）连接到它们的剩余座位和票价数据库。最后，AMR公司还允许其他的旅游服务提供商，如旅馆和汽车租赁公司，将服务信息放入世博（Sabre）。这样，拥有计算机终端的旅行社代理商一次就可以为旅客完成所有重要的预订。这套系统大大降低了信息收集和交易处理的成本，给旅客、旅行社

① Morrison and Winston (1995)，pp. 21–23.

代理商和服务提供商带来了巨大的利益。

这些计算机化预订系统的发展导致了今天四大计算机化预订系统的形成，被称作全球分销系统（GDS）。这四大系统有：世博（Sabre），世界空间（Worldspan），伽利略（Galileo）和亚玛迪斯（Amadeus）。其中，世界空间由三角洲航空公司（Delta Airlines）系统发展而成，还包括西北航空公司（Northwest Airlines）和环球航空公司（TWA）；伽利略包括联合航空公司（United Airlines）和全美航空公司（US Airways）；亚玛迪斯包括大陆航空公司（Continental Airlines）。（关于全球分销系统，更多介绍见第 12 章）。1999 年，美国航空母公司（AMR Corporation）让世博集团（Sabre Group）抽资成为一个独立的公司。现在，世博完全脱离了美国航空公司（American Airlines）。在旅游业中，世博向美国航空公司和其他的航空公司、旅馆及其他服务提供商提供各种各样的服务。产业集团正致力于将现代信息技术引进全球分销系统（GDSs）。[①]

■ 7.5.3 航空定价——收入管理

航空公司向多种类型的顾客提供服务。第 3 章中提到，美国旅游调查的结果表明旅游的主要原因有：商务、度假、私事及访亲或访友。我们可以将这些原因归为两大类：商务及休闲（包括除商务外的所有原因），这两类旅客的需求差别很大。与休闲旅客相比，商务旅客通常愿意支付更高的票价，有更小的需求弹性和预知性。关于旅行的日期、时间和旅行方式（乘车或者乘飞机），休闲旅客通常更具弹性。例如，如果一个推销员要去拜访两三个距离遥远的客户，那么他会希望在特定的时间到达特定的地点。然而，如果是一对夫妻在为明年夏季的假期做计划，那么他们旅行的日期、时间，甚至目的地就更具可变性。

将不同类型的顾客分为不同的群体，并以顾客化的价格向其提供定制化的产品或服务，商务公司通过这种方法使收益最大化。对顾客进行区分，并将其服务以不同的价格卖给不同的顾客群。在这方面，航空业是做得最成功的产业之一。正如我们在第 6 章所了解到的，在航空业，这种方法被称为收入管理。收益（yield）这个词在航空业中指的是每英里价格（cents per passenger mile）。也就是说，如果乘客为 1 000 英里的航程支付 200 美元，那么，该乘客每英里的付费为 20 美分。收入管理是一种从飞行的飞机上获取尽可能最大收益的方法。

要使从固定资产上获得的收入最大化，航空公司必须保证从每类经济舱顾客上获得的边际收入一致。在这里，固定资产指的是航空公司的飞机。以下是实行收入管理的四个步骤：

1. 将市场分割为不同的顾客群，不同的群体有不同的服务需求；
2. 为每个群体开发一类服务，并创建一些限制来区分这些群体；
3. 为每类服务定价；
4. 将总航空运力分配给各个服务类型。

这样，在经济舱中，航空公司为顾客提供几个类型的服务，主要是休闲旅客。休闲旅客会在启程几周或几个月前预订机票。针对无法预知旅行的顾客，

---

① Refer to OpenTravel Alliance (2007) for further information about these efforts.

航空公司也有几类经济舱服务。与那些提前几个月预订的旅客相比，这些最后时刻的旅客需求弹性较小。因此，航空公司针对最后时刻旅客的服务类型的定价要比休闲旅客的高很多。提前好几周购票的人可以获得低折扣机票，但是被分配到该类服务的座位数是有限的。此外，只有那些符合限制条件的旅客才能够获得低折扣机票。这些限制条件主要有，在启程几周前订购机票，并且要在周六晚上过夜（a stay over Saturday night）。这样，最后时刻旅客面临两大障碍，而无法获得低折扣机票。首先，所有分配到低折扣类的座位会在某个时间点售完，所以，晚了就预订不到了。其次，有时想要预订低折扣机票的旅客不符合提前订购这个限制条件。此外，航空公司通过限制低折扣类座位的数量，避免将所有的座位都卖给休闲旅客，休闲旅客只愿意支付低票价。实际上，航空公司是在为最后时刻旅客预留座位，最后时刻旅客愿意支付更高的票价。

■ 7.5.4 超额预订

在航空公司的收入管理中，最后的难题是源于许多旅客取消或更改预订，并且还有许多乘客根本不来乘坐其预订的航班。为了弥补更改和预订了座位而不来搭乘的现象，航空公司超额预订其航班，也就是说，它们售出的票数比拥有的座位数多。据美国航空公司（American Airlines）估计，在20世纪90年代早期，如果它不超额预订的话，全部预售完的航班就会带着平均15%的空座位飞行。[1] 超额预订或超额预售涉及到在航班起飞前好几个月开始售票，且可供售出的座位数比飞机的座席定员多。随着航班日期的临近，航空公司会减少可供售出的票数。但是，考虑到更改和预订了座位而不来搭乘的现象，它可能还是会售出多于航班座位数的机票。在全部预售完的航班要飞行时，航空公司希望来搭乘的乘客数量接近航班上的座位数。然而，预报系统是不完美的，某些情况下，买了票的乘客数量要比座位数多。这种情况下，由于座位不够，航空公司会拒绝一些买了票的乘客登机，并请求乘客自愿等待下次航班，并为这些乘客提供一定补偿，如下次航班的免费机票。如果没有足够的旅客自愿等待下次航班，航空公司会拒绝一些非自愿乘客登机。联邦航空管理局（FAA）具体规定了对那些非自愿被拒登机的乘客的最低补偿方式。

> **"水桶"系统[2]**
>
> 实际上，大航空公司的收入管理由于另外两个因素而变得复杂。首先，许多航空公司的价格最高的机票针对的是涉及两个及以上航班的长途飞行。也就是说，这些飞行需要旅客在中枢机场转换航班。这就造成了一个潜在问题——休闲旅客预订低折扣机票使航空公司无法再将该休闲旅客预订的座位以高价卖给需要转机的乘客。例如，假设某商务旅客想要从俄勒冈州的塞勒姆飞往佛罗里达州的杰克逊维尔。由于从塞勒姆到杰克逊维尔没有直达航班，所以该旅客必须转机来完成此次飞行。假设他完成飞行最简单的方式是

---

① Smith et al. (1992), p. 11.
② Smith et al. (1992), p. 16-20.

先从塞勒姆到丹佛，然后从丹佛乘坐上午 11：20 起飞的 776 航班到圣路易斯，最后从圣路易斯到杰克逊维尔。这次飞行涉及到三段航程和两次转机，一次在丹佛，一次在圣路易斯。假设机票价格是 1 800 美元。但是，在这过程中存在一个潜在问题：其他人可能已经预订了 776 航班上从丹佛到圣路易斯的座位，而且机票已经售完。其中一些乘客可能买的是低折扣机票，例如，票价为 200 美元。航空公司不希望支付 200 美元的乘客占用座位，因为这个座位本来可以卖给支付 1 800 美元的乘客。

航空公司利用所谓的"水桶"系统避免支付 200 美元的乘客将座位从愿意支付高额转机票价的乘客手中抢走。航空公司会将每次航班上所有的经济舱座位放入几个桶中，分成几类座位。假设有七只桶标号为 2 到 8（1 号桶为头等舱预留）。航空公司在每只桶中放入一部分某次航班上的有效座位，2 号桶中的座位只卖给支付不少于 1 400 美元票价的乘客，3 号桶中的座位只卖给支付不少于 1 100 美元票价的乘客，以此类推，8 号桶中的座位可以卖给支付低折扣票价或更高票价的乘客。现在，航空公司在航班起飞好几个月前就开始售票。在接下来的几个月中，乘客开始购票。如果有乘客想购买 2 号桶机票，但是 2 号桶中的座位卖完了，这时，航空公司就会在标号更大一些的桶中为其找一张机票。然而，航空公司绝对不会在标号较小的桶中找一张高价位机票卖给支付低票价的乘客。这样，在每次可能的转机航班上都有一些座位预留给那些将来为转机购买高价票的乘客。这样，从塞勒姆飞往杰克逊维尔的乘客就有可能购买到从丹佛到圣路易斯航段的机票。所以，尽管从丹佛到圣路易斯这个高价转机航班上仍有空座位，但是，想要购买低折扣票的乘客却发现没有折扣票可买。

可能有很多航班上的乘客要转乘从丹佛到圣路易斯的航班。航空公司不会利用水桶系统在 776 航班上为想要从塞勒姆飞往杰克逊维尔的乘客预留座位，因为这样的旅行比较少。然而，这样罕见的旅行却有数千种，例如，从亚利桑那州的比斯比飞往新罕布什尔州的曼彻斯特，或者从华盛顿州的斯波坎市飞往马里兰州的索尔兹伯。由于这样的组合很少，航空公司可以预测到在这些稀有旅行中想要转乘从丹佛到圣路易斯的 776 航班的旅客总数，并将预测数量的座位放入 2 号桶中。这样，尽管有数千名旅客想要乘坐 776 航班的经济舱，但是只需要七只桶来分配座位。这种方法将每天数百次航班的问题简化成一个该航空公司可以实际解决的问题。

要了解超额预售的规模和影响，我们可以看一下已购票但被拒绝登机的乘客数量。如图 7—4 所示，近几年来，仅美国国内最大的航空公司就已经拒绝数十万名已经确认预订的乘客登机，有些年份超过百万位。大多数被拒绝登机的乘客自愿接受航空公司的补偿，等待下次航班。

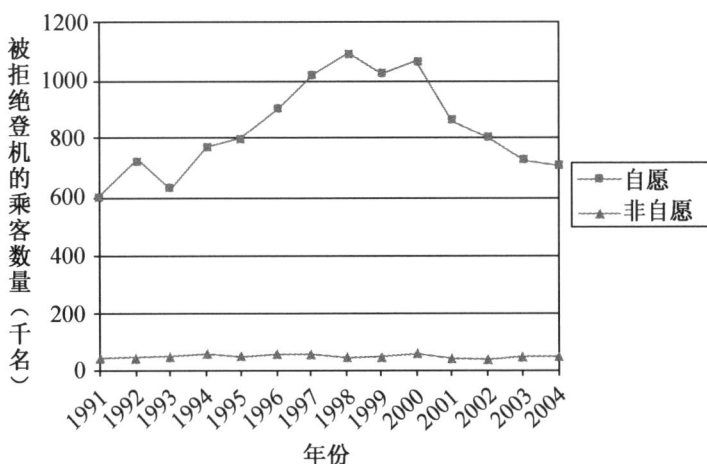

图7—4 1991 – 2004 年在美国最大机场被拒绝登机的乘客数量

数据来源：U. S. Department of Transportation（2005a），Table 1 – 58。

■ 7.5.5 了解航空公司的票价差异

既然已经了解了航空公司如何利用收入管理、水桶系统和超额预订来决定票价及分配座位给不同层级的顾客，现在，我们可以利用这些信息来解释我们在航空市场上所观察到的现象。新闻媒体时不时地报道航空公司定价的反常现象。例如，据他们报道，坐在一起的两位乘客为其座位所支付的票价可能天差地别。或者，从堪萨斯城到旧金山的往返航班的票价是从旧金山到堪萨斯城的三四倍，即使这两种航班包含同样的旅程。又或者，他们对所谓的"隐蔽城市"折扣进行报道。要理解隐蔽城市折扣，我们先假设某旅客想要从西雅图去底特律。该旅客查询票价后发现，西雅图到底特律的往返航班票价是800美元，而从西雅图经停底特律到密歇根州的兰辛，票价仅为500美元。该旅客先预订从西雅图到兰辛的航班，然后在底特律下机，也就是说不飞底特律到兰辛的航程，这样，他就得到了隐蔽城市折扣。

我们能够理解以上案例中所发生的事情吗？了解了航空定价，我们就能解释这些反常或看似不合理的定价情况。假设在一个星期四的下午，某消费者权益协会打了40通电话给不同的航空公司和旅行社代理商，查询各种航班的票价。打电话的人发现了反常情况：例如，假设他们得到的从辛辛那提到西雅图的往返航班票价是250美元到1 100美元。他们还发现从洛杉矶到波士顿的往返航班票价比从波士顿到洛杉矶的往返航班票价高。

我们能够理解这种现象吗？想一下我们了解过的收入管理和水桶系统及另外两个事实。首先，每家航空公司必须自己定价。反垄断法禁止价格垄断。如果各家航空公司协议定价，那么他们就会违反反垄断法，而其经营者可能会被罚款和监禁。这样，每家航空公司根据自己的需求和机位的数量进行收入管理。由于每家航空公司都有自己的有效座位数、消费者需求和收入管理系统，因此，我们可以预料到不同的航空公司定价不同，即使他们在同样的时间服务于同样的城市对。其次，航空公司的收入管理系统对于每个起讫点组合分别定价。例如，从洛杉矶到波士顿和从波士顿到洛杉矶是两个不同的起讫点组合，所以，收入管理系统会独立处理这两个组合。

现在，在某个特定的时间，挑选一个由不止一家航空公司服务的起讫城市对。在那个特定的时间，从始发地到目的地，航空公司的收入管理系统不同决定了票价不同及每个票价等级中座位的数量不同，可能存在这种情况吗？这些很有可能会有些不同。各家航空公司会以同样的速度售出每个票价等级中的机票吗？不会，售票速度不会完全相同——一些航班会比其他的快。这样，在那个特定的时间，我们很可能是在查询不同等级的票价。例如，在从辛辛那提到西雅图的例子中，可能某家航空公司通过与另一家航空公司共用班号得到四个经济舱座位，1 100 美元正是对这四个仅有的全价座位的定价；而 250 美元可能是某家刚加入这条航线的航空公司对其促销票价等级的机票的定价。波士顿和洛杉矶的例子中，在查询票价的那个时间，可能从洛杉矶起飞的航班的折扣票已经卖完，而从波士顿起飞的航班则没有。收入管理和水桶系统独立处理不同起讫点组合，在售票的过程中肯定会时不时出现像上文中提到的那样的反常现象。因为，类似航班上的类似票价等级的机票不会在完全相同的时间售完。此外，看上去类似的航班不会随时都有类似的需求和有效座位数。由于航空定价系统的存在，一些反常现象肯定会随时出现，只是不同时间出现的反常现象的种类不同。

■ 7.5.6 对航空定价中的消费者利益评估

收入管理系统有利于航空公司，因为它使航空公司在每次航班中都能够从消费者身上获取最大收益。据美国航空公司（American Airlines）估算，收入管理每年使其增加 5 亿美元的收入。[1] 除了在总体上使乘客为其座位支付更多的费用以外，收入管理对消费者还有什么影响呢？如果制定一条新法律，规定航空公司对所有的经济舱座位统一定价，消费者会从中受益吗？下面我们看看从一个系统中，我们能预测到什么样的效果。在该系统中，对于同样的经济舱服务，航空公司可以向不同的消费者群体收取不同的票价。[2]

1. 在单一票价系统下，一些乘客支付的费用会比原来少一些。设想一种情况，在这种情况中，某家有垄断力量的公司收取单一票价。该公司找到了使边际收入与边际成本一致的数量，然后收取使所需数量与那个数量相等的票价。只要不必降低已有座位的价格且附加座位的价格高于边际成本，那么价格歧视公司就愿意以较低的价格出售附加座位。这样，在公司被要求收取单一票价的情况下，由于价格歧视，购买附加座位的消费者就可以支付较低的票价。

2. 如果要求航空公司收取单一经济舱票价，一些航班将因无法弥补成本而被取消。我们知道收入管理会使航空公司从每次航班中获得的收入增加。如果票价单一，航空公司就会失去这些额外收入。在某些情况下，这些额外收入可

---

① Smith et al.（1992），p. 8.
② For more on the consumer welfare effects of airline yield management see Botimer（1996）.

以使航班的总收入高于总成本。在那些情况中，强制航空公司收取单一票价会使其丧失这些额外收入，航班就会因此亏损，航空公司就会取消那些航班。

3. 一些乘客可以在最后时刻订票。收入管理的一个核心特征是：航空公司不让只愿意支付低票价的消费者阻碍将机票卖给愿意支付高票价的消费者。通过收入管理，航空公司为最后时刻旅客预留高价票位。对于那些旅客来说，高价票的座位总比没有座位好。

■ 7.5.7　成本上升时的航空定价

本章中对航空定价的分析主要考虑如何使从固定资产中获得的收入最大化。也就是说，我们已经看过了航空公司如何对已经决定飞行的航班上的座位定价。图6—10阐明了如何在收入管理中决定价格。需要注意的是该图中没有经营航班的成本（C代表航班上增加一个乘客所需的成本）。这个分析没有直接显示出迅速上涨的燃料价格或者其他的运营成本如何影响机票价格，该分析表明适度改变运营成本不会影响机票价格，因为航空公司是以从每次航班中获取最大收益为基准来定价的。

航空公司有时会因成本的变化改变航班安排，只有这时，运营成本的变化才会影响机票价格。例如，当燃料价格迅速上涨时，航空公司可能会发现许多航班的收入已经不再能弥补运营成本。这时，它可能会取消一些航班。这会增加对剩余航班的需求，随着需求的增加，收入管理系统会提高那些航班的定价。在减少飞行航班的座位数量后，航空公司可能就能够弥补剩余航班的运营成本了。

7.6 国际航空市场的发展

在航空史早期，国际航空旅行就已经开始。例如，伦敦和巴黎之间的航空服务早在20世纪20年代就已开始，"中国飞剪号"（China Clipper）于1936年开始往返于美国和亚洲的部分地区。这样的国际服务引发了许多问题，包括政策问题。这些问题包括民族自豪感和主权的基本问题，像飞机从一个国家经过或进入另一个国家的权力问题。也有基本的运营问题，像空中交通管制和飞行执照问题。最后，还有商业利益问题，像保护本国在国际运输中的商业利益和纯国内运输中的商业利益，后者被称为"境内运营权"（境内运营权的限制对邮轮公司有着重要的影响。关于这些，我们将在第10章作进一步了解）。

1944年，来自50多个国家的代表会聚芝加哥召开国际民用航空会议（International Civil Aviation Conference），为国际商用航空找到一个切实可行的体系。会议结果是达成了一个有限的协议，即《芝加哥公约》（Chicago Convention）。根据这个协议，每个国家都要与其他国家寻求双边协议，来管理两个国家间的商用航空服务。这些协议要规定航空公司的航线、座席定员和航班班次。定价是协商国留给国际航空运输协会（IATA）的一个难题。1946年，美国和英国首先在百慕大就双边协议进行协商。1947年，国际航空运输协会

（IATA）召开了第一次"运输会议"，此次会议中，国际航空公司就国际航班的运价达成了共识。由于被授予反垄断豁免权，美国能够参与此次会议。结果，双边协议体制变成了一种为狭隘的国家商业利益服务的体系，而不能有效地为潜在的乘客服务。[①]

自从芝加哥会议（Chicago Conference）召开以来，国际航空在世界各地迅速发展，尤其是欧洲航线、欧洲和北美间航线，以及亚太地区航线。表7—7所示的是世界上最大的国际航空公司，按照所飞过的里程排名（不包括国内航行）。

7.6.1 开放天空

20世纪20年代，美国出台"开放天空"政策，以促进其国际商用航空的发展。[②] 开放天空协定是美国与其他国家签署的双边协定。协定双方国家的航空公司有权在两国间的任何航线飞行，并延续到其他国家。1992年，荷兰与美国签署了第一份开放天空协定。截至2005年末，美国已经签署了74份这样的协定。2001年以来，美国还参加了包括美国、新西兰、新加坡、文莱、智利、萨摩亚和汤加等国在内的航空商业自由化多边协定。

双边协定体系使每个国家都有权限制本国与其他国家间的航空旅行来保护本国的航空公司。许多国家拥有"国旗号航空公司"，来提升民族自豪感。由于防止国家竞争及其他援助措施，"国旗号航空公司"和许多其他的国家公司无法有效地运营。事实上，20世纪80年代间，欧洲有100家航空公司，并且，像比利时、丹麦和奥地利这样的小国家，每国都有四家航空公司。[③] 最终，欧盟采取措施使其航空市场合理化。1997年，它创建了统一的欧盟航空市场，规定在欧盟城市间任何以欧洲为基地的航空公司都可以自由地提供航空服务。

表7—7　　2004年最大国际航空公司：国际定期航班乘客飞行公里数

排名	航空公司	乘客公里数（百万）
1	Deutsche Lufthansa A. G.	103 866
2	British Airways p. l. c.	102 858
3	Air France	96 958
4	Singapore Airlines Ltd.	77 082
5	American Airlines Inc.	70 036
6	United Airlines	67 484
7	Japan Airlines International	64 626
8	KLM Royal Dutch Airways Ltd.	63 013
9	Cathay Pacific Airways Ltd.	57 224
10	Northwest Airlines Inc.	51 704

数据来源：International Transport Association（2004）。

近几年来，国际商用航空的重大发展之一就是不同国家的航空公司之间结盟现象的出现。如我们所了解到的，许多国家保护自己的国内和国际市场免受

① Yergin et al. （2000），pp. 38－46.
② U. S. Department of State （2005）.
③ Yergin et al. （2000），p. 49.

其他国家的航空公司的影响。它们还限制外国对本国航空公司的控制。例如，美国交通部（US Department of Transportation）规定在以美国为基地的航空公司中，他国公民的股票持有量不得超过 49%，有投票权的股票持有量不得超过25%。此外，以美国为基地的航空公司的总裁和 2/3 的高级职员必须是美国公民。但是，所有国家的旅客都需要国际航空旅行，其中可能会有飞越多个国家，包括几个航段的旅行；航空公司希望为这些旅客服务。国际航空运输协会（IATA）支持"联运"，也就是说利用多架飞机完成跨越多个国家，包括多个航段的国际航线。该协会的行业清算业务处理联运支付。这样，乘客只需买一张票（用一国货币支付），就可以完成由多家国际航空公司联运的旅行。[1]

但是，联运并不足以开发出航空业的所有潜力来为公众有效地服务。航空公司可能希望组成中枢、辐射型的国际网络。但是，点对点服务，类似于美国对所有权的国家限制，使国际运营无法完全一体化。折衷的解决办法就是组成国际联盟，许多国家的航空公司同意共用班号、联合日程、联合营销以及在其他方面的运营上进行合作。这样，航空公司就可以通过合作扩大自己的服务网络，也可以通过将国际乘客聚集到盟友的中枢机场来增加航线的密度。第一个主要的国际联盟形成于 1997 年，即"星际联盟"（Star Alliance），成员有美国联合航空公司（United airlines）、德国汉莎航空公司（Lufthansa）、加拿大航空公司（Air Canada）、泰国国际航空公司（Thai International）、瑞典斯堪的纳维亚航空公司（SAS）、巴西航空公司（Varig）、新西兰航空公司（Air New Zealand）及其他航空公司。1999 年，美国航空公司（American Airlines）、英国航空公司（British Airways）、澳洲航空（Qantas）、中国香港国泰航空公司（Cathay Pacific）、智利国家航空公司（LAN）、芬兰航空公司（Finnair）等航空公司组成了"寰宇一家"联盟。[2] 这些联盟成功地加剧了国际航空市场上的竞争，导致运输量上升，机票价格下降。

7.6.2 欧洲航空市场

正如上文所提到的，1997 年，欧盟创建了统一的航空市场，规定在欧盟属国间任何以欧洲为基地的航空公司都可以自由地提供航空服务。在这之前的十年间，欧洲航空市场出现了一系列的放宽限制的举措。这些变化有取消对航空市场的管制，以及国有航空公司私有化，包括英国航空公司（British Airways）、法国航空公司（Air France）和西班牙国家航空公司（Iberia）。管制的取消使航空公司可以自由地选择自己的航线及定价，还允许了新航空公司的加入。这些新成员是典型的廉价航空公司（LCCs），其采取的竞争策略类似于美国的西南航空公司（Southwest Airlines）。也就是说，它们通常在次级机场之间提供廉价的点对点服务。在这些新的欧洲航空公司中，最大的是瑞安航空公司（Ryanair）、易捷航空公司（EasyJet）和柏林航空公司（Air Berlin）。[3]

---

① International Air Transport Association（2005c）.
② Oum et al.（2000），p.22.
③ U.S. Department of Transportation（2000）.

7.7 航空业内的竞争

在民用航空局（CAB）管制票价和航线的时代，也就是 1938 年至 1978 年间，美国的航空公司之间的价格竞争受到严格的限制。虽然航空公司可以在服务方面竞争，包括饮食服务。但是，它们不能在价格和日程方面竞争。价格竞争的缺失和对服务的注重导致了高昂的成本。

管制的取消造成了航线和日程方面的重大转变，因为，航空公司可以自由地决定其想飞的城市对、航班的次数、时间以及飞机要飞的转接航线。日程和航线的转变在美国最大的航空公司内达到顶点，它们形成了基于中枢机场的大型航线网络。例如，美国航空公司（American Airlines）在美国的达拉斯沃斯堡、芝加哥、迈阿密及波多黎各的圣胡安均有中枢机场。

管制时代上市的航空公司的成本仍然非常高，包括高工资和限制性工作规则。[①] 一些传统航空公司的成本是因中枢辐射系统增加的，该系统将许多飞机同时聚集到拥挤的机场。由于服务种类多、登机过程复杂、机场和跑道拥挤，网络型航空公司的飞机在地面上花费的时间越来越多，而在空中飞行的时间相对较少。传统航空公司还在使用传统的方法分销机票。事实上，这增加了它们对旅行社代理商的依赖性。每卖出一张机票，航空公司付给旅行社代理商的标准佣金是票价的 10%，绩效佣金会更高一些。

管制取消后不久，航空业迎来另一个时代：许多新的航空公司加入，许多已有的航空公司被兼并或破产。[②] 1978 年，中途航空公司（Midway Airlines）成为 38 年来第一个被民用航空局（CAB）批准的新航空公司。1983 年，美国西部航空公司（America West）加入航空业，2005 年，与全美航空公司（US Airways）合并。管制取消后出现的新航空公司大多数都失败了。1979 至 1986 年间，有 50 多家航空公司破产，其中包括像大陆（Continental）和布兰尼夫（Braniff）这样的著名航空公司。前者后来成功摆脱破产，后者也曾经摆脱破产，但几年后再次失败。[③] 一些在管制时代提供支线服务的航空公司，如皮德蒙特（Piedmont）和奥扎特（Ozark），后来并入了更大的航空公司。此外，一些新成员被更大的航空公司收购，例如，莫里斯航空公司（Morris Air）在 1993 年被西南航空公司（Southwest）收购。[④]

■ 7.7.1 可竞争性问题

管制取消以后，航空消费者一般可以从两家以上的航空公司选择购票。因此，航空公司通常会互相竞争消费者。我们喜欢竞争，因为公司间的竞争会限

---

① Sprayregen et al. (2002).
② See Borenstein (1992), pp. 46–52, for a brief survey of industry changes during this period.
③ Air Transport Association (2007e).
④ Peterson (2004), pp. 21–22.

制票价上涨，并且这些公司不会获得超过其所在城市所要求的正常利润率的收益。航空业中存在充足的竞争意味着航空消费者将不会支付过高的票价。

某产业中的有效竞争量不一定取决于该产业中所经营的公司的数量。有一种可能是，航空业具有"可竞争性"。一个可竞争性市场是指，在该市场中不存在什么阻碍新竞争者加入或者已有公司退出的因素，因此，任何高价格和高利润率的可能性都会吸引新公司的加入。在可竞争性市场中，潜在的市场进入者在价格和利润上所施加的竞争作用力与实际的市场进入者相同。

在管制取消前后，许多分析家认为取消管制后航空市场会具有可竞争性，并且导致美国国内航空业新航空公司的进入，以及更低的运价，即使是在只有几家航空公司提供服务的城市对间飞行。也就是说，许多分析家认为取消市场管制会导致大量的价格竞争，即使是在只有很少航空公司提供服务的市场中也会这样。因为，如果价格高于竞争水平，来自其他大航空公司的潜在竞争量就会增加。

为什么航空市场可能具有可竞争性？首先，该市场中有很多竞争者。虽然每个城市对间只有三四家航空公司提供服务，但是，该市场中有 10 家大的航空公司及许多其他航空公司，这些航空公司可能会为了争夺票价和利润率高的航线上的旅客而加入竞争。其次，进入和退出航空市场好像不存在什么障碍，当然也没有什么能阻碍进入大多数城市对市场。实际上，据交通部（Department of Transportation）记录，在 1992 年至 1996 年间，美国有 13 家新公司开始提供定期客运服务。[①] 最后，航空公司的股本是流动的。航空公司可以让其飞机飞入或飞出市场，而不用面对很多问题。因此，完全有理由相信航空市场可能具有可竞争性；因此，在防止价格上涨方面，潜在竞争与实际竞争同样有效。

航空市场的特征，像收入管理、飞行常客计划、中枢辐射型航线结构和航空竞争成本，有什么意义呢？航空公司真的在互相竞争吗？我们观察航空业"三巨头"、其他大的航空公司以及各种各样的小航空公司。这些航空工司足以提供实际的竞争来保护消费者吗？

在研究航空价格、潜在竞争和实际竞争方面的证据以前，我们先看一下如何衡量市场支配力，也就是在某产业中，公司使价格保持高于边际成本的力量。假设有一个拥有六家公司的市场，每家公司的市场收益占有率如表 7—8 所示。

四企业集中度（four – firm concentration ratio）是衡量市场支配力的最常用的指标。我们通过相加四家最大的企业在市场销售中所占的份额进行计算。在这个虚拟的市场中，四企业集中度是：$0.4 + 0.2 + 0.15 + 0.1 = 0.85$。赫芬达尔指数（Herfindahl Index）是衡量市场支配力的另一种常用指标，美国司法部在处理反垄断案例时常用这种指标。其计算方法是将市场中所有公司的市场份额的平方值相加。这样，如表 7—8 所示的市场案例中，赫芬达尔指数是 $(0.4)^2 + (0.2)^2 + (0.15)^2 + (0.1)^2 + (0.1)^2 + (0.05)^2 = 0.245$。赫芬达尔指数的倒数有时被看作"有效竞争者的数量"。假设某市场拥有八家同等规模的公

---

①   U. S. Department of Transportation（1999），p. 7.

司，赫芬达尔指数就是 8 $(0.125)^2 = 0.125$，那么有效竞争者的数量就是
1/0.125，即八家。对于拥有八家同等规模的公司的产业来说，这当然是一种合理
的衡量方式。如表7—8所示的六家公司的案例中，有效竞争者的数量是1/0.245
=4.08。对此，一种解释是三家最大的航空公司互相竞争，其他三家航空公司
的总竞争力相当于另一家大公司。最后，衡量市场支配力的最直接的方法是勒
那指数（Lerner Index），计算方法是（价格－边际成本）÷边际成本。该指数
直接表示市场支配力，因为市场支配力的效应是指高于边际成本的定价。竞争
性公司的勒那指数是零，当具有垄断力量的公司的定价高于边际成本时，该指
数会变大。勒那指数的问题是，如果不知道边际成本就没有办法直接计算，而
通常我们是不知道边际成本的。幸运的是，代数计算表明勒那指数还等于该公
司的需求总量的倒数。我们可以估算需求总量，这样就能得出某公司的勒那指
数来衡量它的市场支配力。

表7—8　　　　　　　　　　6个竞争者在假想市场上的市场份额

公司	市场份额
A	0.40
B	0.20
C	0.15
D	0.10
E	0.10
F	0.05

现在，让我们回到航空市场是否具有可竞争性的问题。如果我们观察到市
场中竞争者的数量和规模与定价无关，那么航空市场就具有可竞争性。在一个
可竞争性市场中，勒那指数会接近于零，而价格和利润将不会用于衡量市场集
中度，包括最大公司的规模、四企业集中度、赫芬达尔指数或者有效竞争者的
数量。许多研究人员通过研究航空价格数据，来测试价格和市场集中度或市场
支配力衡量之间的关系。例如，Peteraf 和 Reed（1994）研究了 345 个城市对，
在这些城市对之间只有一家航空公司提供无经停、经停直达和一次经停服务。
他们看了收入（作为对航空价格的衡量）与潜在竞争的不同衡量方式之间的统
计关系，发现潜在竞争者的数量，即为某城市对中的至少一个城市服务的航空
公司的数量，和赫芬达尔指数在决定收入方面的效应并不显著。这表明潜在竞
争者的数量和集中度对航空价格没有显著性的影响。Borenstein（1992）研究了
1990 年航线的平均价格，这些航线分别由一家、两家、三家航空公司提供服务。
他发现有两家实际竞争者提供服务的航线平均价格比只有一家航空公司提供服
务的航线平均价格高 8 个百分点，而有三家实际竞争者提供服务的航线平均价格
又比有两家竞争者提供服务的航线平均价格低 8 个百分点。因此，他得出结论：
潜在竞争对航空价格的影响强度只相当于实际竞争的 1/3 或 1/4。

研究还表明机场的高密集度会导致较高的票价。[①] 中枢辐射型航线结构导致
了一些以中枢机场为起讫站的交通密度高的情况的出现。Borenstein（1992，
pp. 54 - 56）计算出了以中枢机场为起讫站的旅行的赫芬达尔指数后发现，通常
密集度越高的中枢机场，票价越高。1999 年美国交通部发现，一些短距离的城
市对间的航班票价比较高，在这些短程航班中，总有一家大航空公司占有较大
的市场份额，且在城市对的某个城市中拥有中枢机场。交通部据此得出结论，
使用这些中枢机场航班的平均票价比使用竞争更多机场的城市对的航班高
60%。[②] Lee 和 Luengo - Prado（2005）将"枢纽高收益"定义为，在相似距离
的航程中，以中枢机场为起讫站的交通的平均票价超过该航空公司非中枢交通
的平均票价的百分比。他们也得出了与交通部相似的结果，枢纽高利润率超过
50%。根据 Lee 和 Luengo - Prado（2005）的解释，一些枢纽高收益是因为商务
旅行在以中枢机场为起讫站的旅行中占了较大的比例而产生的。然而，2000 年，
他们发现及时将乘客成分计算在内，枢纽高收益仍然存在。

因此，关于价格、潜在竞争力衡量和市场集中度衡量的关系的研究显示，
航空业在取消管制以后并不具有可竞争性。新航空公司，尤其是廉价航空公司
（LCCs）的实际进入会使票价降低，而潜在进入则不会。尽管存在潜在竞争，航
空公司在为以中枢机场为起讫站的旅行定价时，好像还是运用了市场支配力。
例如，Borenstein（1992，pp. 56）将这种市场支配力归因于飞行常客计划和旅行
社佣金政策。航空公司引进飞行常客计划，以吸引每个乘客利用一家航空公司
完成其大多数的航空旅行。在中枢机场，旅客更喜欢选择占主导地位的航空公
司。航空公司创建了旅行社绩效佣金政策。如果旅行社预订出某个航空公司的
大部分机票，它们就会得到更多的佣金。这就会刺激旅行社集中为一家航空公
司售票，而不是漫天撒网地为多家航空公司售票。市场的以上及其他特征为航
空公司在其中枢机场创造了市场支配力。

1999 年，美国交通部得出结论：对于价格竞争，竞争者的类型比竞争者的
数量更重要；不管市场上的竞争者总数会不会增加，低价竞争者的进入都会使
平均价格下降。[③] 低价竞争者是像西南航空公司（Southwest Airlines）那样的航
空公司。它们的成本低，且以很低的价格进行竞争。

■ 7.7.2 公司间的竞争

要进一步了解航空市场上正在发生的现象，我们必须先了解商业公司如何
为了相同的消费者互相竞争。让我们看一些理解这些竞争的简单方法。

垄断　最简单的可能性是一个市场中只有一个提供商。这样，该市场中就
不会有竞争公司。我们将这称为垄断——市场由一个销售者构成的纯粹案例。
由于缺乏竞争对手，垄断可能会导致高昂的物价而损害消费者的利益。通常，

---

① See, e. g. , Borenstein（1989, 1992）; Evans and Kessides（1993）; Morrison and Winston（1995）, pp. 43 -
49; U. S. Department of Transportation（2001）; and Lee and Luengo-Prado（2005）.
② U. S. Department of Transportation（1999）, p. 6.
③ U. S. Department of Transportation（1999）, pp. 3 - 4.

我们对垄断行为的理解是，限制产出以维持高价，并获得高投资利润率。我们可以通过图7—5进行了解。在该图中，我们用纵轴表示货物或服务的价格，横轴表示产量。当然，该数量既是公司的产出量，也是向市场提供的产品量，因为在该市场中只有一家公司。利润最大化行为要求公司生产使边际收入与边际成本一致的产品量。这发生在点 Q_1。这时，垄断者会收取的价格为 P_1，因为这个价格使需求量与垄断者所希望的供应量一致。需要注意的是，该价格远远高于平均成本，因此，垄断者可以获取可观的经济利益。

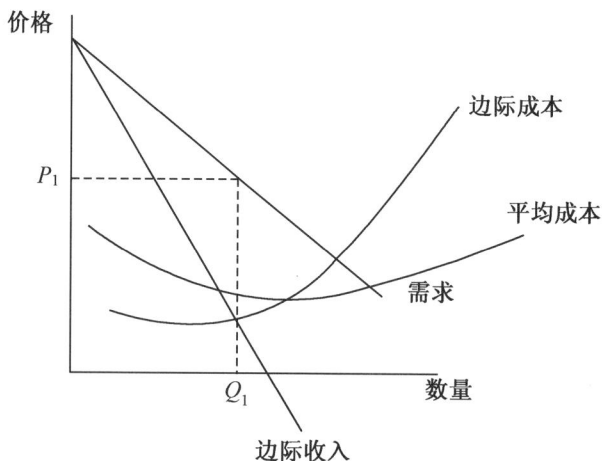

图7—5 垄断

除非对市场进行非常狭隘的定义，要不然纯粹垄断的案例很难找到。例如，如果我们将市场定义为某本书的市场，那么，根据版权法，该出版商对该书的销售具有垄断权。某些情况下，一家商务公司会因政府授予其在特定地区提供服务的专营权而具有垄断权。例如，某家天然气公司可能会有在某个特定的城市或地区提供天然气的专营权。除了政府授予的专营权、版权或者专利权之外，很难再找到真正的垄断案例。因为，在垄断者获取高额利润的时候，要维持垄断，就必须有"进入壁垒"防止其他公司进入这个市场。

进入壁垒是市场的一个特征，它能够防止其他公司的进入并最终维护垄断利益。专利权、版权和政府授予的专营权通常是进入市场的有效障碍。规模经济也可以成为进入壁垒。如果在整个生产范围内，一家公司的成本跌出市场需求曲线，那么第二家公司将无法从该垄断者手中夺走销售份额，除非它能够担负高额生产成本。在那些情况中，新公司进入该市场的唯一方法就是，在不大可能获利的条件下担负高额损失。像这样的情况将会阻止新公司进入，即使垄断者正在获取高利润。

竞争 市场竞争的另一个极端案例是纯粹竞争。在纯粹竞争的案例中，产业中没有公司对价格拥有控制权，而是每家公司都采用既定市场价格。我们将纯粹竞争公司称为受价者（price takers）。纯粹竞争的经典案例来自农产品市场，例如小麦。没有哪家小麦农场大得足以对市场价格产生显著性影响。事实上，这种情况中，公司或者农场会打电话给商品市场或者利用互联网查询那个时候的市场价格。这些公司就是受价者。

通常，竞争市场里有许多家销售者。但是，与市场规模相比，每家销售者都不算大。考虑到市场价格，每家公司只能选择生产其所希望的产品量。图7—6对此作出了说明。在该图中，横轴表示市场价格，且有边际成本曲线和平均成本曲线。在这种情况下，价格等于边际收入，因为该公司可以按照自己的希望，以既定市场价格卖出或多或少的产品。如果该公司多卖出一个单位的产品，那么它就夺得了相当于这个该单位产品价格的收入——因此，边际收入等于价格。为使利润最大化，公司会选择使价格与边际收入一致的销售量，如图7—6所示。

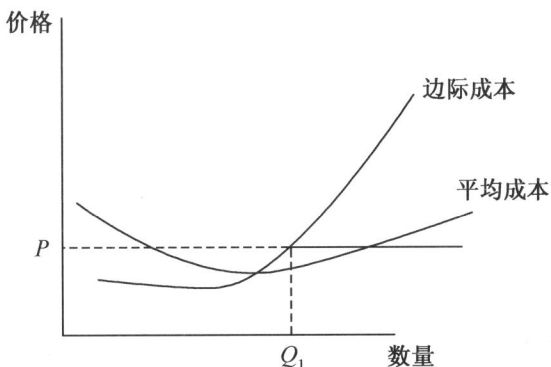

图7—6 完全竞争

受价公司会选择能够使其边际成本和市场价格一致的产出量，记住这点是很重要的。这意味着该公司的边际成本曲线就是其供应曲线，因为，这条曲线显示的是该公司为每个水平的价格所生产的产品量。①

这种情况与图7—5 所示的垄断情况有着很大的差别。在竞争案例中，价格等于边际成本。因此，任何愿意为额外单位的产品支付额外费用的消费者都可以这样做。然而，在垄断案例中却不是这样。在垄断案例中，价格要远远高于边际成本。因此，在垄断下，一些愿意为额外单位的产品支付额外费用的消费者却没有机会这样做，因为，垄断者会为了收取较高的价格和获取较高的利润而限制产量。

寡头垄断 在探讨了极端案例之后，我们来看一些更有难度的中级案例。在这些案例中，有很多的销售者，但是，却没有足够的竞争导致纯粹竞争。这些案例中最重要的是我们所谓的寡头垄断。寡头垄断指的是一个产业主要由少量的较大的公司构成。这些公司意识到了彼此间的相互作用。在寡头垄断市场中，几家大销售者占主导地位。

寡头垄断通常是有形可见的，因为它们的广告在电视和其他媒体中占主导地位——啤酒、软饮料、早餐燕麦、汽车、止痛药和家庭清洁产品全部都属于寡头垄断产业。因为在寡头垄断市场中有几家大销售者，每家销售者都必须意识到该产业中其他公司的行为。这些公司策略性地相互作用。每家汽车公司都

---

① Actually, only the portion of the marginal cost curve that lies above average variable cost is the firm's supply curve, because if the firm is not covering its variable costs it will shut down, producing Q = 0.

知道，如果自己成功地开发引进一种新产品，那么，汽车产业中的其他公司也会生产出类似的产品作为回应。例如，克莱斯勒汽车公司（Chrysler）在引进小型货车之后，消费者热切地购买这种新产品。作为回应，福特（Ford）和通用汽车公司（General Motors）也引进了自己型号的小型货车。当然，克莱斯勒对此并不吃惊。了解寡头垄断的关键是要了解这几家竞争者之间的相互作用。

航空业是一个寡头垄断的好例子。该产业有较少数量的大公司构成。像汽车制造商一样，航空公司在考虑改变价格或者服务的时候，必须考虑到产业中其他公司的反应。虽然了解寡头垄断行为非常困难，但是，我们可以参考几个简单的寡头垄断市场模型，[①]其中之一是库尔诺模型（the model of Cournot）。在开发这种模型时，库尔诺假设市场中有两家公司，且每家公司都在假设另一家公司的产量恒定的条件下选择自己的利润最大化的产量水平。库尔诺想知道在这种商务公司行为的假设下，会产生什么样的市场结果。他假设在这样的市场结果中，每家公司肯定都对另一家公司的行为作出假设，且两家公司的假设都是正确的。

要了解库尔诺得出的结果，如图 7—7 所示。该图中，市场需求曲线由 D 线表示，公司 1 的需求曲线由 D_1 表示，该曲线是通过从市场需求中减去公司 1 所假设的公司 2 的产量作出的。我们通过将需求曲线向左移动 Q_2 的量，从市场需求中减去 Q_2。这种构图体现了库尔诺的假设，即公司 1 假设公司 2 的产量恒定。在图中，公司 2 的产量由 Q_2 表示。在公司 2 取走 Q_2 量的市场需求之后，所有剩下的由 D_1 表示的市场需求就都留给了公司 1。由于面对这种剩余需求曲线和相关边际收入曲线，公司 1 会想办法使其利润最大化。任何面对向下倾斜的需求曲线的公司都会这样做。公司 1 会以使边际收入和边际成本相等为标准来决定 Q_1 的值。例如，如果该公司的边际成本是零，那么 Q_1 就是使 MR = 0 的值。

如果公司 1 假设公司 2 会生产更大数量的产品，那么，公司 1 的剩余需求曲线就会比图 7—7 所示的更偏向左边，而它的利润最大化产量就会比图 7—7 种所示的 Q_1 值小。相反，如果公司 1 假设公司 2 会生产更小数量的产品，那么，公司 1 的剩余需求曲线就会比图 7—7 所示的更偏向右边，而它的利润最大化产量就会比图 7—7 种所示的 Q_1 值大。我们在图 7—8 中描绘出了公司 1 关于公司 2 产量的假设和公司 1 的利润最大化产量之间的关系。

如图 7—8 所示，我们可以看到如果公司 2 的产量变大，那么公司 1 的产量就会变小。在公司 2 的产量处于较低水平时，公司 1 的利润最大化产量比较大。公司 2 的假设产量和公司 1 利润最大化产量之间这种逆相关被称为公司 1 的反应函数（reaction function）。同样，我们也可以为公司 2 构建一个反应函数。然后，将这两个反应函数放到同一个图表中，如图 7—9 所示。

模仿市场中两家公司相互作用的另一种简单方法是研究价格，而非数量。贝特朗模型（the model of Bertrand）与库尔诺模型（the model of Cournot）相似，只不过后者研究的是数量，而前者研究的是价格。贝特朗假设每家公司都

---

① See Varian (2003), pp. 473~495, for a survey of simple oligopoly models.

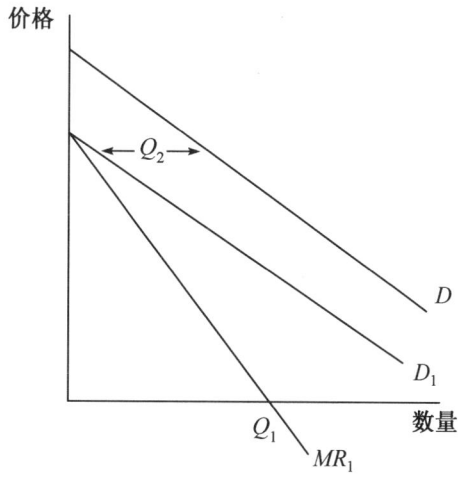

图7—7 公司1的库尔诺剩余需求曲线

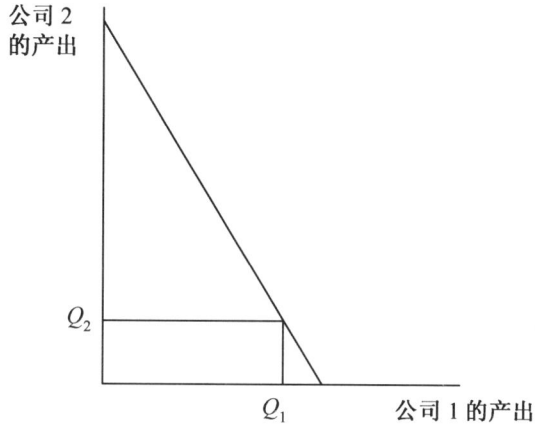

图7—8 公司1的反应函数

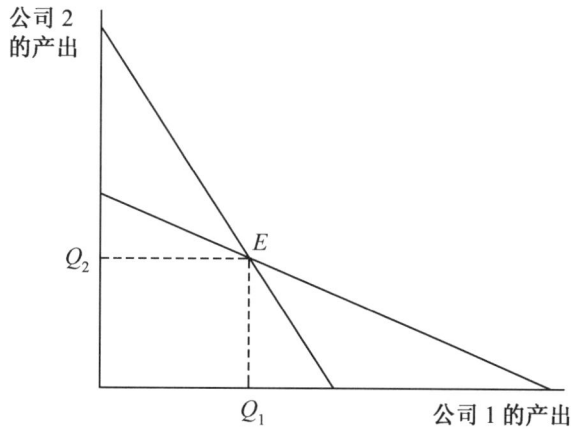

图7—9 库尔诺市场均衡

在假设另一家公司价格恒定的条件下制定价格，然后他研究了在这种情况下将会出现怎样的均衡。如果公司 2 假设公司 1 将价格保持在 P_1，那么，公司 2 利润最大化的价格是多少呢？如果两家公司都销售同样的产品，且消费者会购买可购得的价格最低的产品，那么，公司 2 $P_2 = P_1 - 1¢$ 的价格会为其赢得整个市场。但是，这是不均衡的，因为公司 1 也可以作出同样的选择：$P_1 = P_2 - 1¢$。由贝特朗模型（条件是公司都生产相同的产品）得出的结论是，只有两家公司将自己的价格降低到边际成本的水平才会达到均衡——低于边际成本的价格不会形成刺激，因为任何额外销售都会使利润减少，而任何高于边际成本的价格都会让另一家公司通过廉价销售抢走市场份额。

库尔诺模型（the model of Cournot）和贝特朗模型（the model of Bertrand）是模仿市场中两家公司策略性相互作用的最简单的方法。虽然简单，但是这两个模型会帮助我们理解航空公司的行为。假设一个城市对间，比如说芝加哥和奥马哈，只有两家航空公司提供无经停服务。他们是如何相互作用的？每天每家航空公司将会使用多少座位？他们将会如何定价？Brander 和 Zhang（1990）利用 33 个城市对的数据对这些问题进行了研究。在这 33 个城市对间，只有美国航空公司（American Airlines）和联合航空公司（United Airlines）提供服务，且以芝加哥为起讫站。他们发现这两家航空公司的行为不与贝特朗模型一致，因为其票价普遍高于成本。然而，令人吃惊的是，他们发现这两家航空公司的行为与库尔诺模型非常一致，每家航空公司好像表现得似乎产业产量（航线中在使用的座位数）的变化等于自家公司产量的变化，这种情况只有在另一家公司的产量恒定时才会出现。而这就是库尔诺假设。

在 Brander 和 Zhang（1990）所研究的时段，也就是 1985 年第三季度，美国国内航空业中的主要竞争者出现于民用航空局（CAB）管制时代的大航空公司。近几年来，廉价航空公司，尤其是西南航空公司（Southwest Airlines）为所有这些传统航空公司提供竞争。这已经成为航空业竞争的主要特征之一。库尔诺模型（the model of Cournot）可能无法解释这种竞争。

7.8 美国定期航空业的最新发展

在取消管制以前，西南航空公司（Southwest Airlines）只在得克萨斯州提供州内航空服务，而不受民用航空局（CAB）对价格和航线管制的影响；取消管制后，它的服务范围扩展到了得克萨斯州以外的新航线。西南航空公司有一套新的底价、低成本的商业策略。该策略包含以下因素：

● 低票价
● 点对点航线结构，而非中枢辐射型航线结构
● 一种机型（波音 737）
● 一类服务（经济舱）
● 使用城市中不拥挤的次级机场的航班

●无座位号

●快速周转，因此，飞机在地面上的时间较少，在空中的时间较多

●通过自己的网站和客户服务中心增加销售额，并且减少付给旅行社代理商和全球分销系统（GDSs）的佣金及费用

在这种策略下，西南航空公司发展迅速，且给网络型航空公司带来了大量的价格竞争。伴随西南航空公司进入新市场而出现的票价下降现象被称为"西南航空效应"（Southwest Effect）。例如，1989 年，西南航空公司进入了加利福尼亚州的奥克兰到洛杉矶的市场，在奥克兰和安大略机场之间提供航班服务。奥克兰在旧金山附近，安大略国际机场位于洛杉矶市中心以东的 35 英里处，为许多洛杉矶的旅客提供了方便。到 1991 年为止，西南航空公司已经增加了奥克兰和伯班克间的航班及奥克兰和洛杉矶国际机场间的航班。不久，西南航空公司所承运的旧金山和洛杉矶地区间的交通量达到了 40%。到 1992 年为止，奥克兰和洛杉矶地区间的交通量超过了西南航空公司进入前的 3 倍，而票价下降了大约 50%。①

其他新的廉价航空公司相继进入了美国的航空业。这些新公司包括，穿越航空公司（AirTran）、环美航空公司（American Trans Air）、美国西部航空公司（America West）和捷蓝航空公司（JetBlue）。廉价航空公司（LCCs）在 20 世纪 90 年代迅速发展，与高成本的传统航空公司或网络型航空公司争夺消费者和收入。不断发展的西南航空公司（Southwest Airlines）和其他廉价航空公司带来了加剧的价格竞争，这使传统航空公司的经营越来越困难。与廉价航空公司的竞争暴露了这些高成本的来源：

●中枢辐射网络型航线结构

●使用拥挤的高费用、高租金机场

●飞机在地面上的周转时间长

●有偿劳工合同

●飞机种类多导致日程和维修复杂

●分销成本高

由于劳工成本、销售成本和其他运营成本方面的差异，传统、网络型航空公司和廉价航空公司（LCCs）间存在着重要的成本差异。表 7—9 所示的是 2004 年第一季度，西南航空公司（Southwest Airlines）和六家传统航空公司的每英里有效座位里程（ASM）的运营成本。

① Bennett and Craun（1993），pp. 6 – 7.

表7—9　　　　　　　　2004 年部分美国航空公司每 ASM 的运营成本

航空公司（承运人）	每 ASM 的运营成本（美分）
Southwest	7.82
American	9.49
Continental	9.76
United	10.18
Northwest	10.23
Delta	10.38
Alaska	10.41
US Airways	11.68

数据来源：Boguslaski et al.（2004），p. 321。

最初，网络型航空公司试图通过新的廉价运营方式应对来自于廉价航空公司的竞争，如联合航空公司（United）下的联合短途航空公司（Shuttle by United）、三角洲航空公司（Delta）下的三角捷运航空公司（Delta Express）以及全美航空公司（US Airways）下的大都会快捷航空（MetroJet）。然而，这些新的子公司没能成功复制西南航空公司和其他廉价航空公司的低成本运营模式，且这些公司中都有网络运营模式中的遗留问题。最后，传统航空公司停止了独立的低成本运营模式。

就在传统航空公司挣扎着应对来自廉价航空公司（LCC）的日益加剧的竞争的时候，2001 年 9 月 11 日的恐怖袭击事件使航空需求量大幅度下降。结果，网络型航空公司遭受了巨额损失。一些公司宣告破产。破产使网络型航空公司可以就其旧的劳工合同及其他合同，包括飞机租赁，进行重新谈判或废除，从而减少一些传统成本。破产中的航空公司能够降低票价，并给那些避免破产的新的网络型航空公司增加压力。这些航空公司也寻求就劳工合同重新谈判及尽可能降低成本。此外，随着时间的推移，网络型航空公司普遍减少了对中枢辐射型系统的依赖。例如，全美航空公司取消了匹兹堡机场的中枢地位，而三角洲航空公司取消了达拉斯沃斯堡机场的中枢地位。现在，廉价航空公司大量出现，而网络型航空公司数量减少。这些网络型航空公司大幅度降低了其传统成本。

■ 7.8.1　廉价航空公司（LCC）的领导价格

了解美国国内航空业中近期事件的方法之一是通过价格领导模型（price leadership model）。在价格领导模型中，价格领导者的定价比价格跟随者低。在航空业中，廉价航空公司是价格领导者，而传统航空公司是价格跟随者。[1] 假设有这样一种情况，某家传统航空公司以高成本、高价位为一个城市对服务，来

---

[1] See, e. g., Varian（2003），pp. 480–482.

获取正常的投资收益率。现在，一家廉价航空公司进入了该城市对的市场，向消费者提供更低票价的服务。假设传统航空公司会成为受价者（price taker），来跟随较低的票价。那么，该传统航空公司的供应曲线就是其边际成本曲线中高于平均可变成本的部分。然后，我们就可以从市场需求曲线中减去传统航空公司的供应曲线，得出领导价格的廉价航空公司的剩余需求曲线，如图7—10所示。

在该图中，当价格为a时，传统航空公司的供应量正好等于市场需求量，这样，就没有需求剩余给廉价航空公司。当价格为b或者更低时，传统航空公司的供应量为零，这样，就将整个市场留给了廉价航空公司。也就是说，廉价航空公司的剩余需求曲线在价格低于b时，等于市场需求曲线；价格在a到b之间时，等于市场需求曲线减去传统航空公司的供应曲线；价格高于a时，等于零。

为使利润最大化，廉价航空公司会选择使MR（marginal revenue，边际收入）＝MC（marginal cost，边际成本）的供应量，且将价格定为高于那个供应量的需求曲线上的P。这样，就将一部分市场份额留给了传统航空公司，也就是价格为P时，传统航空公司的供应量。由于市场需求和公司成本，P的价格水平有可能低于b，这时，传统航空公司将不再为这个市场服务。P也有可能高于b，而低于传统航空公司的平均总成本，这时，传统航空公司可以弥补其可变成本，却无法同时弥补可变成本加上固定成本后的总成本。在这种情况下，我们可以预料到该传统航空公司最终会退出该市场。

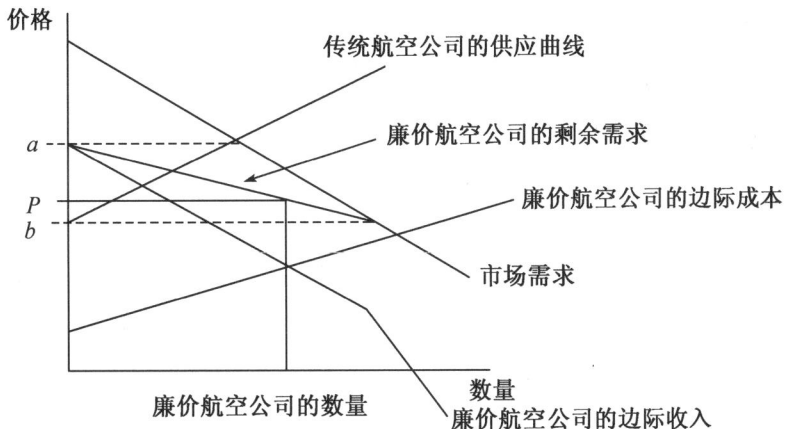

图7—10 廉价航空公司的领导价格

在这个有低成本的新入市者领导价格的模型中，我们发现传统航空公司变成了受价者（price taker），跟随廉价航空公司较低的新价格。它将许多，可能是所有的市场输给了新入市者。即使继续留在这个市场中，传统航空公司的利润水平也会下降，可能会呈现短期负增长。长期结果就是，传统航空公司要么将成本降低到与廉价航空公司的成本相似，但不一定相等的水平，要么退出该市场。因此，价格领导模型很准确地阐明了我们最近所观察到的行为，这些行为包括，廉价航空公司，尤其是西南航空公司（Southwest Airlines）进入更多的市场；传统航空公司遭受大额经济损失，减少航班班次，大力度降低成本。

■ 7.8.2 美国国内航空业的竞争前景

来自廉价航空公司的竞争可能会决定美国国内航空的未来表现。传统航空公司看来会退出这个产业，或者改变自己来适应这个产业。如果能够幸存下来，传统航空公司会继续想办法摆脱它们在管制开始时期承受的负担，并且继续采用廉价航空公司节约成本的许多措施；继续降低工资率，以及取消一些烦人的限制性工作规则；继续重新平衡中枢辐射型航线和点对点航线的混乱，以降低其飞机和乘务员的使用成本；继续减少商务旅客票价和休闲旅客票价的差距，并且降低其分销成本。

另一方面，廉价航空公司可能会发现在损害高成本传统航空公司的情况下使自己迅速发展变得越来越困难，传统航空公司的改变会使其成为更难对付的竞争对手。

2007 至 2008 年间，高燃料价格向所有的航空公司发起了挑战。如果燃料价格居高不下，我们就可以预料到，航班座位会减少，而机票价格会上升。如果燃料价格高峰是暂时的，那么，将来运营商的变化和飞机研发会使所有航空公司的成本降低，而航空需求的增加则会使收入增多，这些变化会导致美国国内航空市场的新均衡。在该市场中，大部分航空公司都希望，在整个商业周期中，获取正常的投资收益率。同时，旅客会继续受益于低票价、服务创新以及多种选择的航班和航空公司。

7.9 小结

20 世纪 20 年代开始以来，也就是首次动力飞行几十年后，定期航空业迅速发展。美国国内航空业是一个大型产业，每年的登机次数数以亿计，有效座位里程（ASM）将近万亿英里。2006 年，美国定期客运航空业由 17 家大航空公司和许多较小的航空公司构成，每家大航空公司的年收入都超过 10 亿美元。这几十年的航空收益增长缓慢，慢得跟不上通货膨胀的速度。因此，这几十年的实际收益大幅度下降。

1938 年至 1978 年间，美国民用航空局（CAB）严格管制州际航空业，它有权力管制新公司进入和退出该产业以及航空公司所收取的票价。1978 年，美国国会得出结论，民用航空局是在遏制竞争和维持高运价。1978 年《航空公司取消管制法》(The Airline Deregulation Act of 1978) 结束了民用航空局对大部分航空行为的监管。1984 年，民用航空局解散。隶属于美国交通部（US Department of Transportation）的联邦航空管理局（FAA）负责管制航空飞行和安全管理。

取消管制后，民用航空中最大的变化之一是定期航空公司航线结构的变化，也就是将其大多数的点对点航线变为中枢辐射型系统。自从取消管制以来，航空公司已经能够大幅度增加负载系数。

在典型航空公司的成本中，劳工成本是最大的一类，占总成本的 30% 多。最近几年中，燃料成本一直是航空成本中的第二大类，但是，在 2007 年和 2008 年，燃料成本超过劳工成本，成为第一大类。为了减低销售成本，美国的航空公司逐步取消了付给大多数旅行社代理商的佣金，并将大部分的销售和交易行为转移到了自己的网站或者电话服务中心。

航空公司通过价格调节或者收入管理，对顾客进行区分，并将其服务以不同的价格卖给不同的顾客群。在这方面，航空业是做得最成功的产业之一。要使从现有经济舱座席上获得的收入最大化，航空公司必须保证从每类经济舱顾客身上获得的边际收入一致。收入管理给航空公司带来的更大的收益，但也允许一些乘客在最后时刻订票。

国际商用航空服务要求各个国家之间签署协定，规定协定双方国家的航空公司有权在两国间的任何航线飞行，并延续到其他国家。美国、欧盟和其他国家一直致力于在国际航空市场中增加竞争。1997 年，欧盟创建了统一的航空市场，规定在欧盟属国间任何以欧洲为基地的航空公司都可以自由地提供航空服务。

在管制刚刚取消时，美国的航空业并不具有一些观察家所希望看到的竞争水平，因为涉及到中枢机场的服务票价异常高。然而，在廉价航空公司提供服务的市场中，来自该类公司的竞争有效地维持了低票价。近几十年来，廉价航空公司迅速发展。

21 世纪初期，航空业陷入了动荡之中。到 2005 年末，大约有一半航空公司破产。现在，廉价航空公司给出现于管制时期的传统航空公司带来了激烈的竞争。高燃料价格损害了航空业。了解美国国内航空业中近期事件的方法之一是通过价格领导模型。在价格领导模型中，价格领导者廉价航空公司的定价比价格跟随者传统航空公司低。在未来数年内，传统航空公司会继续想办法摆脱它们在管制时期开始承受的负担，并且继续采用廉价航空公司节约成本的许多措施。

第 8 章
自驾车旅游、乘火车以及汽车旅游

学习目的

● 学习不同的长距离旅行方式的规模
● 理解自驾游的重要意义
● 理解旅游业细分中的汽车旅游组织
● 认识美国铁路公司是如何管理美国城市间客运线路以及政府补贴对于美国铁路公司运营的重要意义
● 理解美国汽车租赁行业的组织以及运营方式

8.1 概要

　　旅行者从出发地到目的地会选择不同的旅行方式，正如前面几章所涉及的那样，许多旅行者选择乘坐商业航班或者邮轮作为出行方式。在随后的几章中，我们将会看到搭乘飞机旅行的人们到达目的地后，经常租赁汽车进行当地旅行，汽车租赁行业是值得探讨的行业，并且将会分析该行业的经济学意义。首先调查从出发地到达目的地之间的几种主要旅行方式，在此之前，已经仔细分析了其中的一个主要的旅行方式——航运，现在只需简略提到。本章主要关注三种出行方式——汽车、火车和巴士。

　　在探讨旅行者对旅行方式的选择时，经济学家和政府分析人员选取"城际公路客运"作为代表性的旅行方式，尽管旅行者未必以某一个城市为出发地或目的地。表 8—1 显示的是在旅行次数和行程数（来回行程至少为 50 英里）上乘客数量的近期数据。[①]

表 8—1　　　2001 年美国的长距离旅行（按旅行方式划分）

方式	旅行人数（百万）	英里数（百万）
个人汽车	2 336.1	760 325
飞机	193.3	557 609
城际汽车	22.9	9 945
随团或包租汽车	32.5	17 136
铁路	21.1	10 546
其他未报告的	11.2	5 251
总计	2 617.1	1 360 813

　　数据来源：U. S. Department of Transportation（2005），Table F－1。

---

① TIA（2007）provides similar data on modal choices.

正如我们直接看到，90% 旅行者选择通过私家车，主要是汽车和轻型卡车（皮卡和多用途运动车 SUV）的方式出行。然而相比之下，乘坐汽车出行的平均行程的距离则较少，因此，从个人英里数来看乘坐汽车旅行所占比例则不占主导地位，只占 56% 的英里数，旅行者长途旅行时采用航空的旅行方式，因此，乘飞机旅行虽然只占 7.4% 的旅行次数，但是却接近汽车旅行的里程了。

在美国，城际汽运、旅行团和租车（一直被认为是巴士服务）落后于其他模式的服务，仅仅占总数的 2%，美国铁路旅行方式，以 1% 落后于其他方式，其中的一个原因是额外机动车乘客的边际成本非常低，更多家用者选择汽车作为出行方式，因为旅行的规模逐渐变大，航空旅行和汽车旅行数量增长的同时也对旅行者收入的增长提供了更高的要求，相对而言，火车出行方式和大巴出行方式则成为"低档商品"，意味着在美国，随着人们收入的增加对巴士和火车的需求也逐渐降低（莫里森，温斯顿，1985）。

美国旅行者选择的出行方式已经发生了变化，表 8—2 表明美国近几年出行方式的发展变化。这些数字除去了美国火车公司远距离通勤者，但是该表格包含当地公共汽车运输、当地车以及当地轻型卡车。

表 8—2　　　　　1994—2004 年客运英里数（按旅行方式划分）

年份	国内航空	乘用小汽车	轻型卡车	公共汽车	美国铁路客运公司
2004	556 690	2 693 872	1 758 542	140 716	5 511
2003	505 159	2 641 885	1 706 103	143 801	5 680
2002	482 310	2 620 389	1 674 792	145 124	5 468
2001	486 506	2 556 481	1 678 853	150 042	5 559
2000	516 129	2 544 457	1 467 664	160 919	5 498
1999	488 357	2 494 870	1 432 625	162 445	5 330
1998	463 262	2 463 828	1 380 557	148 558	5 304
1997	450 612	2 389 065	1 352 675	145 060	5 166
1996	434 652	2 337 068	1 298 299	139 136	5 050
1995	403 888	2 286 887	1 256 146	136 104	5 545
1994	388 399	2 249 742	1 269 292	135 871	5 921

数据来源：U. S. Department of Transportation (2005)，Table B - 2。

从该表可以看出，美国国内出行方式有汽车，轻型卡车（包括多用途运动车）并且航空作为出行方式在逐年增加，2001 年后，受到重挫的航空业逐渐恢复原状，在此期间，航空里程增加了 40%，汽车客运里程增加了 26%，然而巴士和火车客运里程只是稳步提升。

8.2　自驾游

在美国和其他国家，汽车运输变得愈发重要。2004 年，家用和商用汽车拥有量超过 13.6 亿，驾驶里程共 2.7 万亿英里，大多数人驾驶汽车出行的目的不是为了旅行，而是为了上下班、购物或者行驶于家里周边地区。[①] 但是如表 8—1 所示，美国人使用汽车的目的是为了长途旅行。然而在我们眼中则认为，对于旅行来说，路程有几百米时，汽车是主要交通工具。只有长距离旅行时，才选择航空旅行。对大多数中短途旅行来说，如 100 ~ 400 英里，还有一些不同的旅行方式——汽车、巴士和火车，各自相互竞争。

在长短途之间，汽车出行，相对比其他出行方式，已经变得愈发重要，其中的一个原因可能是价格原因，尤其是在 3 ~ 5 人之间，如果其中的一个旅行者已经决定乘车出行，其他人就没有必要再付费了，这是其他的出行方式不能比拟的，因为如果选择其他出行方式，其他人都必须付费，即使是一个旅行者，独自开车出行也会用最少的花费。对于汽车这种出行方式来说，另一个明显的优势就是到达目的地后，旅行者不用再租车出行，并且乘车出行的人不用忍受乘坐飞机、巴士等附加的延误时间和不舒服感。

更为有趣的是，莫里森和温斯顿（1985，pp. 224 – 225）发现度假旅行者不认为花费时间驾车到达目的地是更大的花费，换言之，度假旅行者忽视了用于驾车所花费的时间，把这种忽视归结于驾车的乐趣，总而言之，莫里森和温斯顿发现在旅途中花费的时间和其他方式花费的时间相同，正如旅行者每小时的工资。

8.3 乘汽车旅游

这里暂时不涉及两个概念——轻轨和校车。因为在当地出行，这两种方式不算是旅行方式。有两种巴士旅行服务，分别是预订的长途客车和客车（旅游巴士和专用游览车）服务。

在美国，灰狗巴士是莱德劳股份有限公司的子公司，是目前迄今为止最大的城际客车火车服务运营商，并且是唯一全国性的运营商。1987 年，灰狗巴士收购了小路汽车系统——另一个全国性的客车公司。2006 年，灰狗巴士服务营业收入额达到 12.44 亿美元（莱德劳股份有限公司，2007a），灰狗巴士与客车和区域性的城际客车、飞机、火车进行激烈的竞争。

2007 年伊始，莱德劳公布被英国运输公司收购，第一集团公司是基于英国提供城际间的客车服务，在英国和世界其他国家起着重要的作用，该集团还附加其他运输服务。除了第一集团，还有阿利达、前进集团（Go – ahead Group）、国家快运集团、公共马车集团，这些公司集团在英国和欧洲其他国家、加拿大其他地方、美国某些地区（和英国铁路客运相结合），经营当地巴士、租赁巴士、城际公交车。

大型客车公司经常对组织机构，如学校或者类似机构提供服务。在其他情况下，提供了到达目的地的观光服务，如华盛顿，或个人、小规模团体的热门

---

① U. S. Department of Transportation (2006), Table 1 – 11, 1 – 37.

旅游目的地运输，如亚特兰大、新泽西、布兰森、密苏里州，提供到酒店、机场、旅游胜地的接送服务以及会议、体育赛事、其他活动的承办服务。

　　美国大型客车公司是由约 4 000 个局部地区公司或当地小公司组成。一部分客车公司已具有一定规模，其中最大的客车公司运营商是"全美长途汽车"。2006 年在美国运营接近 2 500 辆客车，该公司还隶属于"加拿大长途汽车"，并且运营其他 500 辆大型客车。全美长途汽车是英国公共马车集团的子公司。西雅图的格雷线和阿拉斯加的格雷线，同属于荷美航运威士旅游股份有限公司，是美国两大客车运营商。许多客车服务提供商隶属于格雷线国际授权加盟旅行社，该旅行社是享誉世界的客车旅行观光公司。格雷线的 123 家独立运营公司拥有约 10 亿美元的年销售量，每年接待约 2 500 万次游人。[①] 美国运输部管理巴士的安全和大型客车的运营，包括驾驶员的资格审查、车辆的整体设备情况的监督和各州间的客流运行的监察。[②]

8.4　乘火车旅游

　　1840 年后，铁路已经在旅游出行方式的历史中占据了不可动摇的地位，然而近几十年铁路运输的重要性却在逐年下降。在欧洲和日本，城际间的乘客服务依旧起着不可忽视的作用，但是在美国，它的作用则愈发微弱。然而，美国旅行者一般继续使用火车作为通勤方式，或者在某种情况下作为旅行方式。

　　在美国，最重要的列车运营商是美国国家铁路公司。（阿拉斯加列车服务提供给阿拉斯加地区）。第二次世界大战后，乘坐火车出行的乘客数量持续下降，因为汽车和航空为远行的出游者提供了日渐改善的更多选择，况且人们的收入增加也使得人们乘坐火车的需求减少。到了 1970 年，美国客运铁路服务出现了财政问题，导致了企业合并。通过 1970 年的铁路客运法案，成立新的国家铁路客运公司。这个全新的公司至今仍在运营，并且以美国火车公司而闻名。国会建立美国铁路公司的目的是整合美国铁路客运服务，以建立一个单一的盈利的私有公司。

　　然而，国会计划意在使美国铁路公司通过运营来盈利，但公司却从未做到。美国火车公司持续亏损并且每年需要庞大数目的金额补贴，近来每年从联邦政府和一些州政府得到 10 亿美元的补贴，自从 1971 年创立，美国火车公司得到 300 亿美元的联邦政府补贴，表 8—3 显示出近几年联邦政府对美国火车公司的补贴，包括资金补贴和运营补贴。

　　随着美国火车公司改革和 1998 年的责任法案的颁布，国会决定美国火车公司不再是政府管理下的公司，并且在 2002 年从收入中取得运营经费。但是美国火车公司没有实现这个目标，并且近来一直在调整运行方式，尽全力赚得足够的收入使得收支平衡。

---

①　Gray Line Worldwide（2007）.
②　U. S. Department of Transportation（2007）.

表8—3 每年美国联邦铁路基金（资本＋运营费用）

年份	补贴（百万美元）
2005	1 203
2004	1 215
2003	1 043
2002	832
2001	520
2000	571
1999	1 701
1998	1 686
1997	843
1996	750
1995	972
1994	909
1993	891
1992	856
1991	815
1990	629
1971—1989	12 731

数据来源：Federal Railroad Administration（2007）。

如表8—4所示，近几年，美国火车公司乘客服务在逐年增长，美国火车公司管理乘客服务有两种方式：一是提供在自有的14条铁路线上的长距离服务；二是在27条铁路干道、人口稠密的地区，提供短距离的"车厢走廊"的相关服务。最繁忙的旅游走廊是东北走廊，它连接着首都华盛顿和波士顿，同时为巴尔的摩、费城和纽约提供服务。其他的走廊连接着纽约市和布法罗、费城和哈里斯堡、圣地亚哥和圣路易斯欧比斯普、加利福尼亚（通过洛杉矶连接）和尤金以及温哥华。

表8—4 Amstrak 的付费乘客数量

年份	乘客数（千名）
2005	25 076
2004	25 215
2003	24 595
2002	23 269
2001	23 444
2000	22 985
1999	21 544
1998	21 248
1997	20 200
1996	19 700
1995	20 349

数据来源：U. S. Department of Transportation（2005），Table H－2。

联邦政府继续对美国火车公司进行补贴，但是该公司却一直管理不善，不盈利的路线是争论的焦点。批判者认为应该关闭该公司亏损的运营部门，而不是继续让纳税人补贴，支持者们认为美国火车公司提供了需要的运输服务，理应继续得到纳税者的支持。

一些有效经济论点认为应该向有计划的运输服务提供补贴，如美国火车公司。其中最重要的规模经济在预订的铁路客运服务中卓有成效。生产过程是规模经济，随着运量的增加，每单位的生产成本降低，因为每增加一个乘客，将减少设备的平均运营成本。更为重要的是，乘客将花费更多的成本往返于车站去完成预订的铁路服务——在车站候车及换乘的时间。通过所增加乘客的频繁服务需求和当地更多的服务来降低以上这些成本。[①]

这些因素能使预计火车乘客的边际成本低于平均成本，随着乘客数量的增加，平均成本逐渐降低。大体来说，要达到社会最优，价格必须等同于它的边际成本。然而当规模经济出现的时候，边际成本的价格不会允许公司收回成本。图 8—1 显示了这个情况。

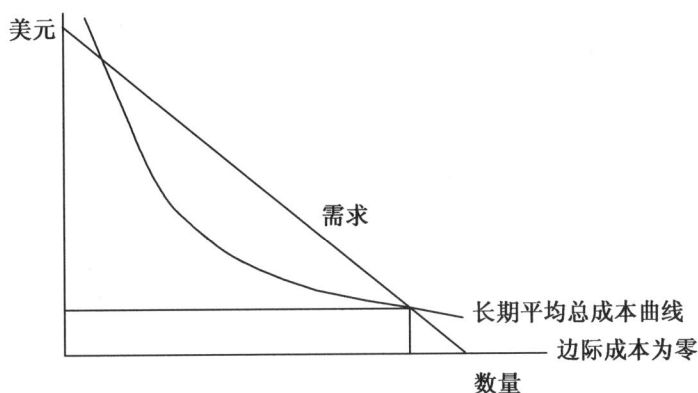

图8—1　乘客预订的铁路运输中的规模经济

假设一个略微极端的例子，铁路能够接纳不计其数的乘客，只要支付固定成本、铁路设备维护成本和人力成本。在这个例子中总成本是固定的，边际成本为零，平均成本随着乘客的增加而减少。假设铁路收费价格只是仅仅保证收支平衡，那么市场需求曲线穿越长期平均总成本曲线（LRATC）。而一些潜在的乘客不愿支付这个价格，则不会乘火车，即使他们的乘坐对铁路的成本毫无影响。这不是社会最优，因为价格超过了边际成本，一些顾客不愿支付相当于边际成本或者更多的费用，将停止使用这项服务。

在这种情况下，通过纳税人支付固定成本的补贴服务将对社会有用。更普遍的是，对纳税人来说，补贴乘客铁路服务提供者以使得他们收取低于平均成本的价格是更有效率的，包括投入资本的回报。这一结果取决于两个重要注意事项。第一，需要认识到税务造成的扭曲可能超过了补贴。或许更重要的是，

① 　Mohring（1972）；Small（2007），pp. 20–21.

这个论点依赖于假设获得补贴的公司会明智地将补贴用在乘客的利益上。但是，公司却把大部分钱用在额外的成本上。[1]

在运输系统中，类似的扭曲也发生在其他的运行方式上。如公路交通阻塞（驾驶员忘记支付某些驾驶费用）或者燃油税，都能证明预计的客运铁路服务补贴是正确的。如果价格在其他地方不等于边际成本，那么在客运铁路中也可以将价格偏离出边际成本以达到社会最优。

英国的客运铁路

1940 年，英国将铁路系统国有化，由英国铁路公司统一管理，使得资助体系对公众负责。但是对服务质量、成本和高额公共补贴的不满导致了 1990 年铁路系统的私有化。轨道和其他设备的基础设施拥有权已经移交给铁路公司和网络铁路。网络铁路的收入来自于从铁路服务供应商征收的钱和政府补贴。铁路运输管制办公室对其收入进行监督管理，政府的战略铁路局将运营火车的权利和提供乘客服务的权利给予了私有公司。投标并且中标的公司将有 7 年的火车经营专有权。（2007 年，24 家铁路运营公司，其中包括第一大西部铁路、维珍火车公司、西南火车公司。）中标公司为该区提供服务，可选择获取最低的政府资助或者是给予政府最高的支付款。火车公司的运营者可从"铁道车辆公司"租引擎和轨道车，该公司系统复杂，从各种各样的公共和私有实体中划分责权，要求大量公共补贴，2004 年总计 70 亿美元。[2]

2004 至 2007 年间，英国再次重组乘客和货物铁路运输服务的分支系统。重组使集中监督规定过程给予政府更多的控制决策。权利的交接从战略铁路局到交通部，并且铁路运输管制办公室监督管理铁路的安全状况。[3]

足够的运输密度才会使得补贴有意义。一些客流量少的路线，给一些补贴是有必要的，否则每个乘客的花费就会非常大。美国火车公司的某些线路的客流量是非常少的。2000 年，美国火车公司每天平均有 70 或者更少的乘客乘坐火车。[4] 美国政府审计署估计在 2005 年，美国火车公司在长距离路途平均经营的亏损使得每个乘客的票价为 154 美元。[5] 这可能是因为在这些情况下，乘客可能选择更加低廉的出行方式，如城际巴士、大型客车或者飞机。根据 1977 年的数据，莫里森（1990）发现补贴对于客运稠密地区的城际客运是非常有利的，如东北走廊，但是对于客运稀少地区或者长途线路的意义则不是很明显。

[1] Small（2007），p. 23.
[2] Department for Transport（2004），pp. 12 – 16，26；National Rail Enquiries（2007）.
[3] Department for Transport（2004），p. 57；Department for Transport（2007），pp. 88 – 94.
[4] Congressional Budget Office（2003），p. 19.
[5] U. S. Government Accountability Office（2006），p. 24.

8.5 租车

■ 8.5.1 产业结构

汽车租赁产业是庞大而繁杂的,因为在旅行行业的其他领域中是无法找到类似的产业可与之相媲美的。汽车租赁行业的收入超过美国国家收入的一半,而在欧洲则是剩余收入的来源。2006 年,美国汽车租赁行业的收入约 200 亿美元,欧洲的汽车租赁行业的收入则是 125 亿美元。[①] 美国最大的汽车租赁公司同时在加拿大、澳大利亚、新西兰和世界的其他地方运营。

表 8—5 显示 2006 年美国的几家最大的公司、它们的品牌和一些经营信息。

表 8—5 Amstrak 的付费乘客

公司	品牌	服务车辆 (2006 年平均)	营业收入 (10 亿美元)
Enterprise Rent-A-Car	Enterprise	630 066	7.0
Avis Budget Group	Avis;Budget	325 000	4.18
Hertz	Hertz	290 000	3.9
Vanguard	Alamo;National	208 400	2.14
Dollar Thrifty Automotive Group	Dollar;Thrifty	85 000	1.53

数据来源:Auto Rental News (2007)。

汽车租赁提供了一个寡头垄断行业结构的良好例子,因为主要是一些大公司占主导地位。当然也有些小的地区或者当地的汽车租赁公司。2006 年,在美国有五大汽车租赁公司,并且掌控八大主要品牌。(2007 年早期,企业租车公司同意收购先锋。)

■ 8.5.2 运作方式

首先,运营汽车租赁公司选择要操作的市场细分区。在这个行业里,主要有三个细分市场:商业、休闲、保险更换。最大的汽车租赁行业是由商务旅客在机场挑选租车,许多度假旅客也是在机场挑选租车,因此机场租车量在租车总量占了很大的比重,对大型汽车租赁公司来说大概占有超过70% 。许多度假旅客在郊区选择租车以补充或者代替自己的私家车。如果出现意外事故或者偷窃事件,人们买了个人汽车保险,则可以降低损失,所以保险替换市场应运而生。

已经选择了想要运营市场的细分区域,下一步就是选择地点,通常有三种选择。租车地点一般都会是机场、市中心位置、郊区。选择位置是最重要的,因为要考虑到租客的供给和需求,特别是大多数公司的消费者需要在机场租车。对供应方来说,得到机场位置的成本是相当高的。如果想要在机场拥有比较好

[①] Hertz (2007), p. 5.

的位置，机场集团对汽车租赁公司会收取高额的费用。会有单位收费和占收入的百分比。市中心位置同样是高昂的价格，相比之下，郊区的位置则相对低廉些。

许多大型的汽车租赁公司已经开始转变原有的收入方式，在传统领域之外开拓新的运营领域。许多年前，企业租车公司在郊区专门经营保险替换市场。其他的大型汽车租赁公司则关注于在机场的商务和度假租车行业。但是近年来，企业租车公司的运营范围也开始拓展到机场租车，然而，赫兹公司和其他公司同时将其业务拓展到郊区的保险替换市场领域。

随着市场的细分和设施的维护，汽车租赁公司将更多的资金用于购买汽车。汽车公司从运营商手中融资或者是在资本市场上借入资金来购买汽车。汽车租赁公司主要从制造商中购买新车。根据回购的安排，公司购买大部分的租赁汽车，也就是说，汽车租赁公司购买这些车，可以拥有数月的拥有权和使用权，然后可以用预订的价格再卖回给制造商，该价格受到汽车的使用时间和损坏程度的影响。汽车租赁行业指的是计划车。另一种是汽车租赁公司买车的时候，没有回购协议，这被称为非计划车或者是风险车，因为汽车租赁公司有一个未知的风险，因为无法估计在未来出售这些车时，赚得的利润是多少。最近，美国汽车制造业决定减少依赖"大宗销售"。对汽车租赁公司来说，和从前相比，在未来，他们将会得到更大数量的风险车。

汽车租赁公司通常拥有汽车的时间大概是4个月到12个月，或者通过回购协议出售，或者通过大型批发市场售出二手车，或者通过自己运营的零售二手车公司售出。对于大型公司来说，汽车的购买和销售运营是一个相当大的规模。如2006年，艾维斯预算集团出售大概445 000量汽车，其中88%是计划车。[①]

汽车租赁公司通过媒体广告和自己的销售人员，通过酒店和航空公司的合作协议，通过旅行社的合作协议来促销其服务。他们还通过保持重要客户的忠诚计划来吸引老顾客并为其服务。网上销售是一个庞大和快速增长的汽车租赁订购的源泉。2006年，赫兹报告中提到预订来源的分配如下:[②]

旅行社　　　　34%
电话预订　　　30%
赫兹网站　　　25%
第三方网站　　7%
当地预订来源　4%

汽车租赁公司赚得的大部分收入来自于汽车租赁，但是还有相当一大部分收入来自于出售盗窃及损坏免责险，类似于保险和保护汽车租赁者免遭受责任的赔偿保险，以免租赁的汽车发生意外事故或被盗窃。2006年，艾维斯预算集团从出售盗窃及损坏免责险中赚得总收入的4%。[③] 汽车租赁公司还通过出售汽油和出租设备，如婴儿座位、雪橇架和移动电话盈利。

大多数汽车租赁公司既拥有公司的运营位置，也有在特许经营或授权协议

①　Avis Budget Group, Inc. (2007), p. 11.
②　Hertz Corporation (2007), p. 13.
③　Avis Budget Group, Inc. (2007), pp. 14-15.

通过独立的实体拥有和运营位置。一般来说，专营位置比公司拥有的位置要小。特许经营人有权使用公司的品牌，有权访问它的预订系统。2006 年期间，特许经营人运营约戴维斯预算公司一半的经营场所，该公司收取特许经营费约为总租金收入的 5% ~ 7%。① 随着特许经营在其他行业的兴起，汽车租赁行业同样也要符合公司创立的操作标准。

随着时间的变化，汽车租赁的需求变化异常明显。需求因季节性而变化，隆冬时节对汽车的租赁需求达到最低点，在盛夏时节对汽车的租赁需求达到最高点。汽车的租赁需求也随着经济周期的变化而变化，当就业率高、业务产量高时，那么汽车租赁的需求则高；当经济周期运行到低谷时，对汽车租赁的需求则非常低。汽车租赁的周期性需求非常接近于航空旅行的周期性需求，所以在机场周围设置租车位置也就不足为奇了。因为星期的不同也会影响到汽车租赁需求的变化，在周末商务需求会变得减少，但是在每周的工作时间商务需求则会增加。汽车租赁公司至少有两个应对这个周期变化的方法。每年大型的汽车租赁公司购买和出售数以千计的汽车，他们象征性地保存这些车，时间不超过一年。这就意味着，不像航空公司和酒店，汽车租赁公司每年能够不同程度地降低成本。汽车租赁公司在夏季大量购置新车，在冬季则出售汽车以减少容量。

第二个方法解决周期性的变化则是高峰定价和低谷定价，在低谷时期降低汽车租赁的价格，在高峰时期则提高汽车租赁的价格。和以上所说的短期能力管理不同，高峰定价和低谷定价不仅在汽车租赁行业可用，也同样适用于航空、酒店和其他旅行和旅游服务供应商。

高峰期定价和低谷期定价：在低谷时期有系统地降低价格，然后在高峰期提高价格。

我们可以从图 8—2 中简单看到高峰期和低谷期的价格变化。

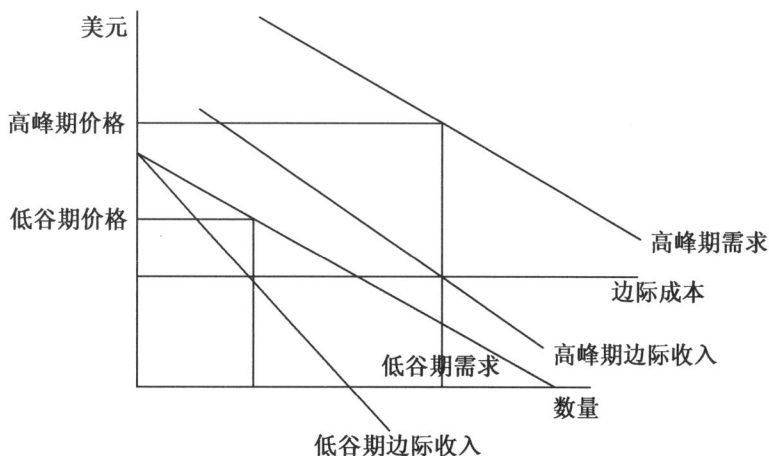

图 8—2　高峰期/低谷期的定价

我们在高峰期能看到更大的需求和边际收入，而在低谷期需求和边际收入

①　Avis Budget Group, Inc. （2007），p. 7.

则较小。为了简便起见，我们假设边际成本不变。在高峰期和低谷期，公司在边际收入和边际成本相等的时候，通过产品的产出使得利益最大化。这个过程决定了高峰期和低谷期的价格，如图8—2所示。在低谷期的最优价格比起在高峰期的最优价格低，并且在低谷期公司售出的产品数量也要少于高峰期。汽车租赁公司在某些地区需求高峰的时候，通过向工作周中商务旅行者提供周末低利率来执行高峰期价格或者低谷期价格。

8.6 小结

从出发地到目的地，旅行者选择不同的出行方式。美国公路上，人们选择个人用车辆是最重要的交通方式（小轿车、摩托车、轻型卡车）。定期的航班服务也是极为重要的，特别是长途旅行。对于中等长度的旅行，在多数情况下，旅行者可选择乘坐汽车、火车、巴士。

在美国，灰狗巴士提供定期的城际客车服务，大多数大型客车运营者提供观光车和专用游览车服务。这些服务在旅行过程中占据了2%。铁路旅行在欧洲为旅行者提供了一种重要的出行方式，但在美国铁路只占一小部分。美国火车公司提供了不到1%的旅行行程。

汽车租赁公司向游客和其他顾客提供重要服务，主要是在机场提供租车服务。这些公司和航空公司不同于邮轮公司在于它们每年要用一大部分资金购买和出售股票。也就是说，他们拥有一般不超过一年的租赁汽车，但是要求其他大型公司每年出售和购买数以千计的汽车。这种汽车购买和出售流量能够让公司调节股票以适应季节性的顾客需求。汽车租赁公司面对周期性需求时，用高峰期和低谷期价格来获得最大利润。

第9章

住宿和餐饮

学习目的

- 了解酒店业的活动构成
- 了解酒店业如何创造客户价值
- 了解酒店业的构成
- 理解住宿需求
- 理解酒店市场的细分
- 了解酒店地产市场如何运作
- 理解酒店运营
- 了解酒店业的特许经营
- 理解酒店服务的定价
- 了解分析酒店行业的竞争概况
- 熟悉餐饮业的基本结构和运营状况
- 了解餐饮业使用菜单捆绑来增加利润

9.1　概要

　　酒店业是由许多活动和业务组成，这些可以同时或者不同时进行操作，该行业涵盖住宿、饮食服务（包括餐馆、公共饮食业和合约食品服务、饮料调配服务、酒吧、度假胜地、会议、活动、某一职业或政党召开的大会）、娱乐场所、文娱节目和其他行业，在旅游业中能包含以上服务的还有邮轮业，该产业将会在第10章进行论述。

　　然而，全方位的酒店业是一个过于宽泛的主题，这里无法将其全部涵盖。因此，本章将主要着眼于酒店住宿，略述餐饮服务。我们在第13章将着重探讨娱乐业。

　　该产业向离开家或者公司的人提供商务和休闲服务，该产业包括住宿、饮食服务、饮料调配服务、酒吧、度假胜地、娱乐场所、娱乐活动、各种会议服务。

9.2　住宿

　　酒店企业通过为客人提供短期在外的类似住家的服务而创造价值，地点可以是在酒店、汽车旅馆、国际公寓、露营场所、旅游胜地和其他的膳宿。

　　美国酒店产业是非常庞大的，占据旅游业中最大的一部分，类似美国航空产业的规模，计数房产一般有 15 个或大于 15 个物业房，2005 年该行业经营 4.8 万个物业，包括总数超过 440 万间客房，该行业的总收入是 1 227 亿美元，税前利润是 226 亿美元。[①] 2003 年平均每周，美国住宿产业入住客房达到 260 万间，平均每周五、周六，该行业的入住客房达到 290 万间。[②]

9.3 住宿需求

　　住宿需求是由两个主要类型的顾客组成的——商务顾客和休闲顾客。在美国，顾客的类型可根据对房间的需求来分类。2005 年，商务顾客的百分比为 52%，休闲顾客的百分比为 48%。[③] 住宿需求是在工作周的时候客人较多，周末时客人较少，但是休闲需求则是相反的。总的说来，包括商务需求和休闲需求，星期日的住宿率最低，星期五和星期六的住宿率最高。[④] 美国的第一季度是商业型和休闲型对住宿需求最低的季节，住宿的休闲需求则是在夏季时特别旺盛。

　　住宿需求的变化是和经济是否景气相关联的。如果国内生产总值和收入高，围绕商业周期的高峰，那么商务出行和休闲出行的需求随之也会增多；当国内生产总值增长时，可预知对住宿的需求也同时上升。定义住宿需求的收入弹性是住宿需求的百分比变化除以收入的百分比变化，惠顿和罗索夫（1996）已经调查人们的收入对美国酒店客房的影响了，使用国内生产总值衡量国民收入，他们发现收入弹性对酒店房间的需求为 1.8。[⑤]

　　顾客对住宿的价格是非常敏感的，我们通过需求价格弹性来衡量这种敏感性，房屋租住需求价格弹性和任何商品及服务一样，我们将其定义为"住宿需求总量变化百分比除以价格变化百分比"。惠顿和罗索夫（1996）估计价格弹性对于美国酒店产业为 -0.48. 汉森（2000）用美国 1987 至 1999 年的数据，衡量对酒店产业的各部分的需求价格弹性。他细分为"奢华类、高档类、中档层次的食物和饮料类、中档层次不包含食物和饮料类、经济类"。汉森统计发现重要的价格弹性——奢华类需求为 -0.6,中档层次的食物和饮料类的需求为 -0.9,中档层次不包含食物和饮料类的需求为 -0.8。对其他两类，估计需求的价格弹性则略微少些，但是在数据统计上并不明显。因此，在美国酒店业的需求似乎是缺乏价格弹性的。使用汉森的数据结果得出了一个价格弹性约为 -0.8。这意味着酒店业的价格每增加 1%，对酒店的需求则会减少 0.8%。因此，价格上的增长将增加整个酒店客房的总收入。具有垄断力量的酒店业则会提高价格来增加收入，因此，缺乏价格弹性表示美国酒店业的竞争压力使得价格保持在垄断水平之下。

---

① American Hotel & Loding Association（2006），p. 1.
② FelCor Loding Trust（2004），p. 3.
③ American Hotel & Loding Association（2006），p. 4.
④ Lomanno（2004）.
⑤ Wheaton and Rossoff（1996），p. 73.

9.4 酒店供应包含三项业务

酒店业在三项业务中内履行一个职能或者多个职能并用：（1）拥有财产或者不动产，（2）酒店经营管理，（3）特许经营品牌的酒店。在这方面，酒店业和旅游、观光是不相同的。比如，大多数航空公司是在自己的品牌下拥有、租赁和运营自己的飞机。汽车租赁公司和邮轮是相似的，提供服务给顾客，拥有股本和品牌名称，尽管当地汽车租赁业的运营是拥有专营权的。但是酒店业不同，对于典型的酒店来说，酒店的所有权、经营权和品牌管理权是由三个没有相互从属关系的公司来管理的。回顾第1章中科斯的解释，即在任何产业中，我们期望公司用最低成本对其产业进行运营。显然，在酒店产业中，仅有薄弱成本或者是不存在成本的财产拥有权和财产管理权，特许品牌才能在一家公司内执行。[①]

梅思达酒店企业是私人股权公司，2006年被黑石集团收购，正为我们提供了一个分开执行三个功能的最好例子。拥有酒店，但是却没有管理酒店。洲际酒店和度假酒店，是一家独立的公司，管理梅思达酒店。此外，梅思达酒店像万豪酒店一样拥有自己旗下的酒店。

万豪酒店是首屈一指的国际酒店，1998年3月，万豪公司被划分为两个独立的公司——万豪国际集团和万豪服务公司。（万豪服务公司于2006年更名为住宿酒店集团。）与此同时，旧万豪公司彻底结合酒店管理公司，通过自己的品牌名字拥有和管理酒店，分裂的财产所有权由住宿酒店集团负责，品牌专营权和管理权则是由万豪国际集团负责。对财产所有权、酒店运营权和品牌管理权分离的例子，还有很多。

9.5 房地产或者财产所有权

财产所有权是房地产住宿业的一部分，也就是说，某个人或者某个组织拥有酒店物业。所以，如果某公司名下的建筑并没有显示在该建筑上，那么谁会拥有它呢？普遍看来，财产的所有权在酒店业中是非常支离破碎的，是由大多数公众管理的公司、私营公司和拥有酒店业务的伙伴公司管理的。有许多可能性，其中的一个被称为高净值个人拥有的财产。例如，2004年，迈克尔·戴尔私人投资公司在夏威夷买了四个季度度假村，这里MSD代表迈克尔·戴尔、戴尔电脑公司总裁和电脑制造者。许多高净值的个人在酒店业上进行投资。

■ 9.5.1 房地产投资信托基金

财产所有权最有趣和最重要的形式之一是由房地产投资信托基金展现的。房地产信托基金（REIT）主要业务是取得联邦所得税的实质性好处。房地产信托基金最初是不能通过管理酒店来盈利的，尽管近来有条例允许其附属机构来

---

① Coase（1937）.

管理公司。房地产投资信托基金能够通过把酒店物业租赁给其他公司赚取租金收入。想要成为房地产投资信托基金的公司必须具有其房地产资产份额的75%，并且付出95%的应纳所得税作为股东的股息。此外，房地产信托基金必须拥有至少100位物主，通过股份转让的形式代表他们的所有权。房地产投资信托基金的股票在交易所进行交易，包括纽约证券交易所。还有许多的其他限制来衡量一个公司是否适合做房地产投资信托基金公司，一旦一个公司有资格成为房地产投资信托基金公司，则不必缴联邦所得税。更确切地说，收入给予股东，连同其他收入征税，比如，当股东是个人时，作为个人所得收入增加税收的益处，鼓励房地产投资信托基金的投资增长——投资不会招致大多数美国公司面对的企业所得税。大多数公司用收入支付个人所得税，股东支付个人所得税是通过该公司给予的股息。房地产投资信托基金避免了双重课税，因为他们不缴纳企业所得税。

因此，房地产投资信托基金的概念是非常简单的，就是公司的运营目的是为了自己的房地产和股票能够被购买和出售。房地产信托基金聘请管理公司管理酒店，因此，公司不必拥有很成熟的管理酒店的知识能力。房地产投资信托基金允许个人和各类机构投资者，如养老金计划和大学捐赠基金，使得酒店产业的所有权多样化，并且可以不熟知任何有关酒店管理的知识。在酒店房地产投资信托基金中也存在一些变体，如酒店管理是如何进行的。2001年，国会通过房地产信托基金现代化法案，允许房地产投资信贷拥有应税的子公司，自己可以管理酒店，一些房地产投资信托则利用了此次机会，如费尔科寄宿信托公司。另一方面，拥有公司管理的酒店拥有品牌名，包括希尔顿酒店和喜达屋酒店。

1990年期间，美国的酒店投资信托基金迅速增长。[1] 截至2000年3月，万豪服务集团拥有122间酒店，含有5.8万个客房。2003年底，梅思达公司拥有92间酒店、近2.5万间客房。服务信托则是房地产投资信托的另一表现。

■ 9.5.2 综合酒店运营公司

一些大酒店运营公司也拥有自己的酒店。如希尔顿集团和喜达屋酒店则是综合类运营酒店的代表，他们旗下也拥有自己的酒店，管理自己的酒店和拥有特许经营酒店的品牌。2003年末，喜达屋酒店拥有或者租赁140间奢华和高档的全方位服务酒店，还有由其他公司负责管理的286间酒店，并且从312家酒店中获得特许经营酒店的品牌费。喜达屋的品牌名包含喜来登酒店、威斯汀酒店、圣·瑞吉斯酒店和其他品牌。

公司运营酒店品牌没有必要通过拥有酒店物业来增加利润。[2] 因此，在顾客眼中酒店企业的品牌名称是非常重要的，也就是说酒店名称代表了它所拥有的价值，如万豪国际酒店和希尔顿酒店，特许品牌的拥有者能够不用投资的方式来赢得利润。酒店物业是一个资本密集型的行业，综合酒店运营公司想要增加

① McKay (2002), p.6.
② McKay (2002), p.9.

回报就需要通过在其他用途上仔细分配资金。大体来说，综合酒店运营公司想要扩展通过增加管理合约和特许经营合同而不是通过扩大产业的所有权。[①] 喜达屋集团曾经要扩展成为管理者，因为为数不多的资本要承担其主要业务。[②]

■ 9.5.3　私有股权和金融机构投资者

私募股票基金在美国和世界其他各地也可以拥有酒店，这些公司通过从富人、金融机构投资者和其他人中募集资金并私下购买资产，也就是说，不适用于在交易所购买上市股票。黑石集团则是其中最大型最知名的企业之一，它的有限合伙实质是管理私有股票和房地产基金。2007 年黑石集团在纽约证券交易所上市。自 1992 年以来，黑石集团筹集了几十亿美元给予房地产基金，其中的一些钱分配给了购买酒店物业。一个突出的例子是黑石集团 2004 年收购延住酒店的全部股份，该酒店曾经是上市的酒店类公司。黑石集团在交易中支付了约为 31 亿美元，2007 年，黑石集团支付约 260 亿美元收购了希尔顿酒店集团。

最后，金融投资者，包含保险公司、养老保险公司和其他大型金融机构，可以直接拥有产业酒店，这是除了或者代替拥有房地产投资信托公司的份额可用于在证券交易所和相关私人股本的基金投资。

■ 9.5.4　购买或建造

有两种途径可以使得酒店房地产公司取得酒店资产——其一是购买现有财产、其二是建造新酒店。使用房地产信托基金和其他资金寻找现有酒店进行购买，经常寻求高品质的酒店能够给予稳定的投资回报。从另一方面说，一些购买者则寻求的是具有发展前景甚为可观的酒店，通过重新整修、重新命名、聘请新的管理团队以便赢得更多的利润。

一些购买和升级机会来自于现在的所有者资金不足。酒店资产需要大量的现有投资用于保持当前的领先和周期性的现代化。比如，在最近的一年，费尔科寄宿信托公司花费了超过总收入 7% 的资金用来修理和维护现有物业。[③] 如果所有者或者经营者跟不上不断发展的要求，他们的物业价值则会下降，那么我们就要创造机会进行改进、重新布置、增加高级特色客房。

另一个选择是通过建造新酒店来得到新物业。新的建设是由内部生产资金提供建造费用，或者从正在经营的酒店中获得建造费用，但是大多数新酒店的建设依赖于借贷资金和举债筹资。通常情况下，个人或者公司想要建造新酒店要拿出自己的资金，被称为股东权益，从银行得到总资产的 60% 或者 70% 的抵押贷款。如果在股东权益和抵押贷款中有差距，则由拥有者麦则恩投资来补齐差距。麦则恩投资是一种从金融机构的借贷方式，如保险公司，但是在违约或财产拥有者没有能够支付其所需支付的债务时，那么麦则恩投资将会还清仅仅第一次该偿还的抵押贷款。因此，借款人和借款人支付的高额利息会给麦则恩

①　Marriott International（2003），p. 10.
②　Starwood（2007a），p. 4.
③　FelCor（2004），pp. 6, 19.

投资带来高风险。

在酒店业的新建筑周期性非常明显。在过去的 50 年里，新建筑经历了繁荣与萧条交替循环，超过 10 年以上的长周期。设计和建造新酒店有许多方法，在决定建造酒店和开始运营酒店要经过很长一段时间，并且这段时间会带来问题，因为市场供给和需求随着决定的那一刻和运营酒店的那一刻的变化而变化。所以酒店业的特征就是长周期，一部分周期是繁荣时期，在此期间，现有酒店会赢得相当大的利润并且投资者计划修建新的酒店物业。随之而来的则是周期的萧条期，在此期间，酒店的需求相对较少，随着新酒店的运营，酒店的利润减少。

9.6 特许经营

众所周知的酒店企业，像餐厅，提供许多加盟连锁权给予其他人。特许经营是指在某个特定地点，某公司有权使用品牌名称出售产品和服务。特许经营人有权使用全国知名的品牌，通过传媒广告的支持和其他促销方法，使得特许经营人的经营前景更为乐观，运营更为成功。特许经营公司提供重要服务给予特许经营人，包括品牌推广、员工管理训练、酒店经营的重要建议——设计和建造酒店。最后，特许权拥有人经营集中预订系统帮助特许经营人、旅行社和客人进行交流。

特许经营人支付大笔费用在取得特许权拥有人的知名品牌和其他相关服务，特定任期公司与公司之间是不同的。大体来说，酒店偿付加盟费和继续收取版权费用，占酒店总客房收入的百分率是固定的。拿万豪国际酒店的例子来说，版权费用是房间收入的 4% 到 6%，在某些情况下，版权费用是食物和饮料收入的 2% 到 3%。[1] 特许经营人还要支付其他额外费用，如促销方案和计算机房间预订系统。费尔科住宿信贷公司公布了特许经营许可协议和华君酒店的品牌名需要房间收入的 4%，费尔科支付房间收入的另外 3.5% 作为市场营销和房间预订系统的花费。[2]

在欧洲酒店的所有权和经营权是家族或者相近的公司掌管的。其中一个最为重要和出名的例子为坐落于巴黎的"丽兹酒店"，它由凯撒·丽兹创立。欧洲酒店的名称大多数都是从家族或地点名称中取得的。但是这个传统近来由于其走向美国品牌模式获得国际知名品牌而有所变化。当然，丽兹，这个品牌本身就是一个著名品牌，涵盖了由万豪国际下属的丽斯卡尔顿酒店。不像欧洲，数十年间，美国大多数酒店在一个大品牌下经营自己的物业。表 9—1 显示出了美国房地产特许权拥有人和一些品牌名。

营销代表和市场营销协会在酒店业早期创立品牌名称时是非常重要的，这些营销公司通过联合营销活动和中央预订系统和独立的酒店互相联系。他们在全世界范围内经营，包含建立一些世界上最好的酒店。如费城的利顿豪斯酒店

① Marriott International (2007), pp. 4 – 5.
② FelCor (2007), p. 25.

是世界一流酒店组织的会员，在美国的圆石滩，孟菲斯的皮博迪酒店和爱尔兰的德摩兰德城堡酒店都是世界各大酒店和度假的首选。最大型和重要的经营者包含以下：

- 尤特
- 卑斯韦斯特酒店
- 世界顶级酒店组织
- 世界首选酒店和度假组织
- 庄园及城堡式酒店

表 9—1　　　　　　　　　　　美国部分主要酒店品牌

所有人：品牌	
Wyndham Worldwide	Marriott International
Wyndham	Marriott
Days Inn	Courtyard by Marriott
Howard Johnson	Fairfield Inn & Suites
Ramada	Ritz-Carlton
Super 8	Renaissance
InterContinental Hotel Group	Starwood Hotels and Resorts Worldwide
Holiday Inn	Sheraton
Inter Continental	Westin
Crowne Plaza	St. Regis
Choice HotelsInternationa. Inc	The Luury Collection
Clarion	Carlson Hotels Worldwide
Comfort Inn	Regent
Sleep Inn	Radisson
Quality Inn	Courtry Inn & Suites
Hilton Hotels Corporation	Accor North America
Hilton Motel 6	
Doubletree	
Conrad	
Embassy	
Hampton Inn	

数据来源：Company Web Sites and Annual Financial Reports。

9.7　运营管理

酒店业的第三个重要职能，也是作为客人能够接触到的，就是酒店的运营管理。酒店管理公司，在美国通常并不拥有自己所经营的酒店，他们的工作就是确保酒店能够正常运行而使客人满意。在某些例子中，比如，希尔顿作为一个综合管理公司，不但拥有希尔顿的品牌和自己的物业，而且实施管理。在另外的例子中，一个公司从别的公司获取品牌的特许经营权，从另外一个公司租赁酒店物业，然后负责酒店运营的管理。另一个选择则是物业的业主可以通过特许经营获取酒店品牌然后聘请管理公司来经营酒店。

酒店管理公司的日常工作就是接受预订、招呼客人、检查客房是否可以入住、提供客房送餐服务并处理客户付款等业务。当一家新酒店即将营业，酒店的经营者必须给各个岗位配备合适员工，并且必须长时间培训员工和管理员工的流动。劳动力通常是酒店业最高的单项成本。一般来说，一个提供全方位服务的酒店，每两间客房则会配备一名员工。

酒店主要经营范围如下：

● 行政（管理层、会计、人力资源）

● 销售（公司客户、团体、会议）

● 前台（宾客服务、礼宾）

● 客房

● 工程部（取暖设备、通风设备、空调设备、电梯）

● 保安

● 餐饮（仅全方位服务酒店拥有此项服务）

酒店管理包含物业的基本行政管理，在业内被称为"后台办公室"。这些重要的行政管理职能是客人看不到的，包含会计、人力资源管理、营销以及其他基本公司职能。后台办公室的一个重要职责则是夜审。每晚酒店的会计部门会重新计算每位客人的账单，如果客人要第二天退房，那么在傍晚前要把客人的账单送到客人房间里。

最能体现酒店经营的职能就是前台。前台负责接待新客人、搬运行李、解决客人的疑难问题和其他的客人服务问题。客房部负责打扫客房、铺床和诸如此类的工作。工程部是负责酒店经营的一些基本体力工作，包括电梯、取暖设备、通风设备、空调设备，合称 HVAC。酒店管理者必须重视酒店的安全保卫工作，大型的酒店都设有保安部。最后，酒店必须拥有营销人员，他们的任务是联系当地企业、旅行社、旅游机构、会议组织者或者其他组织机构，以便出售酒店客房和其他服务。

根据万豪国际酒店集团的统计，在美国有超过 600 家酒店管理公司，其中多数是私营，但是这其中有一些著名的上市公司，他们或是特许经营酒店或者是自己拥有酒店。[①] 下面列出一些知名的酒店管理公司：

● 希尔顿酒店集团

● 喜达屋全球酒店集团

● 万豪国际酒店集团

● 凯悦酒店集团

● 州际酒店集团（这个不是我们所说的洲际酒店，有区别）

● 克里斯兰酒店

● 科尔酒店集团

酒店业的促销方式跟旅游业常用的方式基本一样。酒店通过大众媒体做广

---

① Marriott International (2007), p. 12.

告，利用直接邮寄广告或者聘请销售人员向公司、团体、会议筹办者推销他们的服务。当旅行社预订许多酒店客房时，旅行社对于酒店的重要性远比不上旅行社对航空公司和邮轮公司那样重要。酒店也像航空公司一样，有自己的常客奖励计划。如，万豪国际酒店有"万豪礼赏"和"万豪里程"两个项目，为在万豪酒店住满足够时间的客人提供在万豪酒店免费住宿或者参与航空公司的免费旅行。其中，希尔顿酒店和喜达屋酒店，也有常客奖励计划，为那些在旗下众多酒店住满足够时间的客户提供奖励。

9.8 行业细分

　　酒店业是由许多细分市场构成的。酒店业最重要的划分方法之一就是按价格等级划分，至少可以分为四类，最上面一类是奢华酒店，客房每晚的价格约为250美元，在某些特殊情况，价格还要略微高一些；下面就是高档酒店，客房每晚的价格约为150美元或以上；再下面就是中档酒店，客房每晚的价格约为80美元或以上；最下面一类为经济类酒店，客房每晚价格通常低于80美元。另一种划分方法就是按有限服务或者全方位服务划分。全方位服务酒店内设餐厅，提供房间送餐服务和餐饮服务。全方位服务酒店有专职行李员为客人提供搬运行李的服务和代客泊车服务。有限服务酒店不设餐厅，或者只提供有限早餐服务或者不提供餐饮服务。有限服务酒店不设行李员，客人自己搬运行李和泊车。

　　我们也可从按酒店位置进行划分，可以划分为市中心、郊区、机场、公路、度假胜地。从这些分类名称就可以知道这些酒店。最后，还有一些专业类酒店包含会议酒店、全套房酒店、公寓酒店。会议酒店是非常大型的酒店，拥有许多客房和大量的会议设施，包含大型宴会厅和小型会议室。全套房酒店仅仅提供独立的卧室和独立的客厅，和标准房是有区别的。公寓酒店则是为了连续入住五晚以上的客人设计的，一般拥有厨房和其他设施。

　　各酒店公司很清楚自己准备服务领域。比如，喜达屋全球酒店集团主要为奢华和高档酒店市场服务。[①] 公司创立品牌就是创造不同细分市场的旅游者对于品牌的认知。例如，下面列出万豪国际酒店下属的品牌名称，不同品牌针对不同的细分市场。[②]

- 丽兹卡尔顿：奢华和高级酒店或度假酒店
- JW万豪：奢华和高级酒店或度假酒店
- 万豪：高档酒店、全服务酒店、度假酒店、会议中心
- 万丽：高档酒店、全服务酒店、度假酒店
- 万怡酒店：中档酒店、有限服务酒店，主要对商务客人
- 万豪春丘：中档酒店全套服务酒店
- 万豪居家：带有厨房的公寓套房
- 万豪汤普雷斯：中档酒店、带厨房的套房，针对商务和休闲客人

① Starwood（2007b）.
② Marriott International（2007），pp. 8 – 11.

●万豪费尔菲德：低档酒店，针对商务和休闲客人

9.9 价格

按惯例，酒店有一个标准房价，住宿一夜的客房价格称为门市价。如果客人没有享受打折或者协议价格，那么客人就要按门市价支付。协议价格有很多种。大型公司同酒店的销售人员协商确定公司协议价格，一般该价格远低于门市价。一些酒店也有非协议价，是在门市价格的基础上打折给没有协议价的公司客户。酒店销售人员会和旅行社的经营者、企业集团代表、会议组织者和大型会展组织者签订协议价。

为了管理酒店价格结构，酒店管理者主要关注三个可衡量的数量。这些是入住率、日均房价（ADR）和平均实际营业收入：

入住率 = 入住房间的数量/房间总数量

日均房价 = 房间收入/占有房间

平均实际营业收入 = 房间收入/房间总数量

近几年，美国酒店业平均入住率在 60%～67% 之间。从酒店管理角度看，理想的酒店应该是能够拥有 100% 的入住率和所有房间都应该以门市价格售出。在这样的情况下，日均房价和平均实际营业收入都是门市价格。然而，管理者只能是幻想这种情况的出现，因为房间的入住率在正常情况下是低于 100% 的，并且酒店一般出售房间都是以打折后的价格出售。

在少数特殊情况下，如在大学毕业典礼之前的夜晚，当地酒店能够以门市价出售每间客房。在现实中，面对需求法则，酒店管理者则知道只有降低价格时，入住率才会升高。如管理者派出销售者拉来支付较低协议价格的团队。或者，他们可以通过广告针对休闲客人进行大幅度折扣活动。这些营销活动增加入住率，但是会降低日均房价和平均实际营业收入，他们则不能尽可能使得酒店利润最大化。还有，管理者可以拿出一部分客房给予有协议价的团队，并且推广少量给予休闲客人的优惠套餐。这种折中的方法会增加日均房价，同时降低入住率。这种方式对于平均实际营业收入的影响则是不确定的，而且，这不一定会使酒店的利益扩大化。然后，这里我们就可以看出酒店管理者的问题则是怎样平衡高价低入住率，低价高入住率的关系。这类问题的通常解决办法是收益管理或者收入管理。

许多酒店公司定价时用营收管理或收益管理。[①] 这样，他们应有从航空公司学习的知识，正如第 6 章、第 7 章所涉及，收益管理分为四步：一是把客人分组，二是通过限制保持各组分开，三是定价，四是分配房间。

酒店收入的经营者能够通过不同的需求区分各组，包括公司客户、旅游团、自助休闲旅游者、商务会议团队和其他会展团队。最后，有散客或者没有预订房间的休闲客人可能会突然到来，想要住宿。收益管理的重点曾经是阻止人们用低价住宿代替高价住宿，因此，如收益经理不允许销售员以折扣价格出售大

① Kymes，1989.

批量客房给予团体客人，以至于前台要拒绝没有预订房间的客人。收益管理要求管理者预测预留给散客的房间数量、预留给有协议价的公司客户的房间数量、预留给有折扣的团队和自助休闲客人的房间数量。

万豪酒店集团是酒店业应用收益管理的领先者。[1] 酒店经营者已经意识到在旧的系统下已经减少了收入，因为旧的系统下的折扣是基于客人议价能力和酒店业的定价规则，而不是基于客人的需求。当客人和前台人员讨价还价时，公司的收入则会减少。因此，为了减少这种情况的发生，公司开始转向收益管理系统，在此基础上的折扣，必须符合严格的标准，如提前预订、不退款的预订、长期客人和非周末入住。折扣房间只有需求量非常少的时候才会有。当需求量很大的时候，管理者只会给少量折扣房或者根本不提供折扣房。即使当需求低迷时，在收益管理系统中，只有当客人满足严格的折扣标准时，才可以得到折扣价格。正式实施收益管理的过程减少了未预订散客与前台讨价还价的机会。

如航空公司一样，收益管理增加了酒店从有限的房间数赚得的收入。当然酒店还有其他的优势。酒店可以消除现场折扣，必要时，前台能够向客人解释折扣政策。酒店不必担心客人因没有得到折扣而在客人间传播坏消息。而且，不退还预订客人不入住的折扣，酒店还可以把房间给其他的客人。最后，如同航空公司一样，酒店会留房给最后一分钟入住的客人。

9.10 酒店业的竞争

在美国，和其他国家一样，酒店业的竞争是在两个层面上——全国层面和地方层面，当然也存在国际竞争，当欧洲公司，如雅高集团进入美国市场，或者美国公司进入其他国家。对于酒店的消费者来说，在每个国家，酒店的竞争都是异常激烈的。在某些具体地方，尽管客人可以挑选的酒店非常少。酒店公司描述他们行业竞争很激烈，但是，他们可能是想说他们在某个地区都包括了其他酒店，也就是说，在本地市场，单个酒店面临的竞争是非常大的，这和处在高度竞争的行业中是不同的。

正如我们前面提到的，酒店业三个基本组成部分中的两个，财产所有权和经营管理在全国层面上竞争是非常激烈的，涉及数以百计的公司。因此，没有一个公司能够垄断酒店业中的财产所有权和经营管理。此外，进入酒店业的壁垒没有。第三个部分，特许经营，它更为集中，尽管多年来，新进入者创造了新的酒店品牌，但是只有一少部分重要公司拥有大多数全国知名酒店品牌。

在地方层面上，各酒店要面临多种多样的竞争情况。大多数情况下，我们观察到少数公司的竞争很清楚相互间的交流。也就是说，每间酒店都清楚其他酒店提供的服务和价格。每个酒店都知道他们的决策会影响其他酒店的行为，例如，如果一家酒店价格调整会影响到其他酒店的价格。地方竞争的另一重要特点是产品差异化——某些酒店在一个具体的地方很相近，在全国来看他们都

① Hanks, Cross, and Noland, 1992.

是不同的，至少在品牌名称上有所不同。在许多情况下，酒店是不同的，如一个旅行者在某个城市逗留住宿一晚，那么他有可能在全方位服务酒店和有限服务酒店间选择。

我们能在这类市场中期待什么呢？我们能够期待还是远在边际成本之上的高价吗？在此我们可以回顾一下经济学课上所讲的在纯竞争的市场情况下，我们能够见到边际成本上的价格和作为回报的公司的正常利润。但是酒店业并不是纯竞争市场，因为每间酒店提供的品牌和其他服务是有区别的。并且，在每个当地市场上，尽管只有少数酒店，但都会意识到自己是相互依赖的。因此，如航空公司和其他市场，这是寡头垄断市场。

■ 9.10.1 贝特兰德寡头竞争类型

检验垄断市场的一个重要模型是贝特兰德模型。在贝特兰德模型中，在其他公司给出的价格中，每个公司都会选择利润最大化的价格。正如第7章所涉及，基本的贝特兰德模型是极其简单的。假设市场仅仅是由两个公司组成，公司1、公司2，他们都生产同质产品——也就是说，消费者认为公司1的客房是完全可以替代公司2的客房。为简便起见，假设这两个公司拥有相同的成本，并且让平均成本和边际成本为常数 K。每间酒店必须选择一个价格使得利益最大化，根据假设，其他公司也会选择一个价格使得利益最大化。那么他们之间的平衡是什么呢？因为每间客房都能够被完全替代，P_1 必须等于 P_2；否则，客人则只会选择较低价格的客房，随之而来的即是，选择较高价格房间的公司则会一间客房也无法售出。同样，在平衡中，P_1，P_2 必须等于常数 K。如果其中的一个价格高于常数 K，那么另外一个公司则会通过略微降低价格来增加利润，拿走整个市场。随着价格的略微降低，公司则能出售整个市场需求，这样会取得更高的利润。如果价格低于平均价格，利润会减少，所以任何公司都不会设置少于常数 K 的价格。唯一的结果则是市场平衡值将会是 $P_1 = P_2 = K$，两个公司赚得零经济利润，或者赚得正常的投资回报率。

■ 9.10.2 贝特兰德寡头竞争类型复杂性：差异化产品和容量限制

在酒店业使用简单的贝特兰德模型有两个问题。首先，在酒店业不同公司提供的产品是不同的，因为最起码酒店的品牌名称是不同的，其他方面也是不同的。当产品存在差异化时，消费者不再认为两个酒店的产品是完全替代品，一家酒店的价格下调并不会从其他酒店拿走整个市场。我们可以用一个简单的图表来说明产品差异化下的贝特兰德模型。首先，需要得出每个企业的反应函数，这个情况下，会显示出在其他公司给出的价格中，每个公司利润最大化的价格。为了看公司1反应函数的坐标点，假设公司2收取一个具体的价格，我们称之为 P'_2。在公司2的价格下，公司1面对向下倾斜的需求曲线，因为消费者不能把两个公司的产出物看作为一个完全替代品。假设边际成本和平均成本是常数 K。图9—1显示出公司1的情况，它通过选择产出 Q'使得边际收入等于边际成本，取得利润最大化，定价为 P'_1 使需求量等于 Q'（注意 P'_1 大于边际成本）。这给出在公司 1 的反应函数上的坐标点（P'_1，P'_2）。我们在图 9—3 画出这个点。

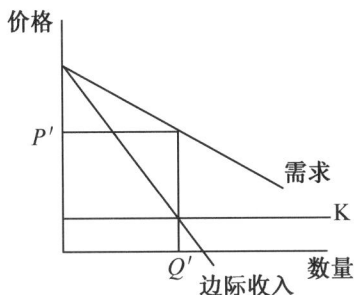

图 9—1 公司 1 的产出，$P_2 = P'_2$

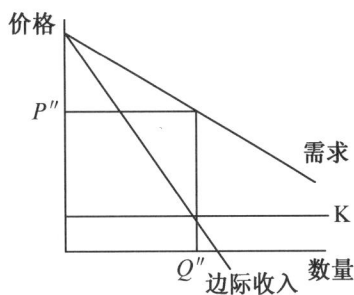

图 9—2 公司 1 的产出，$P_2 = P''_2$

为了得出第二个坐标点，假设公司 2 制定了更高的价格，P''_2。如果公司 2 制定了比从前更高的价格，公司 1 则会有更大的需求，因为一些消费者用公司 1 的产出代替公司 2 的产出。图 9—2 显示出公司 1 的新情况。公司 1 会选择产出 Q' 量使得边际收入等于边际成本，定价 P''_1 使需求量等于 Q'。当公司 1 的现在需求高于之前，$P''_1 > P'_1$。我们在图 9—3 中画出这个坐标点（P''_1，P''_2）。请注意 P''_1 是大于边际成本的。

在公司 1 的反应函数上我们有两个坐标点，显示出了在公司 2 的价格下，公司 1 的利润最大化价格。同理，我们能够画出公司 2 的反应函数，在公司 1 的价格下，显示出公司 2 的利润最大化价格。如图 9—3 所示出了这两个反应函数。两个反应函数相交上，这个相交点显示出了 P_1 和 P_2 的组合，在这个点上两个公司都制定了利润最大化的价格。这就是市场上应用的贝特兰德平衡模型。

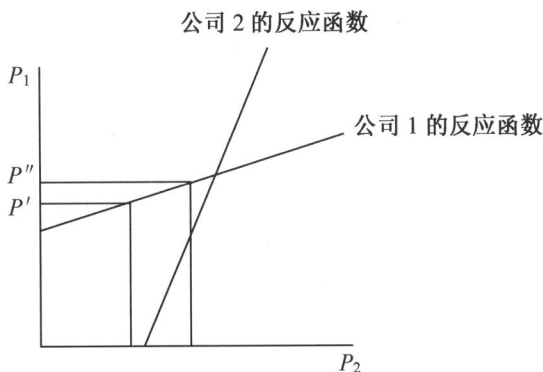

图 9—3 贝特兰德平衡

注意到两个例子中，公司的价格均超过了边际成本和平均成本 K。因此，有别于无产品差异化下的贝特兰德平衡，当有产品差异化时，公司能够制定高于边际成本的价格并赚取利润。基于这种贝特兰德模型分析，让·梯若尔发展了一个"差异化原理"，据此，公司不以相同的产品与其他公司竞争，而是希望通过产品差异化从而建立一个利基市场或客户。[①] 这使得公司有市场权力和保护，免于因为竞争迫使在边际成本上定价。我们可以预期，然而，企业的自由进入使得利润接近于零，公司仍能保留一些定价权。我们当然看到产品差异化在美国酒店业是非常重要的，因为业主寻求品牌特许经营并利用品牌和品牌更名作为商业战略。使用一个比起我们这里所用的更加复杂的模型，和使用美国公路汽车旅馆业的数据，马萨奥（2002）指出产品差异化会减少竞争并使汽车旅馆业收取更高的价格。

公司拥有品牌并努力建立针对不同细分市场和客户的品牌。像喜达屋酒店、希尔顿酒店、万豪酒店这样的公司能非常明确、清晰地陈述他们目标市场。当他们想要进入一个新的酒店细分市场时，他们也会针对特定的顾客创造新的品牌或者收购品牌。因此，万豪酒店创造了万豪居家、万怡、JW 万豪、费尔菲得等品牌就是为了服务特定的细分市场。希尔顿酒店收购了大使套房酒店、汉普顿酒店。品牌拥有者也会有忠诚度计划或者是常客计划，如喜达屋优先顾客、万豪奖励计划、希尔顿荣誉，鼓励旅行者光顾他们的专有品牌酒店。

从品牌拥有者对日益增加的顾客利用互联网来搜索低价的反应，我们也能看出品牌在酒店业的重要性。网上酒店预订增长很快。喜达屋酒店担心基于互联网的媒介，如 Princeline 和 Travelocity 把酒店当成普通商品，使用普通的酒店质量标签，如"三星""四星"而不是品牌。[②] 汉森（2004）估计 2003 年互联网导致美国酒店业的净损失超过了 12 亿美元。

在酒店业使用简单的贝特兰德模型的第二个问题则是，当酒店建成后，即使一个酒店稍微降价，也不能服务于整个市场需求。当满房时酒店就会遇到容量的限制，这时剩下的需求就会被其他酒店满足，其他酒店会收取高价。因此，当有容量限制的情况下，使用简单贝特兰德模型的平衡争论不再适用了。梯若尔认为库诺模型，在该模型中公司更多选择了数量而不是价格，随着边际成本的增长和公司面临着的容量限制，对于酒店业来说，库尔诺模型比起贝特兰德模型更为适用。[③]

9.11 餐饮服务

我们认为酒店业的第二个主要部分则是餐饮行业。酒店不仅提供餐饮服务，还提供住宿服务。全方位服务酒店拥有餐厅、酒吧、客房送餐服务、为客人提供餐饮服务。航空公司、铁路、邮轮像主题公园、体育场、剧院以及其他交通方式和景点一样，为顾客提供餐饮服务。然而通常情况下，餐饮服务和旅行以及旅游其他方面是分开的，提供餐饮服务的公司独立于酒店、交通和娱乐。

为旅游者和其他旅行者提供商业饮食服务可追溯至千年前。卡森（1994）细致描述了在古代，各种设施为来往的旅行者提供食物和酒水。例如，一个古

① Tirole（1988），p. 278.
② Starwood（2007a），p. 11.
③ Tirole（1988），pp. 212–224.

罗马旅行者在主要旅游线路上，能够方便找到旅馆或者小酒馆，还可以在主要城镇找到许多各式各样的小酒馆和餐馆。在古罗马海边的庞贝城，该城于公元79年被突然爆发的火山所掩埋，在近代时才被重新发现和发掘，主要干道上大约平均每30码就有就餐和饮酒点。[①] 我们所认为的餐馆，客人围桌而坐，按菜单点菜，食物早已备好可以随时上菜，最早出现在13世纪的中国杭州。[②] 不久后，餐馆在欧洲得到发展，尤其是在1789年法国大革命后，在巴黎得到发展。[③] 巴黎随后成为商业和文化中心，随之而来的游客数量猛增，和收入水平的提高促进了对于更个性化食品服务的需求。对供应方来说，餐馆拥有者意识到他们可以通过脱离低质量、常见的公共服务获得更高利润。并且，法国大革命后，曾经的贵族厨厅工作人员必须重新找工作，他们在快速发展中的餐馆找到了出路。

当今，美国的餐饮服务业非常庞大并且非常多元化。[④] 包含超过900万个餐馆，雇用1.31亿员工，占美国劳动力的9%。餐馆在餐饮服务业类别中是最大的。包括该行业中所谓"餐桌服务"餐馆，备有丰富的菜单和根据点菜来烹饪的食物，"快速服务"或快餐服务餐馆，拥有有限的菜单和注重食物准备的速度和送货的速度。正如前所述，酒店经营、交通设施、娱乐设施都提供餐饮服务。餐饮的零售经营包含外卖餐馆和自动售卖机。教育、卫生保健、教养院构成了餐饮行业的重要组成部分。当然，军队也提供了食物服务，正如其他企业和政府部门提供员工用餐。

餐饮合同服务公司提供多种类的服务给不同类别的客户，尤其是机构客户。这些公司，包括爱玛客公司（2006年财政年度营业收入116亿美元）[⑤] 和索迪斯公司（2007财政年营业收入134亿欧元或177亿美元）[⑥] 为全美甚至世界范围的大学、医院、教养院、军队和其他机构和公司提供餐饮服务。

9.12 美国饭店业

美国饭店业是由两大部分组成，餐桌服务和快速服务。在餐桌服务或者全服务餐馆，客人可以从有多种选择的菜单上点菜，然后等候，与此同时，厨房则会准备好客人所点的食物。餐桌服务类的餐馆的种类繁多，从海鲜大排档到有多种酒类和高级料理的高雅餐厅。许多餐桌服务的餐馆店是由大型公司拥有或者加盟经营。这些公司能够经营多个品牌。如达顿连锁餐厅作为母公司，旗下经营红龙虾餐厅、橄榄园西餐厅、巴哈马微风、朗恩牛排店、首都烤肉店和季节五十二餐馆等。其他餐馆则是独立经营，他们则是一般是由餐馆所有者自己经营。表9—2展示的是一些大型的餐桌服务连锁餐馆。

---

① Casson (1994), p. 211.
② Kiefer (2002), pp. 63 – 64.
③ Kiefer (2002), pp. 59 – 62.
④ See National Restaurant Association (2008), and Vladimir (2004), pp. 82 – 140.
⑤ Aramark (2006).
⑥ Sodexho Alliance (2007), p. 16.

表 9—2	2006 年美国大型连锁餐厅	
餐厅名字	餐厅数量（家）	母公司
Applebee's	1 930	Applebee's International
Red Lobster	680	Darden Restaurants
Olive Garden	614	Darden Restaurants
Chili's Grill and Bar	1 200	Brinker International
Ruby Tuesday	880	Ruby Tuesday, Inc
International House of Pancakes	1 302	IHOP Corporation
T. G. I. Friday's	833	Carlson Restaurants Worldwide Inc
Denny's	1 545	Denny's Corporation
Bob Evans	580	Bob Evans Farms, Inc
Cracker Barrel	534	CBRL Group, Inc

数据来源：Company Web Sites and Annual Financial Reports。

大多数快速服务餐馆是由大型的公司拥有或者特许经营而来的。最大的快餐连锁是麦当劳，全世界超过了 3 万家连锁店。如表 9—3 所示一些最大的快餐连锁企业。

表 9—3	2006 年美国大型连锁快餐厅	
餐厅名字	餐厅数量（家）	母公司
McDonald's	31 046	McDonald's Corporation
Burger King	11 129	Burger King Holding, Inc
KFC	14 258	Yum! Brands, Inc
Pizza Hut	12 685	Yum! Brands, Inc
TacoBell	5 846	Yum! Brands, Inc
Wendy's	6 673	Wendy's International, Inc
Subway	25 000 +	Doctor's Associates, Inc

数据来源：Company Web Sites and Annual Tinancial Teports。

9.13 餐饮业的成本

食物服务提供商通过为顾客准备和提供食物来创造价值。在大多数餐馆中，平均每餐的成本大概是食物原材料的 4 倍左右。[1] 当然，这些原材料，不是增加价值的部分，因为当计算增加价值时，我们减去中间产品的价值。在美国平均每个雇员的增加价值在餐饮业来说是非常低的——2006 年，每个全职雇员的销售额仅有 61 344 美元[2]。如果把总销售的 25% 归因于中间商品，那么大概每个雇员的销售额仅为约 4.6 万美元。这些钱要用来支付所有的收入来源，包括周薪、月薪、租金、利息和利润。由于这种低增加价值的结果，使得饭店业，一般指饮食服务行业，每名雇员平均周薪和月薪很低。然而，饭店业的管理者的收入却是很可观的。

[1] Daspin（2000）.
[2] National Restaurant Association（2008）.

同样，餐饮业的利润率是非常低的，所以每年许多餐馆都会倒闭。为了给餐馆所有者最大的利润回报，至少比较合理的回报率，餐馆管理者面临许多重大的挑战。因为工资低，餐馆面临着很高的员工流动率。因此，招聘、保留和训练员工是非常重要的。因为健康和安全的规定以及食物污染给顾客带来的潜在危害，公司必须关注卫生条件、食物储存和食物处理。餐馆面临着现有的餐馆还有新进入者的竞争。每种竞争者都会通过开发新的菜谱制造竞争威胁。在饭店业，对菜单的关注度，即使在只有有限菜单的快餐饮食行业中，也是利润扩大化的最佳手段。

9.14 利用菜单捕捉消费者剩余

任何产品或者服务的消费者都会购买比他/她愿意支付的最高价格低的产品。我们所说的最高价格，指的是消费者愿意支付的某件商品或服务的预订价格。最好的例子是有效药品的通用形态。因为是普通药品，所以价格要低廉，因为在医治病人疼痛方面有显著疗效，所以使许多消费者认为很有价值，预订价格就会高。在这样的情况下，消费者能够以远低于他/她愿意支付的最高价格购买到药品。回顾第6章，我们定义消费者剩余是指消费者消费商品所获得的效用超过其实际支付取得的价值而产生的溢出利益。

对任何特定价格的产品和服务来说，消费者剩余会因消费者的不同而不同，因为消费者会有不同的偏好。比如，一个餐厅给所有食客都上牡蛎开胃菜，价格为6美元，这6美元某些人会认为很优惠，然而对于另外一些人来说，则不管牡蛎价格多少都不会要的。因此，一些食客可能会点开胃菜，实现巨大的消费剩余；一些食客可能点开胃菜，实现非常少的剩余价值，而其他的食客则根本不会点开胃菜。

当买方很乐意接收到剩余价值时，卖方则意识到可以通过以消费者愿意支付的最高价格出售而得到最大利润。在通用药品的例子里，来自其他公司的竞争，阻止了每个生产者收取高价。在这种情况下，竞争同样避免了卖方对不同的消费者收取不同的价格。我们在航空业和酒店业中看到，公司使用收益管理达到差别定价，或者对不同消费者收取不同的价格。餐饮业是怎样的情形呢？

餐厅能够通过捕捉消费者剩余来增加利润吗？餐厅一般对所有消费者收取相同的价格——所有人都可以看到菜单所标的价格。没有差别定价，是否有方法从消费者剩余转向生产者剩余呢？是的，除了卖方通过差别定价来捕捉消费者剩余之外，还有一种方法，而且在饭店业普遍应用的。被称为"捆绑"。捆绑就是指把不同商品混合一起打包销售的一种做法。如，有线电视公司把不同频道打包。比如，消费者不能从150个频道中选择，但是必须从几个套餐中选择。因此，消费者如果想要高尔夫频道，必须混合其他频道一起购买，可能包括消费者几乎不看的家装频道。

当对现有的商品偏好负相关时，也就是说，当消费者对不同商品有不同的预订价格时，捆绑能够使得消费者剩余向卖方转移，从而提高卖方利润。

看看捆绑是如何增加利润的，假设一间餐馆出售汤和沙拉，表9—4显示了两种菜品的两个预订价格以及生产两种菜品的不变边际成本和平均生产成本。如果我们都以2美元的价格出售汤和沙拉，那么，鲍勃和拉尔夫一共会支付8美元购买两种菜品。如果我们以3美元的价格出售汤，以3美元的价格出售沙拉，鲍勃只会购买沙拉，拉尔夫则只会购买汤。从这两个销售中得到的额外收入为6美元。通过对鲍勃收取沙拉更多的费用和对拉尔夫收取汤更多的费用，我们得到了额外收入，但是我们却因为对另外两个潜在销售收取高于保留价格而失去了收入。现在，假设我们把"汤和沙拉"组合或捆绑销售，价格是5美元。那么，我们会收到额外收入10美元，捕捉到拉尔夫的全部消费剩余加上鲍勃的消费剩余。因此，我们可以知道，当预订价格是负相关时，售货方通过捆绑式的方法，捕捉到一些消费者的剩余，而不是通过价格差得到。

餐馆对菜单上的品类实行分开标价，称作照菜单点菜定价法，也有对组合菜单的捆绑定价。比如，可以将汤、主菜、甜品、酒水单独提供、单独定价，也可以捆绑在一起，作为特殊套餐提供，这就是混合捆绑的一个例子。当生产的边际成本超过消费者的预订价格或者保留价格没有完全呈现负相关时，这会使利润最大化。[1]

表9—4	负相关下的预订价格（美元）	
顾客	汤	沙拉
Bob	2	4
Ralph	3	2

捆绑与混合捆绑在旅游业和其他行业都是非常普遍的。在计算机行业，我们购买电脑时，可以带或者不带键盘、鼠标、或者不同类型的存储驱动器。汽车行业出售汽车也有个别选择或者选择套餐。酒店可以单独提供客房、水疗、高尔夫，之外还可以提供水疗养生套餐、高尔夫套餐和其他套餐。在多数情况下，通过捕捉消费者的剩余，捆绑给卖方以增加收入和利润价值，即使在公司没有价格差别的情况下。

9.15 小结

酒店业由多种活动和业务组成的，其中最重要的两个业务是住宿业和餐饮业。美国酒店业的规模庞大，2005年，经营48 000处物业，总收入超过1 200亿。对酒店业的需求分为两类：商务旅行者和休闲旅行者。

酒店企业有一种到三种功能：（1）拥有自己的资产或者地产；（2）经营管理；（3）输出品牌特许经营权。酒店物业所有权是非常分散的，众多上市股份公司、私营企业、合伙人共有物业。房地产投资信托基金、综合酒店经营企业和私募企业是酒店物业的主要参与者。酒店所有者花费高额费用换来知名品牌的特许经营权。他们从成百上千间的酒店管理公司中选择一家来管理自己的

[1] See Pindyck and Rubinfeld (2005), pp. 408-414, for more on mixed bundling.

物业。

酒店企业对自己要服务的细分市场非常清楚。酒店业是由多个细分市场组成的。这些细分市场可以按价格划分，包括奢华类、高档、中档和经济市场，按有限服务和全方位服务划分，按地理位置划分，按特殊服务划分，如会议酒店、公寓酒店和其他类型。

对于酒店价格管理，酒店提供了标准门市价和协议价格或是折扣价。酒店的收益管理者借鉴航空公司的收益管理系统并且应用收益管理技术，主要是用入住率、日均房价和平均实际营业收入来衡量其价格和收益管理的表现。

单个酒店面临在当地市场的竞争，酒店品牌拥有者面临对顾客忠诚度的激烈竞争。贝特兰德寡头竞争模型是检验酒店市场竞争的有效工具。让·梯若尔的差异化原理认为公司不想用同质产品与其他公司竞争，反之，他们喜欢使自己的公司和其他公司区分开来，建立利基市场。酒店品牌拥有者推广酒店品牌，瞄准特定的细分市场，使用客户忠诚计划，这些做法看起来适用于让·梯若尔的差异化原理模型。

餐馆在餐饮服务业类别中是最大的，包括了餐桌服务，提供品种繁多菜品的菜单和点餐后食物立刻准备并且开始烹饪；快餐服务，提供有限菜品的菜单，重视备餐和送餐的速度。在餐饮业，每个雇员的增加价值是非常低的，这些只是对于多数人来说，但是并不是所有人的工资都低。因此，招聘、保留、培训员工是餐饮业的重要环节。餐馆也要重视食物储存和食物处理以符合健康安全标准，避免由于食物污染给客人的健康造成伤害。

在餐饮业，高度重视菜单是使利润最大化的重要手段。餐厅能够通过在菜单上捆绑菜品来捕捉到客人的消费剩余并增加利润。

第 10 章

邮轮

学习目的

- ●理解邮轮旅游业的历史发展进程
- ●理解邮轮旅游业如何创造价值
- ●理解邮轮旅游业的商业模式
- ●了解邮轮旅游业的组成构架
- ●了解国际组织和各国政府对邮轮旅游的管制
- ●评估行业绩效
- ●分析行业发展潜力及市场需求增长

10.1 概要

1492 年，当哥伦布为寻找去往印度的捷径而横越大西洋时，他并没有带任何一名乘客。横越对于他来说是探险，而非按既定航线旅行。在接下来的几百年里，横越大西洋的航行依然是不定期的。直到 1818 年，定期班轮才开始往返于英格兰与纽约之间运送货物与乘客。1840 年，Samuel Cunard 开办了蒸汽渡轮定期提供横越大西洋的服务。蒸汽渡轮的业务得到了迅速而蓬勃地发展，因为作为帆船的代替品，它们更加快速、安全和舒适。到 20 世纪 50 年代，每年有数以千计的旅客乘坐玛丽女王号、伊丽莎白女王号、美国号等豪华渡轮，在短短四天内横越大西洋。

然而在 20 世纪 50 年代末，随着民用航空业的兴起，横越大西洋的邮轮时代告一段落。到 1959 年，更多的旅客选择乘坐飞机出行，而不是渡轮。在 20 世纪 60 年代，提供横越大西洋渡轮服务的公司要么将市场重心转移到其他航线上，要么停业。20 世纪 60 年代末和 70 年代初期，企业家们创立了邮轮旅游业，以迈阿密为起点围绕加勒比海航行。① 这些企业包括拥有并改造了知名邮轮 Sunward 的 Norwegian 邮轮公司的前身 Norwegian 加勒比邮轮公司，以及皇家加勒比邮轮公司，它们建造的豪华邮轮专门用于环海旅行，而不再是点对点的海运运输。

1972 年，Ted Arison 购买了豪华邮轮之一的加拿大皇后号，并将其改造成嘉年华豪华邮轮系列的第一艘以娱乐为主的邮轮，重新命名为 Mardi Gras 号。

---

① See Dickinson and Vladimir (1997) for the early history and later development of the cruise line industry.

Mardi Gras 从迈阿密航行至加勒比海沿岸，船上的乘客更趋向于把邮轮当做度假休闲的场所，而非单纯的运输工具。于是在近几十年中，邮轮渐渐由舒适的运输工具转变成了海上的度假胜地。在此基础上，邮轮旅游业的发展更为迅速。

大多数的邮轮公司都设立在北美，大多数乘坐邮轮旅行的游客都来自于美国和加拿大，因此大多数的邮轮也始发于北美。据邮轮国际协会（它的会员包括了世界上大多数的邮轮公司）的调查报告，2005 年，1 120 万乘邮轮旅行的人中有 970 万来自北美。大多数的邮轮路线都包括加勒比海、墨西哥或者阿拉斯加。与此同时，来自欧洲和亚洲的游客在不断增多，他们中的许多人到北美乘坐邮轮开始加勒比或者阿拉斯加之旅。欧洲、亚洲和许多北美的游客也会乘坐邮轮到地中海、北欧和太平洋旅游。

如表 10—1 显示了近年来北美邮轮旅游业的增长趋势。

表 10—1　　　　　　　　1994—2005 年北美邮轮的乘客数

年份	乘客（百万人）
1994	4.31
1995	4.22
1996	4.48
1997	4.86
1998	5.24
1999	5.69
2000	6.55
2001	6.64
2002	7.47
2003	7.99
2004	8.87
2005	9.67

数据来源：Cruise Line International Association（2007）。

10.2 邮轮旅游业如何创造价值

邮轮旅游为游客创造了一种（prepackaged, largely self-contained）全面而独特的度假经历。通过乘坐豪华邮轮，游客不仅可以游览令人愉悦的或充满异国情调的旅行目的地，更可以享受船上豪华而丰富的娱乐生活。游客们可以尽情享用无限量的美食，参加各种各样的娱乐活动，如纸牌游戏、舞会、剧场表演、购物、游泳、SPA、健身中心、阅读等。最新最大的豪华邮轮提供的船上娱乐活动会更丰富多彩，比如海上自由号——皇家加勒比公司最新最大的豪华邮轮。这上面就拥有冲浪园、水上乐园、正规的拳击场地、攀岩设施、滑冰场和小高尔夫球场等。

经营一家邮轮旅游公司的第一步是进行邮轮市场细分，市场细分决定了邮轮的设计和建造，提供的服务内容以及目标客户。邮轮旅游业中知名的大公司服务于不同层次的细分市场。其中最主要的三个市场定位分别是普通邮轮、精品邮轮和豪华邮轮，这些市场定位可以从邮轮的档次、可载乘客的数量、服务的等级、娱乐活动的多样性和旅行目的地上区别出来。

一种计算邮轮旅行价格的方法是每日计价法，即每天每人所付价格。普通邮轮每人每天应付的价位在 200 美元以下，精品邮轮价位在 200～300 美元之间，而豪华邮轮通常更为昂贵，最高可达每人每天 2 000 美元。根据客舱的面积和方位的不同，价格差异很大，价格最贵的无异于总统套房。此外，邮轮旅行的价位也随着旅游淡旺季而上下浮动。每艘邮轮都有一本价目表，但是几乎每一位游客都可以得到价格优惠，折扣的幅度随着预订时间与航行时间的接近程度而有所差异。

普通邮轮一般会进行 7 天之内的航行，精品邮轮的航行期则会持续 7～10 天。豪华邮轮的航行期从 7 天到几个月不等。大多数的现代化邮轮的目的港是加勒比海沿岸，墨西哥或者阿拉斯加。豪华邮轮也可能包括这些目的地，但是它们通常会去更遥远的地方。水晶邮轮是豪华邮轮的一种，2008 年的航行目的地除了常规的加勒比海、墨西哥、巴拿马运河和地中海外，还包括了南美洲、南极洲、中东、加那利群岛、红海、亚洲、澳大利亚、新西兰、南太平洋、不列颠群岛、波罗的海、北极圈、新英格兰和加拿大。

另一个区分不同市场经营策略的因素是邮轮规模的大小。普通邮轮通常都是载客量超过 3 000 人的大型邮轮，而豪华邮轮多是载客量在几百人左右的小型邮轮。邮轮的规模通常使用毛载吨位来计算。但是令人惊讶的是，这不是以载重量为单位而是以邮轮体积为单位的计量方法。一毛载吨位相当于 100 立方英尺。

另一种行业里流行的计算邮轮承载能力的方法是下铺床位的总数。大多数的舱室或者邮轮客房都设有 2 张床。单独旅行的乘客通常会要求单独的房间，即使大多数的房间里都有 2 张床。有的舱室里会有 3 到 4 张床位，其中 2 张下铺。当计算邮轮承载能力的时候，邮轮公司只会统计下铺总数，即用每个房间两个乘客乘以房间总数。

邮轮大小与载客数量是邮轮市场定位的又一个区分因素。这种计量方法叫做空间比率，即每张下铺床位的毛载吨位。通常来说，普通邮轮的空间比率分别在 30 到 40 之间，精品邮轮在 40 到 50 之间，豪华邮轮则可以达到 50 甚至 60 多。例如，经营豪华邮轮的水晶邮轮公司旗下的 Crystal Serenity 号邮轮的毛载吨位和载客人数分别为 68 000 吨和 1 080 人，所以这艘邮轮的空间比率高达 63。

当邮轮公司进行完市场细分后，它就可以开始运营了。邮轮行业里的公司遵循以下运营原则：

1. 融资，筹集资金自己购买邮轮和港口设施
2. 雇用员工
3. 推广并销售邮轮旅游服务
4. 购买燃油和其他供给
5. 运营邮轮

关于以上运营活动的具体成本比例，请参照表 10—2。表 10—2 显示了 2004

年皇家加勒比邮轮公司的主要运营成本，这家公司拥有两个邮轮品牌，皇家加勒比邮轮和名流邮轮。除了 2004 年的这些运营成本，公司还有市场、销售和行政成本 588 300 000 美元。把这些运营费加在一起即为毛邮轮经营成本 3 407 700 000 美元。平均每张床位（一间舱室两张床）每天的运营成本则为159 美元。

表 10—2　　　　2004 年度邮轮运营成本——皇家加勒比邮轮公司

类别	支出（百万美元）
佣金、运输及其他	822.2
船上和其他支出	300.7
工资及报酬	487.6
食品费用	269.4
其他船只运营支出	939.4
总计邮轮运营支出	2 819.4

数据来源：Royal Caribbean Cruises Ltd. （2005b），P. F - 4。

如表 10—2 所示，我们可以看出不同于其他旅游产业，劳动力成本在邮轮行业中不是最昂贵的。然而"工资及报酬"这一栏的数据仅仅涵盖了邮轮上的劳动力成本，而没有将岸上工作人员的主要薪酬计算在内。这些支出，与广告及其他一些费用一起被包含在市场、销售和行政成本一栏里。"佣金、运输及其他"一栏中包括旅行社的佣金、机票费用和其他运输成本以及港口费用。包含了佣金费用的此栏花费巨大，说明邮轮产业严重依赖旅行社来销售邮轮旅游服务。"其他船只运营支出"一栏包括燃油、船体维护、保险、娱乐及其他。"船上和其他支出"一栏指的是船上销售的商品成本和其他相关费用。

这些成本包括运营邮轮的成本却不包含拥有邮轮的成本。拥有邮轮的会计成本指的是购买邮轮时的贷款利息和货币贬值，以及邮轮的折旧成本。对于皇家加勒比邮轮公司来说，仅 2004 年一年，货币贬值和分期还贷的费用就高达394 000 000 美元，贷款利息为 310 000 000 美元。

当邮轮公司进行完市场细分后，下一步就是筹集大量资金来购买船只。那么大概需要多少钱呢？嘉年华邮轮公司声称 2007 年开始运营的载客数为 2 974人的 Carnival Freedom 号邮轮耗资 500 000 000 美元。2007 年初，嘉年华邮轮公司为旗下所有在建船只和订购船只的投资超过 100 亿美元。皇家加勒比公司对新项目"Project Genesis"的投资将超过 10 亿美金。

然后邮轮公司必须雇用员工，推广并销售邮轮旅游服务，以及运营邮轮。让我们来看看以上所提及的每一项。①

邮轮上通常一名员工服务两到 3 名乘客。邮轮的员工分为两种，操作船只的船员和服务乘客的酒店员工。邮轮的船长在酒店经理的协助下管理这两种员工。员工同样在出海过程中被提供餐饮、住宿、医疗等服务。例如，皇家加勒比公司的 Voyager of the seas 有大约 1 176 名员工和 3 114 名旅客。运营豪华邮轮的水

---

① See Starr （2000），pp. 175 - 217，for a description of curise industry operations.

晶邮轮公司旗下的 Crystal Serenity 号邮轮上有 1 080 名旅客和 655 名员工，旅客和员工的比率低达 1.65:1。

邮轮公司通过大众传媒、邮件和销售来推广它们的服务。销售主要通过旅行社，因为旅行社销售几乎所有邮轮的旅游服务。旅行社通常可以得到 10% 的佣金，对于销售额高的旅行社来说佣金也会更高。通常旅客会提前几个月预订邮轮旅行。邮轮通常会要求旅客在预订后先付定金，然后在出发日期前的 45～70 天内付余款。

在商业模式的年收入上，主要的收入来自于旅客所付的船票。但是第二大收入来源是业内统称的船上销售服务。这种销售包括零售服务，从小的礼品店到大型邮轮上的购物中心。此外，船上销售还包括 SPA 美容、赌博游戏、摄影、岸上游览、使用互联网及其他。船上销售最重要的一类是酒精类饮品，酒精类饮品的消费通常不包括在船票内（除了豪华邮轮外）。2006 年，船上销售所得收入占嘉年华邮轮公司（包括 Princess 公司）年收入的 22%，请见表 10—3。

表 10—3　　2006 年度邮轮收入 —— 嘉年华公司（包括公主邮轮公司）

收入类型	金额（百万美元）
船票	8 903
船上和其他收入	2 514
邮轮收入	11 417

数据来源：Carnival Corporation and Carnival plc（2007），exhibit 13。

10.3 邮轮业的结构

乘坐邮轮的旅客来自世界各地，但是邮轮旅行的主要市场集中在北美。2004 年，皇家加勒比邮轮公司 82% 的旅客船票收入来自美国。嘉年华邮轮公司的主要市场参见表 10—4。

北美邮轮行业由 140 艘自佛罗里达、圣胡安、温哥华、洛杉矶、檀香山及其他港口出发的邮轮组成。这些邮轮主要驶向加勒比海、欧洲、地中海、阿拉斯加和南太平洋的港口。有时候这些邮轮也会驶往南极洲、澳大利亚甚至环球旅行。

表 10—4　　　　　　　2003 年各国本地市场的邮轮乘客数

本地市场	乘客（百万人）
北美	8.2
英国	1.0
意大利、法国、西班牙	0.9
德国	0.5
澳大利亚和新西兰	0.16

数据来源：Carnival Corporation and Carnival plc（2005），pp. 10 – 13。

邮轮行业是由相对少数的公司组成的，有些公司是定位于不同市场的大型国营贸易公司，有些则是仅定位一块细分市场的小型私企。行业里最大的参与者是嘉年华邮轮公司，它经营着许多执行不同市场策略的邮轮。它旗下的普通

邮轮有 Carnival Cruise Line，精品邮轮有 Holland American Line，豪华邮轮有
Cunard 和 Seabourn。2003 年，嘉年华邮轮公司兼并了 P&O Princess 公司，P&O
Princess 公司拥有因 20 世纪七八十年代的电视剧"爱情船"而赫赫有名的太平
洋公主号在内的多艘邮轮。此外，嘉年华邮轮公司还拥有面向欧洲的 Coasta 邮
轮公司，面向德国市场的 AIDA 邮轮公司，及面向英国市场的 P&O，Ocean
Village 和 Swan Hellenic 三艘邮轮。

第二大邮轮公司是皇家加勒比邮轮公司，它拥有运营普通邮轮的皇家加勒
比国际和运营精品邮轮的名流邮轮（Celebrity Cruise）公司。2006 年皇家加勒比
公司购买了西班牙邮轮 Pullmantur，而名流邮轮公司最近则宣布增添豪华邮轮
Azamara 号。运营普通邮轮的其他主要公司有挪威邮轮公司、MSC 邮轮公司、
Star 邮轮公司和迪士尼邮轮公司。而运营豪华邮轮的其他主要公司有 Crystal 邮
轮公司、Regent Seven Seas 邮轮公司和 Silversea 邮轮公司。

随着邮轮运营商不断添置新的大型邮轮，邮轮旅游行业的载客能力也在不
断增强。表 10—5 显示了主要邮轮公司的邮轮数量和乘客床位数。

在接下来的几年里邮轮行业的载客能力仍然会持续增长。邮轮运营商正在
下单建造更多更大的船只。1999 年 10 月，皇家加勒比公司的 Voyager of the Seas
号邮轮建造完毕交付，成为当时世界上最大的邮轮，这艘邮轮可载客 3 100 人，
毛载吨位达 138 000 吨，是 Queen Elizabeth2 的两倍大。皇家加勒比公司的另一
艘邮轮 Freedom of the Seas 于 2006 年投入运营，它可以载客 3 630 人，毛载吨位
达 160 000 吨。MSC 公司定做的两艘载重 133 500 吨的邮轮将于 2008 年和 2009
年完工。皇家加勒比公司的 Project Genesis 邮轮能载客 5 400 人，载重 220 000
吨，将很快投入运营。

造船公司

　　世界上很少有公司可以建造毛载吨位在 50 000 吨以上的邮轮。以下三家
欧洲公司建造了或者正在建造几乎所有的大型邮轮：

· Fincantieri Cantieri Navali Italiani：所属意大利政府的造船公司。
· Aker Yards：挪威公司；它在全世界拥有各种各样的造船基地，包括曾属于
芬兰 Kvaerner Masa – Yards 公司的两家造船基地和曾属于法国 ALSTOM 公司子
公司 Chantiers de l'Atlantique 的两家造船基地。
· Meyer Werft：德国家族企业。

表 10—5	2006 年大型邮轮承载量	
邮轮公司和母公司名	邮轮数（艘）	床位数量（张）
Carnival Corporation	81	143 676
Carnival Cruise Lines	21	47 818
Princess Cruises	15	32 232
Costa Cruises	11	20 218
Holland America Line	13	18 848
P& O Cruises	5	8 840
AIDA Cruises	4	5 378

续表

邮轮公司和母公司名	邮轮数（艘）	床位数量（张）
Cunard Line	2	4 380
P& O Cuises Australia	2	2 474
Ocean Village	1	1 578
Swan Hellenic	1	678
Seabourn Cruise Line	3	624
Windstar Cruises	3	608
Royal Caribbean Cruise Lines	34	67 550
Royal Caribbean International	20	47 900
Celebrity Cruises	9	15 150
Pullmantur Cruises	5	4 500
Star Cruises	21	32.490
Star Cruises	7	7 188
NCL Corporation		
Norwegian Cruise Line	10	20 318
NCL America	3	4 158
Orient Cruises	1	826
MSC Cruises	7	10 758
Disney Cruises Line	2	3 508
Regent Seven Seas Cruise Line	5	2 408
Crystal Cruises	2	2 110
Silversea Cruises	4	1 368

数据来源：Carnival Corporation & plc（2007）；Royal Caribbean Cruises Ltd.（2007a）；Cruise Line Industry Assocation（2007）；company web sites。

10.4 邮轮业的相关法规

美国政府对邮轮行业的相关法规既提供了对行业进行经济学分析的机会又显示了经济法规对行业行为的影响力。邮轮行业一方面受到法规严格的约束，另一方面又几乎没有被约束，这种情况是很少见的。那么既受到法规约束又几乎没有被约束，这两种相互矛盾的状况怎么可能同时存在？那是因为美国法规过于繁琐，造成没有一艘邮轮挂美国国旗。这种严格的法规使得邮轮行业转移向其他国家。现在几乎所有停靠在美国港口的邮轮都挂外国的旗帜，使得这些船只不必受美国繁琐法规的束缚。表10—6列举了许多在建或将于2007年加入邮轮行业的大型船只。

表 10—6　　　　　　　　**2007 年订购的大型邮轮**

邮轮公司	建造者	年份	毛载吨位	床位（张）	价格（百万美元）
Norwegian	Meyer Werft	2007	93 000	2 384	465
Cunard	Fincantieri	2007	90 000	2 014	513
Carnival	Fincantieri	2008	112 000	3 000	577

续表

邮轮公司	建造者	年份	毛载吨位	床位（张）	价格（百万美元）
Mediterranean	Aker	2008	89 000	2 550	476
Mediterranean	Aker	2008	133 500	3 300	595
AIDA	Meyer Werft	2008	68 500	2 030	375
Holland America	Fincantieri	2008	86 000	2 100	450
RoyalCaribbean	Aker	2008	158 000	3 643	750
Princess	Fincantieri	2008	116 000	3 100	616
Celebrity	Meyer Werft	2008	118 000	2 850	641
Mediterranean	Aker	2009	133 500	3 300	595
AIDA	Meyer Werft	2009	68 500	2 030	375
Costa	Fincantieri	2009	92 700	2 850	531
Costa	Fincantieri	2009	112 000	3 652	577
Celebrity	Meyer Werft	2009	118 000	5 400	641
Carnival	Fincantieri	2009	130 000	4 200	666
Royal Caribbean	Aker	2009	220 000	540	1 242
Norwegian	Aker	2009	150 000	450	935
Silversea	Fincantieri	2009	36 000	2 260	NA
Seabourn	T. Mariooti	2009	32 000	2 050	250
Costa	Fincantieri	2010	92 700	3 076	556
AIDA	Meyer Werft	2010	68 500	2 850	417
P&O	Fincantieri	2010	116 000	4 200	700
Celebrity	Meyer Werft	2010	118 000	5 400	698
Norwegian	Aker	2010	150 000	1 260	935
RoyalCaribbean	Aker	2010	220 000	2 100	1 242
Oceania	Fincantieri	2010	65 000	2 550	533
Holland America	Fincantieri	2010	86 000	450	567
Mediterranean	Aker	2010	89 000	3 652	547
Seabourn	T. Mariooti	2010	32 000	4 200	250
Carnival	Fincantieri	2011	130 000	2 850	666
Norwegian	Aker	2011	150 000	1 260	890
Celebrity	Meyer Werft	2011	118 000	2 500	798
Oceania	Fincantieri	2011	65 000	1 260	533
Disney	Meyer Werft	2011	122 000	2 500	NA
Oceania	Fincantieri	2012	65 000	1 260	533
Disney	Meyer Werft	2012	122 000	2 500	NA
Silversea	Fincantieri	NA	36 000	540	NA

数据来源：www. coltoncompany. com（2007）；NA：not available。

■ 10.4.1　公海自由权

国际关系的一条共识是船只享有公海自由权，即船只可以不受阻碍地在公海航行。国家对其领土周边海域（领海）享有主权。几个世纪之前，领海是指领土周边 3 英里的海域,而近年来许多国家宣称对其领土 12 英里内的海域享有主权。这些争端都被提交到 1982 年联合国关于海洋法的大会上,大会规定国家对其领土 12 英里内的海域享有主权,但是过往船只在任何国家的领海内都享有无害通过权。大会还规定船只有权路过各个海峡,如连接地中海和大西洋的直布罗陀海峡,马来西亚和苏门答腊岛之间的连接印度洋和太平洋的马六甲海峡。

■ 10.4.2 沿海贸易权;《1896 年的乘客海运法案》;《1920 年的琼斯法案》

海洋自由共识对沿海贸易无效,沿海贸易是指国家内的沿岸贸易。例如,从纽约运载货物或者乘客到巴尔的摩属于沿海贸易,而从百慕大航行到巴尔的摩却不是。每个国家都可以自由限制它的沿岸贸易。美国对其沿海贸易制定了严格的法律,如《1896 年的乘客海运法案》和《1920 年的琼斯法案》,这些法案监管了商品的运输,要求在美国境内进行沿海贸易的船只必须是美国制造,并且主要雇用美国船员。当然,从墨西哥驶往美国的船只不属于沿海贸易,则不必遵守乘客海运法案和琼斯法案。

最方便旗帜

所有航行于公海的船只都必须悬挂注册国家的旗帜。Law of the sea(第 91 到第 94 条)规定,[①] 每艘轮船都必须遵守所挂国旗国家的法律,而不是轮船经过海域所属国家的司法。每个国家都可以决定轮船悬挂其国旗需遵循的条件。这造成了轮船悬挂"最方便旗帜"的惯例,即悬挂注册费及法规对船主最有利的国家的国旗。公司网站显示在美国港口运营的船只通常都挂有以下国家和地区的国旗:
· 巴哈马群岛
· 巴拿马
· 百慕大群岛
· 荷兰
· 英国

美国造大型船只的生产成本很高,雇用船员和官员的劳动力成本相对其他国家来说也非常昂贵。经济学原理会告诉我们像沿海贸易法规这样使得邮轮运营成本大幅提高的不合理政策所造成的后果。适当的利己主义使得人会竭尽全力面对强制措施。当限制因素改变的时候,为了找到在此种限制条件下的最佳行为,人们也会随之改变。所以强制提高生产成本和劳动力成本的结果就是迫使邮轮公司在海外运营以避免沿海贸易的产生。它们通过往返于美国和国外港口来实现这一点。例如,从迈阿密接乘客至巴拿马的拿骚就不是沿海贸易,因为巴拿马是另外一个国家了。此时沿海贸易的法规也就不适用。美国法律允许驶往第三国的挂有外国旗帜的邮轮停靠在美国港口。

---

① United Nations(2008).

夏威夷邮轮

　　美国唯一一个沿海贸易权无法都轻易规避的地方是远离美国大陆的夏威夷。过去，一些在夏威夷运营的邮轮会驶往美国以外的 Fanning Island。为了在航行中包括一个外国目的地来规避沿海贸易权，2001 年 9 月 11 日之前，服务于夏威夷市场的美国经典邮轮公司（AMCV）拥有唯一一艘挂有美国国旗的深海邮轮，1951 年美国本土制造的"独立号"，然而 AMCV 随即宣布破产并在 2001 年 10 月停止经营。

　　1999 年，破产之前，美国经典邮轮公司曾签约制造两艘深海邮轮，这是 1958 年以来首次在美制造的深海邮轮，AMCV 打算在建好后将它们投放夏威夷市场。1997 年，国会批准了国防部拨款的一项条款，支持上述造船项目，即"美国项目"。1999 年，美国海洋管理局为"美国项目"提供了 11 亿美元的贷款，随后两艘邮轮中的第一艘于 2000 年开始建造。AMCV 破产后，邮轮停建。2002 年，挪威邮轮公司收购了第一艘未建完的船体，将其运到德国，使其在德国完工。

　　2003 年初，国会又通过了一项法规，允许挪威邮轮公司的子公司，NCL America 公司为这艘德国完工的邮轮悬挂美国国旗。同时，它还允许第二艘"美国项目"的邮轮在德国建造，并同意第二艘外国建造的邮轮悬挂美国国旗。但是，这些挂有美国国旗的邮轮在夏威夷群岛必须遵守沿海贸易权。2005 年中旬起，NCL America 公司的第一艘美国项目邮轮"美国骄傲"号邮轮开始在夏威夷运营。第二艘美国项目邮轮曾被命名为"夏威夷骄傲"号在夏威夷运营，然而，随后却被重新转移到欧洲，改名为"挪威翡翠"。第三艘外国建造却挂有美国国旗的邮轮 pride of Aloha，于 2004 年至 2008 年在夏威夷运营，不过随后被转移到亚洲。

　　去往阿拉斯加邮轮的始发地在哪儿？大多数始发于加拿大的温哥华，前往阿拉斯加的邮轮数量众多并且非常畅销。数以万计的游客飞往西雅图，在那里乘坐大巴和渡轮前往温哥华登船。而始发于西雅图的邮轮为了规避沿海贸易法规，也通常会经停加拿大的温哥华或者鲁珀特港。始发于加拿大或者经停加拿大是邮轮行业对美国繁琐法规的一种合理回应。

　　美国沿海贸易权法规在邮轮行业的运用将导致大型深水邮轮，除了在极个别的情况下，都不会挂有美国国旗。大型邮轮通常都雇用外国船员和船长，航行路线包括外国港口。所以美国的沿海贸易权法规并没有起到保证美国就业率的作用，相反，它将行业里的大多数公司赶出了美国。

■ 10.4.3　海上生命安全公约；美国海岸警卫队

　　您看过泰坦尼克吗？估计没有多少人会错过这部电影，在它公映后不久它便登上了历史票房第一的宝座。然而泰坦尼克沉没的悲剧却是真实发生过的。1912 年泰坦尼克号邮轮在北大西洋与冰山碰撞后沉没。由于救生艇数量不足且没有有效利用，超过 1 000 名乘客及船员丧生。沉船事件震惊了全球，悲剧所揭示的邮轮救生能力的不足也引发了国际社会的愤怒，致使相关部门采取了积极行动以避免悲剧重现。1914 年，全球所有的海运国家共同签署了海上生命安全公约，公约规定了救生艇、救生衣及其他深海邮轮船上救生设施的最低标准。自 1914 年起至今，海上生命安全公约已经进行了数次修改，而最近一次是在 1974 年。此项国际公约如今由联合国的国际海洋组织监管，其中，美国海岸警卫队则强制要求所有在美国港口运营的邮轮遵守海上生命安全公约。

■ 10.4.4 邮轮卫生设施；疾病控制和预防中心

邮轮将数以千计快乐的度假者带离海岸一周或者更长时间，并满足他们在食物及住宿上的需求。这涉及到在不与任何外部食品及水源供应商签订合同的情况下，为游客和船员提供大量的食物。这就产生了因食品污染和腐败而导致肠胃疾病爆发的可能性。20 世纪 70 年代，随着邮轮行业的蓬勃发展，曾有数次肠胃疾病爆发，每次都导致数百人患病。疾病控制和预防中心在 1975 年成立了船只卫生设施项目，以监管美国各大港口的邮轮船上的卫生状况。疾病控制和预防中心每年对每艘邮轮进行两次突击检查，检查食品储存条件、处理工艺、准备工作以及其他食品安全相关的程序。具体来说，检察人员会审查以下几项：

- 船上水源的存储和配给；
- 食物存储、准备和服务；
- 雇员的个人卫生情况；
- 邮轮是否整洁；
- 邮轮环境和公共健康培训项目。

邮轮在每次检查后都会得到一个综合评分，评分满分为 100 分，86 分及格。疾病控制和预防中心每个月都会公布检查结果。船只卫生项目同时也对船上疾病进行报告。如果船上有超过 3% 的乘客患痢疾，疾病控制和预防中心就会进行调查。船只卫生项目的实施及邮轮行业对其积极的响应在很大程度上减少了船上疾病发生的次数。

■ 10.4.5 游客定金；联邦海运协会

邮轮公司要求乘客在预订邮轮后预付定金，在邮轮出发前付清余款。由于乘客在未享受任何服务的情况下既付款，因此会承担一定风险。为解决这个问题，联邦海运协会对邮轮公司的财务手续进行了规范，要求邮轮公司缴纳保证金或提交其他财政担保，以便在邮轮无法按预订航线出行时向乘客退款。

由于大型邮轮公司拥有许多豪华邮轮，这些邮轮会陆续在未来几个月内出行，所以它们会同时向预订各大邮轮的乘客收取钱款。这使得游客定金数目巨大。举一个极端的例子，2006 年 11 月 30 日，嘉年华邮轮公司的资产负债表上显示游客定金高达 23 亿美元。

■ 10.4.6 环保规定

如今的邮轮产生了大量的污水、垃圾和废物，这些污染物很可能被排放至浅海或深海。对此联合国国际海洋组织制定了邮轮污染物排放标准。美国海岸警卫队和美国国家环境保护局强制邮轮在美国沿岸水域按规定排放废水。而在公海，邮轮所属国家将负责监管邮轮按 MARPOL 公约的规定排放废物。MARPOL 公约是于 1973 年由国际海洋组织签订，1978 年修订的。美国的有些州还规划了"零排放区域"，即邮轮不允许在此区域内排放污水，包括经过处理的污水。此外，美国 2000 年通过的联邦法规及随后各州的州法为航行于阿拉斯加水域的邮轮制定了特殊的标准。

■ 10.4.7　海运安全

2001 年 9 月 11 日的恐怖袭击及世界上其他的袭击案对全球旅游业有很大冲击。美国开始积极防备海上恐怖袭击。与此同时，各大邮轮公司也意识到邮轮在恐怖袭击及海盗面前多么不堪一击。因此美国在 2002 年海洋运输安全法的基础上，采取了一系列安保措施。虽然大多数的措施都主要运用在货物运输上，但邮轮行业仍受到了一定的影响。同时，美国与其他海洋国家一起修订了海上生命安全公约，加入了"国际船舶与港口设施安全要求"这一项，要求有关方面采取措施应对可能的恐怖袭击，包括安装船只安全报警系统等。

10.5 邮轮业的绩效、成长及运载能力

在过去的几年来，邮轮业见证了许多起兼并、收购、成立及破产。如 1998 年迪士尼公司进入了邮轮领域。最新的业内大事是 Star 邮轮公司收购了挪威邮轮公司的前身 NCL 公司，及嘉年华邮轮公司对 P&O Princess 的兼并。除了个别航线外，Renaissance 邮轮公司于 2001 年 9 月 25 日停止了运营。

然而，如表 10—7 显示，经营成功的邮轮公司年收益额巨大。

成功的邮轮公司巨大利润的一个具体表现为行业通过建造新邮轮不断大幅度扩张，如表 10—6 表明的那样。那么邮轮行业有多大的扩张空间呢？过度扩张及超过运载能力的限制会不会带来风险？

这取决于邮轮的供求关系，即邮轮床位数量及需求量。而需求是服务与商品的价格及顾客想要购买的数量之间的关系。如果邮轮行业要在下铺床位增加的情况下，达到供求关系平衡，那么就要销售所有床位或者只留有少数空仓。要销售日益增长的床位，需求必须也有相应的增幅，或者价格必须下降，或者两者同时发生。影响邮轮需求的主要因素有收入增长、人口增长及邮轮旅行替代品和互补品的价格。邮轮公司有效地进行市场营销，与其他度假方式竞争，以及吸引度假者尝试邮轮旅行，也十分重要。

表 10—7　2002—2006 年嘉年华邮轮公司和皇家加勒比公司的净收入

单位：百万美元

邮轮运营商	2006	2005	2004	2003	2002
嘉年华邮轮公司	2 279	2 253	1 809	1 187	1 011
皇家加勒比公司	634	716	475	281	351

数据来源：Royal Caribbean Cruises Ltd . （2007b）；Carnival Corporation and plc （2007），exhibit 12。

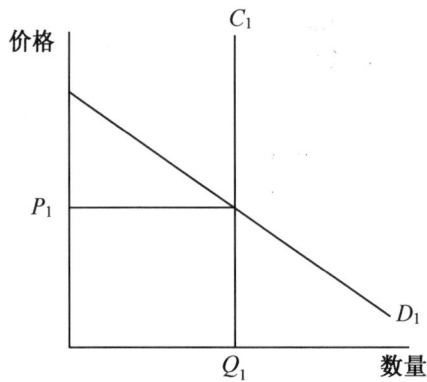

图 10—1　供给不变情况下的供求平衡曲线

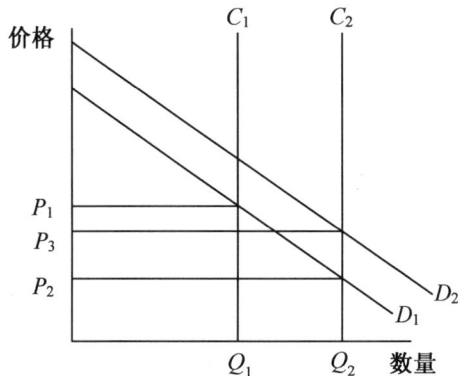

图 10—2　需求和供给增加时的市场平衡曲线

如图 10—1 和图 10—2 阐述了未来邮轮行业面对的问题。图 10—1 阐释了在假设邮轮供给保持不变的情况下（见竖直线 C_1），邮轮市场的供求达到均衡时的情况。此时市场中价格是 P_1，数量为 Q_1。

图 10—2 中表示在邮轮供给增加的情况下邮轮床位将减少，则竖直线 C_1 平移变成 C_2。如果需求保持不变，新的供求均衡将发生在 C_2 和 D_1 的交点处。在这种情况下，邮轮就必须把价格从 P_1 降低至 P_2 以销售所有床位。假设另一种情况，当新邮轮依然在建造中，而需求由 D_1 增加到 D_2，则新的供求平衡将在 C_2 和 D_2 的交点处达到。这种情况下，邮轮公司只需把价格降到 P_3，远远高于 P_2。

建造中的邮轮会提高邮轮行业的载客能力，那么从表 10—6，我们可以怎样预测这种变化对邮轮价格的影响呢？根据 Coleman et al 的调查，邮轮行业的载客能力在 2000 年和 2001 年内大幅度提高，然而邮轮价格的降幅却很小。他们预计短期内需求的价格弹性将为 -2.0，并且指出长期来看需求弹性的绝对值将远远增大（如弹性绝对值为更大的数 3.0）。

从表 10—5 可以看出，除了奢侈品牌及主要在亚欧运营的邮轮，北美邮轮市场在 2006 年大概有 200 000 张下铺床位。而表 10—6 显示，到 2010 年，服务于北美的邮轮会增加 60 000 张下铺。假设 60 000 张下铺是净值，即在 2006 年至 2010 年期间没有任何服务于北美市场的邮轮退役或转向其他市场，那么邮轮的载客能力将增长30%。

上文提过，价格下降会导致需求的数量增长，而非需求本身。即需求数量的增长是需求曲线上的运动，而需求本身的改变是需求曲线的平移。如果需求不变及需求的价格弹性为 -2.0，我们就可以计算出需求数量增长30%，价格要下降多少。因为需求的价格弹性是需求数量变化的百分比除以价格变化的百分比，所以显而易见价格变化的百分比应为：30% ÷ 2 = 15%。因此，如果需求价格弹性为 -2.0，价格要下降15%才可以使需求数量增加30%。

但是从2006年至2010年，我们期盼着影响邮轮需求的因素会改变。这些影响需求曲线平移的因素有收入增长、人口增长、替代品和互补品的价格。让我们只考虑收入增长。美国人均收入在最近的几十年里一直保持着2%的增长速度，按照这个速度计算，4年里的收入增长将超过8%。打个比方，如果邮轮需求的收入弹性是1.75，那么8%的收入增长会使需求曲线向右平移14%（8 × 1.75）。因收入增加而日益增长的需求将增加14%的载客能力，那么我们可以用载客能力提高的30%减去14%。剩下的16%则需靠讲价。假设需求的价格弹性是 -2.0，收入增长引起的需求增长并不能满足载客能力的增长，那么为吸收多余的载客能力，价格需要下降8%（16% ÷ 2 = 8%）。

于是我们可以得出一个粗略的结论，北美邮轮市场载客能力的提高会使邮轮价格降低不到8%。当然，价格下降的压力也会被其他影响邮轮需求的因素所减轻，包括人口增长。也许在所有影响因素中最重要的是邮轮公司推广邮轮旅游以替代其他以陆地游为主的度假方式。

10.6 小结

在20世纪的前半叶，各大港口间的轮船客运行业蓬勃发展，尤其是在纽约和欧洲的主要港口之间。20世纪60年代后半段，航空客运逐渐取代了轮船客运成为人们出行的首选。之后不久，现代邮轮业诞生了，最初主要是从迈阿密出发到加勒比海的休闲邮轮。如今，大多数的邮轮目的地都包括加勒比海、墨西哥或阿拉斯加，同时，欧洲邮轮也逐渐受到更多的欢迎。

邮轮已经成为巨大的漂浮的度假胜地，其中如今最大的邮轮造价5亿美元，可容纳3 000多名乘客。旗下包括 Carnival Cruise Lines 和 Holland America Lines 在内的多家邮轮公司的嘉年华邮轮公司服务于所有客户市场，已成为全球最大的邮轮业巨头。

邮轮的主要收入来源是游客所购买的船票。此外，邮轮也依赖于船上销售，这包括商品零售、SPA美容、赌场、摄影、岸上景点游览、酒水饮品、网络服务及其他。

除了服务夏威夷的三艘邮轮外，其他所有的邮轮都登记在美国以外的国家。美国的沿海贸易权及其他法案阻碍了大型邮轮悬挂美国国旗。邮轮在公海的航行受到国际公约及其注册国家法律的约束。在美国港口运营的所有邮轮都要遵守美国海岸警卫队的有关规定、船上卫生相关规定、本国安全要求及其他特殊规定。

北美的邮轮公司正计划提高邮轮载客能力,供给的增加会使北美邮轮价格有小幅度的下降。使需求增长的因素,包括人口增长、收入增长及邮轮市场营销,这些将减小邮轮价格下降的压力。

第 11 章
旅游目的地、活动和景点

学习目的

- 能够理解旅游业中目的地的重要性
- 能够理解活动和景点在旅游业中的作用
- 能够知道美国主题公园产业的组织和运营方式
- 能够理解经营主题公园的经济意义

11.1 概要

旅游业中目的地的含义是指游客想参观的明确地点，而不是泛指一般的地方，例如"一个沙滩"。当然，游客想拜访某个特定目的地也可能是因为那里有自己的亲友，抑或由于那里是某个专业机构或公司的办事地点。这一章，我们来研究旅游目的地的特性，对象是广大群众，而非特定的家庭和公司成员。我们把这些特征分为两大块：景点和活动。

我们都知道一些世界上最流行和最重要的旅游胜地，如埃及、印度那样伟大的文明国度；伦敦、巴黎、香港和纽约那样名声显赫的城市；夏威夷那样热情如火的热带岛屿。游客向往某个旅游目的地一定是因为那里有某些不会消失的特征，这些特征可以是历史遗址、文化中心、商务中心，或是超凡的自然奇观。游客游览某个地方还可能是去参加某项活动，这是有时效性的。活动可以包括体育竞技活动，大学毕业典礼和贸易展会等。比如，印第安纳波利斯赛车场是一年四季吸引游客的好玩去处，因为它在每年的阵亡将士纪念日那天都要举行 500 赛车会，人们这个时候都会去那里呆上好几天。

这里所说的吸引游客的活动和景点并不一定要像澳大利亚的大堡礁、尼亚加拉大瀑布和大峡谷那样宏伟；也不需要像埃及金字塔和北京紫禁城那样有重要历史意义；或者像拉斯维加斯大道和美国橄榄球超级碗大赛那样扣人心弦。我们来考虑这个例子：西弗吉尼亚州的摩根城是美国一个很小的城市，什么样的原因能够让这里成为游客们经常光顾的地方呢？

令人十分惊讶的是，使这个美国小城成为旅游焦点的原因很多。在这里，最大的吸引点要算西弗吉尼亚大学了。该大学有超过 25 000 个学生，这些学生的亲友会在学生开始大学生活前跟着一起来到摩根城参观城市环境，会来这里陪学生参加新生培训，会在每个学期伊始开车送学生上学，会在周末的时候来开家长会，也会在毕业的时候来参加毕业典礼。此外，这个大学每年都举行很

多大型体育盛会，很多人都来这里观看足球、篮球等赛事。一年中，还有很多
戏剧表演、音乐会和其他活动吸引游客。郡医院、大学医院和其他医疗中心都
在摩根城，这样就有很多人来这里给自己或者家人看病，或来看望有病的家人。
摩根城全年都会举行各种不同的集会和节日庆典，时常也会有不同的组织机构
在这里举行专业研讨会。摩根城是一个大型药品生产商的故乡，在这里也有银
行和其他商业企业，而这些企业也会吸引拜访者，大都是其公司驻其他地方的
员工来摩根开会，或者是和这些企业有业务往来的销售人员。所以，尽管摩根
是个小城市，却也因为以上众多原因吸引了大批的游客和拜访者，这些人需要
住宿的旅馆、吃饭的餐厅和其他相关的旅游服务。

11.2 国家、州、省、市、岛

在这一节，我们来区分一下旅游地（地点）和景点。尽管有些时候这种区
分是模糊的，例如，迪士尼世界。世界上吸引大部分游客去参观的两个旅游目
的地国家分别是法国和西班牙，每年都有成千上万的游客从北欧和美国赶往法
国南部和西班牙的阳光海岸。巴黎、马德里、巴塞罗那，还有法国和西班牙的
其他地方吸引了大批国际游客。如表 11—1 所示 2004 年一年中哪些国家吸引的
国际游客最多。

表 11—1　　　　　　　　2004 年国际入境游客（按国别划分）

国别	入境人数（百万人）
法国	75.1
西班牙	53.6
美国	46.1
中国	41.8
意大利	37.1
英国	27.8
中国香港	21.8
墨西哥	20.6
德国	20.1

数据来源：World Tourism Organization（2005）。

在美国，一些最重要的旅游目的地是它的州和城市。美国最热门的城市包
括拉斯维加斯、奥兰多、纽约和旧金山。让我们先来研究一下目的地，稍后再
考虑景点，例如，克利夫兰博物馆、环球影城、冒险岛和自由女神像。

一个目的地除了能够让游客去参观游玩之外，还有另外一个更重要的特征，
那就是它可以被放在市场上推广并销售。美国 50 个州和哥伦比亚特区都有政府
资助的特定机构来为当地做市场推广。而事实上，一些州甚至有不止一个这样
的机构。每个州都将旅游业看成当地经济发展的重要组成部分，于是也相应的
将很大一部分资金拨到了对自己州的旅游宣传上。美国旅游行业协会（TIA）每
年都会在全国做调查并搜集有关年度推广活动的信息。一项最近的调查显示，
45 个州计划在 2002—2003 财政年度花费总共 554 百万美元来发展和推广旅游

业。如表 11—2 所示各个州在旅游预算上的比较。

表 11—2   2002—2003 年各州的旅游预算

州名	旅游预算（百万美元）
夏威夷	55.98
伊利诺伊	46.69
宾夕法尼亚	35.13
得克萨斯	31.09
佛罗里达	29.39
路易斯安那	17.79
西弗吉尼亚	17.03
加利福尼亚	15.70
密苏里	15.19
弗吉尼亚	15.00

数据来源：Travel Industry Association of America（2006b）。

　　TIA 的调查结果显示，各个州将大部分支出都放在了国内和国际的广告宣传上，包括其相关宣传资料的生产、印刷和邮寄等方面。很多州也为此设置了一些资金补助方案，让私营企业等机构可以申请国家经费来支持自己企业对于旅游宣传的开支。国家还会资助高速公路游客欢迎中心、旅游宣传网站和其他相关的宣传方式。

　　这些国家赞助的机构在业界被称为旅游地营销组织（DMO）。除国家赞助的机构之外，还有市属、郡属和其他分支的 DMO，它们一般被统称为会议和游客管理局（CVBs）。在美国有上百个这样的管理局，范围从大型的、具备大量实质性计划和预算支出的机构，例如拉斯维加斯会议和游客管理局，到小型的代表地方的管理局，它们只有少数观光胜地，例如西弗吉尼亚州的摩根城旅游管理局只负责宣传当地的旅游业。总体来讲，国内旅游地营销组织在宣传地方旅游特色方面做出了很大努力，也投入了大量资金。

　　为什么从国家到城市，甚至郡县乡镇，每年都要投入相当大一部分资金来推广自身的旅游业呢？答案很简单，旅游业能够带来巨大的消费群体，就业机会以及当地的财政收入。让我们来考虑一个显著案例。Bradley Braun（1992）在他的报告中提到，奥兰多在 1969 年一年，就有 36 000 人参加会议，总体消费 50 万美元。1971 年，迪士尼世界在奥兰多附近开放。到了 1989 年，就有超过 160 万人次来奥兰多参加会议，是 20 年前的 47 倍。而相关产业带动的消费、收入和就业方面的增加在原有基础上也变得越来越庞大。所以，吸引游客会对当地的经济活跃程度和收入水平起到非常重要的作用。研究人员花了大量的时间和精力去估算旅游宣传对于当地消费、就业和收入水平的实际影响，而这个内容我们在第 5 章已经学习过，即经济影响学。

11.3 活动

　　人们自古就到处旅行去参加集会和大型活动，不论是早期的宗教节日庆典和体育赛事，还是中世纪的交易集会。现如今，吸引游客的各种活动数量也很多，虽然活动本身的规模不一定很大。这些活动对参加者、旅游业和当地经济影响巨大。在世界各地举办的这些活动，也支撑了其他相关产业，例如，食品、饮料和旅馆业。很多旅游目的地包括拉斯维加斯、纽约和奥兰多，都扩大了对当地旅游及大型活动配套设施的建设，以容纳更多的参与者。基于现在对大型活动策划人才的需求，有的大学和高校将活动策划提升为酒店餐饮管理中最为重要的一门课程。

大型活动大致包括以下议题：
● 商业（贸易展会，汽车展会，游艇展会，大型会议）
● 历史文化遗产（重现，纪念日，庆典）
● 文化艺术（艺术展览，莎士比亚节，表演）
● 动物（犬展和猫展）
● 食品（草莓节，葡萄酒节，辣椒烹饪比赛）
● 体育（锦标赛，高尔夫球比赛，美国橄榄球超级碗大赛，全明星赛，奥运会）
● 大学（毕业，家长日，登校日）
● 州农牧产品交易会
● 时装秀
● 政治（政治会议，游行和示威集会）
● 音乐（音乐表演，竞赛，音乐教育）

有些大型活动，尤其是文化和体育类活动，会吸引全世界的游客来参加。例如，2006 年在德国举办的国际足联（FIFA）世界杯，一个月的时间就吸引了全世界成千上万的球迷来到德国的各个举办城市，另外也吸引了超过 10 亿的电视观众观看。另外一个值得一提的体育盛事，就是各城市竞相争办的奥运会。奥运会对于举办城市的影响是巨大和长久的。在众多举办城市中，巴塞罗那、盐湖城和雅典变化最显著，它们改造了各自城市的大部分区域，除了为竞赛提供比赛场地外，还为参赛者、媒体和观众建造了住宿设施。最近一个很有意思的案例，就是德国在举办 2006 国际足联 FIFA 世界杯时为决赛建造的体育场，是 1936 年柏林奥运会的比赛场地。

11.4 景点

我们在第 3 章中介绍过人们出外旅行的原因，包括商务、休闲、拜访亲友以及其他个人活动。在旅行过程中，人们总会去寻找娱乐、文化遗址、购物、室内或户外休闲等活动。我们可以将这些与旅行相关的活动称之为寻找旅游景点。这些景点大多是自然或历史景点，包括海边沙滩、滑雪场、河湖娱乐设施、名胜古迹、自然奇观等。还有一些是现代建筑，例如大型的购物中心、赌场、游乐场、博物馆，还有体育馆等。举例来说，美国最繁忙的旅游景点竟然是位于明尼阿波利斯附近的美国购物中心。

很多学者都研究过娱乐设施、零售业和博物馆的经济意义，我们在这里先不讲这些。我们会在第13章讲到赌场经济。以下我们重点分析游乐场/主题公园的经济意义。

11.5 主题公园经济

华尔街日报的葡萄酒业作家 Dorothy Gaiter 和 John Brecher 这样描述迪士尼世界："它郑重承诺要把自己发展成为葡萄酒爱好者的旅游去处，它为葡萄酒爱好者在未来世界的橱窗里提供了葡萄酒，它每年都会举办一次国际食品节和葡萄酒节"。这本身说明了迪士尼世界就是一个旅游地、一个主题公园和一个举行大型活动的地点。它同时也提出了一些关于主题公园经济的重要见解，包括为不同类型的客户群创造不同的产品和服务、交叉销售互补产品和服务等。奥兰多的迪士尼世界是世界上最大的主题公园，但是它的游园性质也是世界上其他从大到小的主题公园所共同拥有的。

■ 11.5.1 主题公园产业

游乐场最早是在欧洲大陆兴起的，当时开发者为公共花园建造安放了一些游乐设施。第一个我们称之为过山车的机械装置是1846年在巴黎建成的。在欧洲，主题公园的先祖是丹麦哥本哈根的蒂沃利公园，从1843年开始营业，一直到今天还在继续运营。1893年在芝加哥举办的哥伦比亚博览会引进了第一台摩天轮。美国纽约的科尼岛是早期一些主要游乐场的故乡。1927年，科尼岛上建造起了世界上著名的飓风云霄飞车。美国主题公园发展过程中最重大的事件要数1955年在加利福尼亚州的阿纳海姆开放迪斯尼乐园了。到了20世纪60年代，很多不同类型的游乐场相继开放：1964年在加利福尼亚，环球影城恢复了片场参观活动；奥兰多的迪士尼世界在1971年开放。[①]

在今天的美国，有约600家大大小小的游乐场和主题公园，构成了当地最吸引人的景点之一。在欧洲已经有了300家主题公园，在亚洲，这个数字也在攀升。这些吸引游客的地方包括主题公园、游乐场、动物园、水族馆、片场参观、海滨木栈道等。[②]

美国的主题公园产业的发展其实很缓慢，主要表现在参观者人数和总体收入上。如表11—3所示自1996年以来美国游乐场和主题公园的参观情况和总体收入。

表11—3　　　1996—2006年美国游乐场和主题公园产业的增长

年份	参观人数（百万人）	收入（10亿美元）
1996	290	7.9
1997	300	8.4
1998	300	8.7
1999	309	9.1

① National Amusement Park Historical Association（2006）；NBC Universal（2006）.
② International Association of Amusement Park and Attractions（2006）.

续表

年份	参观人数（百万人）	收入（10亿美元）
2000	317	9.6
2001	319	9.6
2002	324	9.9
2003	322	10.3
2004	328	10.8
2005	335	11.2
2006	335	11.5

数据来源：International Association of Amusement Parks and Attractions（2008）。

迪士尼公司拥有和经营着美国最大的主题公园。表11—4显示了2005年参观北美主要的游乐场和主题公园的游客人数。

表 11—4　　　　　　　**2005年北美主要的游乐场和主题公园**

游乐场或主题公园名	所属州或省	入园人数（百万人）
1. Magic kingom at Walt Disney World	FL	16.1
2. Disneyland	CA	14.5
3. Epcot at Walt Disney World	FL	9.9
4. Disney – MGM Studios at Walt Disney World	FL	8.6
5. Disney's Animal Kingdom at Walt World	FL	8.2
6. Universal Studios Florida at Universal Orlando	FL	6.1
7. Disney's Califonia	CA	5.8
8. Universal's Islands of Adventure at Universal Orlando	FL	5.8
9. Seaworld Orlando	FL	5.6
10. Universal Studios Hollywood	CA	4.7
11. Adventuredome at Circus Circus	NV	4.5
12. Bush Gardens Tampa Bay	FL	4.3
13. Sea World San Diego	CA	4.1
14. Paramount Canada's Wonderland	ON	3.6
15. Knott's Berry Farm	CA	3.5
16. Paramount's Kings Island	OH	3.3
17. Morey's Piers	NJ	3.1
18. Cedar Point	OH	3.1
19. Santa Cruz Beach Boardwalk	CA	3.0
20. Six Flags Great Anventure	NJ	2.9
21. Six Flags Great America	IL	2.8
22. Six Flags Magic Mountain	CA	2.8
23. Hersheypark	PA	2.7
24. Bush Gardens Williamsburg	VA	2.6
25. Dollywood	TN	2.3

数据来源：Niles，2005。

从上表中我们可以看出，迪士尼公司是主题公园产业中最大的，拥有佛罗里达州奥兰多的迪士尼世界和加利福尼亚州的阿纳海姆迪士尼乐园。除了美国的主题公园外，它在巴黎迪士尼乐园度假区、东京迪士尼度假区和香港迪士尼乐园都有股份。迪士尼公司是一个规模庞大、高度多样化的娱乐和传媒公司。它也是动画片和真人影片的主要制作商，旗下包括 ABC 电视台和 ESPN 体育娱乐节目网。但迪士尼公司不是主题公园产业中唯一的大型经营商。

六旗股份有限公司，在美国、墨西哥和加拿大经营着29 家各种娱乐游乐园。以下这个列表显示了这家公司的主要经营范围：

● Six Flags America, MD
● Six Flags Elith Gsrdens, Denver
● Six Flags Fiesta Texas
● Six Flags Great Adventure, Six Flags Hurricane Harbor, and Six Flags Wild Safari, NJ
● Six Flags GreatAmerica, IL
● Six Flags Hurricane Harbor, Six Flags Magic Mountain, Los Angeles
● Six Flags Marine World, San Franciso
● Six Flags Mexico
● Six Flags Over Georgia, Six Flags White Water Atlanta, Atlanta
● Six Flags Over Texas, Six Flags Hurricane Harbor, Dallas – Ft. Worth

安海斯布希公司是美国第三大主题公园经营商，它通过其独资的布希娱乐公司来运营。这个公司拥有9 家主题公园：

● Adventure Island, Tampa
● Bush Gardens, Tampa
● Bush Gardens, Willamsburg
● Discovery Cove , Orlando
● SeaWorld, Orlando
● Seaworld, San Antonio
● Seaworld, San Diego
● Sesame Place, Langhorne, PA, （near phliadephia)
● Water Country, U. S. A. , Williamsburg

NBC 环球公司是另外一个经营范围很广的娱乐公司，其中通用公司占据其80% 的股份，另外20% 的股份为维旺迪环球公司所掌控。它主要经营音乐与电影制作，外加环球公园和娱乐场等。环球公司的公园和娱乐场包括好莱坞的环球影城主题公园、佛罗里达环球影城、奥兰多的冒险岛、日本的环球影城和巴塞罗那附近的地中海环球影城。

Cedar Fair L P 在收购了 CBS 公司的派拉蒙主题公园后，经营着美国与加拿大18 个游乐场和水上乐园。Cedar Fair 公司包括俄亥俄州的国王岛和桑达点、弗吉尼亚的国王自治领、安大略的加拿大仙境和加利福尼亚的诺氏果园。

■ 11.5.2 主题公园的经营

主题公园和游乐场的主要收入渠道是门票、食品和饮料的销售、附加商品的销售、游戏机和乘坐游乐项目的收费、景点收费和其他杂项收费。在通常情况下，人们付了入园门票费后，在游乐场里面玩的游乐项目就不用再额外交费了。六旗公司在 2005 年的报告中提到，它们 54% 的收入都来源于门票。

美国很多游乐场都在夏季阵亡将士纪念日和国际劳动节之间的日子开放。其他的一些在奥兰多和加利福尼亚的公园则全年开放。虽然所有的大型主题公园经营商都常年雇用人员，但主题公园都会根据不同季节的需求和它们的具体经营计划来雇用员工，所以这是一个时令性很强的产业。

主题公园和游乐场有着很高的固定成本，包括土地成本、建造和维修设备的成本，还有能让游园维持运行的雇用最少数员工的成本。六旗公司估算了一下，一个竞争者需要两年的时间花费至少 2 亿美元才能建成一个能和自己相媲美的主题公园。

经营主题公园的成本分为以下类别：

●土地：多数情况下，主题公园经营的土地都属于自己的公司，另外一些是从公共和私人土地所有者那里租的土地。长远来看，主题公园经营商可以获得新的土地，开发以前未被开发的区域并将之与原来的公园合并，然后卖掉土地或终止租地合同。

●车乘式游乐项目：乐园经营者承担很大一笔资金成本，包括安装游乐项目的利息和折旧费用，还有经营成本，包括维修成本、保险和劳动成本。这些游乐设施有时会因为不断变化的需求而被到处移动，因为这样可以让游客感觉到品种的多样化。

●销售：主题公园经营商还会承担卖票（包括卖团体票）和相关宣传费用。

●其他：食品饮料的经营、出售、保险、执照办理费用和安全问题等。

大多数运营主题公园的成本都是固定的，和游客参观量没有直接关系。而收入则直接和游客流量、票价相连，因而主题公园和游乐场的盈利会随着客流量和票价机制的变化而大幅度起伏。

■ 11.5.3 高固定成本与低边际成本创造最佳行为表现

Shapiro 和 Varian 在《信息掌控一切》中，讨论了在高固定成本、低边际成本的信息产业中，什么是最优的商业行为。他们描述了信息产业中，尤其是网络和软件公司的特殊行为，即有极高的"第一副本"成本和极低的"附加副本"成本，例如当出版商在网站上持续公开作品。这时，创作作品的初始成本会很大，然而，消费者下载这些作品的成本几乎为零。

就公园的生产力来讲，这也可以应用到主题公园业的成本结构上。如果一个主题公园购进了一个过山车，那么它的第一次运行成本是巨大的，而第二次运行的成本就几乎为零。一旦游乐装备被安装好了，人员配备齐全了，任何游乐设备可承受能力之内的额外多次乘坐都不会有任何附加成本。所以，就像

Shapiro 和 Varian 分析的信息产业一样，我们也理解了主题公园经营公司的所作所为是对高固定成本低边际成本这个特殊生产过程所做的最优反应。同时，Shapiro 和 Varian 从对经济分析的角度得出的利润最大化行为同样也可以直接应用到主题公园产业。在其他商业行为中，Shapiro 和 Varian 推荐产品差异化、客户锁定、差别取价和交叉销售互补产品。

■ 产品差异化

一个在竞争非常激烈的市场中运行的公司可能被迫成为价格接受者，即要接受市场给予的价格。而且对于一个纯竞争公司来说，这个市场价格就会是其边际成本。当边际成本为几乎为零时，定价就成了问题，因为这样公司很难赚取收入。一个能够避免边际成本定价的重要方法就是产品差异化，即销售的产品和服务与市场上其他有效的产品在关键方面有所差异，至少在顾客眼中是这样。一个很常见的例子就是理发美容业。很多人，包括学生，都声称他们非常在乎是谁给他们理发，即便市场中的理发屋和美容院服务都大体相同。这就是差异化。

主题公园在很多方面寻求各自的差异，最重要的差异就是地理位置，虽然在多数情况下，消费者有很多伸手可及的选项。游乐场在游乐设施上也争取差异化，它们彼此竞争谁有最多的、最高的或最快的过山车。

另外一个主题公园差异化的例子就是根据各种童话角色来建造主题游乐设施和景点，以此吸引孩子和他们的家长。迪士尼乐园的很多主题景点就是根据近几十年著名的童话人物、动画角色来建造的，如米老鼠、唐老鸭、灰姑娘、白雪公主等等。六旗公司获得华纳公司的授权来宣传它们的动画角色，包括兔八哥、达菲鸭和约塞米蒂山姆，还有 DC 漫画中的超人和蝙蝠侠。六旗公司利用它对这些主题人物的独家经营权创造了很多相关的主题景点。环球影城有对 Seuss 博士创作的儿童书籍包括《帽子里的猫》和卡通人物大力水手的独家乐园代理权。它还对侏罗纪公园这部电影中的角色、商标和图像拥有版权代理权。

■ 客户锁定

在一个众多竞争者都在出售相似产品和服务的行业中，顾客会自由选择他们想惠顾的公司，也会不时转换购买产品和服务。客户锁定指的是提高顾客转换公司和购买其他公司产品的费用。客户锁定的方法有很多，旅游行业的经营者会使用顾客忠诚计划，主题公园经营公司会用季票的方式来锁定顾客群。一旦顾客购买了这个公园的季票，他就可以免费或减费游园，而若顾客想要去其他的公园游览，就要再交一次入园门票费。大多数情况下，消费者都会在买了一个公园的季票后只光顾这一个公园。

■ 交叉销售互补产品

在边际成本很低的行业，要把商品价格控制在低段对公司的压力很大，所以这个时候，就要抓住机会去提高互补产品的商品价格。在主题公园和游乐场行业有很多机会可以交叉销售互补产品，其中最明显的要算食品和饮料的销售。游客要在大型的游乐场里面耗费大量时间，包括他们的餐饮时间。而且户外体能活动会使人们更饿更渴，游乐场会给消费者提供很多购买食品饮料的机会，而这些食品饮料的价格通常非常之高。

销售各种商品的同时也会提供销售其互补产品的机会。大多数情况下，主题公园和游乐场都会给游客提供很多消费机会，包括电池、玩具和游乐园里面各种角色的毛绒复制品。主题公园也会销售一些隐性消费品，例如珠宝、艺术品和房产。

总体来说，交叉销售互补产品是主题公园产业十分重要的一个策略，举例来讲，六旗公司 2005 年收入报告显示，主题公园的食品、小商品收入额为 5 亿美元，这和公园门票收入的 5.88 亿美元不相上下。

■ 差别取价

我们在第 6 章提到，差别取价指的是相同的产品和服务卖不同的价格。差别取价的方式很多，大致分三种：第一等级，第二等级和第三等级。这三种方式主题公园都能用到。

●第一等级差别取价。这种取价方式需要商家为每种产品和服务设定最高价格。如果主题公园为每个游客的每次游园都定最高价格，是不会获得商业成功的。相应地，商家可以为不同的商品和游客定个性化票价。这要求商家必须了解消费者需求，知道每个游客的详细消费特征。商家可以用数据库营销的方式来获取相关消费对象的信息。这个数据库的建立可以基于消费者的地址，用人口统计的方式来搜集。另外一个搜集客户信息的方式就是客户自愿披露信息，例如客户注册，以及我们在第 5 章学到的通过顾客忠诚计划这种方式得到客户个人信息。这些市场信息也可以从商业信息供应商那里购得，商业信息供应商会去公共数据库抓取信息，例如汽车登记信息。

●第二等级差别取价。这种取价方式需要商家为每种产品和服务设定不同的价格区间，使顾客能够自主选择。这样做的方式有很多。就拿公共设施供给公司来说，它们会提供大块服务降价，第一组千瓦电或千立方英尺天然气是一种价格，则另外一组天然气就设定为更低的价格。这样，消费者就可以根据自己上一次消费量的多少来决定下一次的商品的实际价格了。另外一个第二等级差别取价的形式就是将两种不同价格的商品捆绑在一起，捆绑后的价格和分别买两个商品的总价有所差异。我们在第 9 章中学过，餐厅会用这种方式将不同的菜肴捆绑在一起出售，用这种方式来施行差别取价。主题公园和游乐场也可以采取搭配购买的方式，即顾客买了一个商品或服务后，购买另外一个商品时就会得到折扣。

我们在第 5 章学到的二部定价法也是差别取价的一种方法。这种定价方式是让消费者按月或按年支付与用量无关的基本费，购买货物的单位数目可变，按使用量不同交从量费。很好的一个例子就是，以低价出售打印机，再高价销售需要定期替换的墨盒。这种方式使得生产商向重度使用者比向轻度使用者收取更多的费用。主题公园和游乐场也利用二部定价法原则，即收取门票的基本费用，外加入园后额外收取的个别游乐项目的乘票。但大多数的游乐项目在交了门票以后都是免费的。

一个施行第二等级差别取价的常用方法就是通过版本管理。这指的是为不同的产品和服务设置不同的版本和不同的价格区间。这个方法在不同行业中都很常见。我们可以在计算机硬件、软件、汽车、邮件和包裹快递等行业中接触到。版本管理也会受产品的性能特点、方便程度、等待时间等因素影响。主题公园和游乐场行业会常常用到版本管理这个方法。例如有旅馆的主题公园，会对住在旅馆的游客有优惠，如可以早入园、晚出园等。主题公园会在开设 VIP 游客项目时用到版本管理的方法。VIP 游客会支付一笔额外的费用，通常远远高于正常票价，来获取不同的游园经历。例如，VIP 游客全程有导游陪伴，会去正常游客去不了的地方和玩不了的项目，也会越过正常游客的排队，优先享受游乐项目。

●第三等级差别取价。我们在第 6 章全面地讨论过，在有容量约束的旅游业中，第三等级差别取价是很常见的，在这里我们称之为产量管理或收益管理。主题公园和游乐场也可以用到产量和收益管理的方法，因为公司会试图用短期内安装好的设备来服务有不同需求的顾客群，使其利润最大化。

这再一次需要我们把顾客根据不同的需求分组，再用不同的限制条件来制定不同的价格类型，也为这些不同的类型指定价格上下浮动空间。付诸实践的方法，就是用入园门票优惠券或在低需求时期施行其他的折扣制度。很多其他行业也经常用优惠券这个折扣方法。主题公园经常为组团来玩的游客提供优惠券折扣。

其他产量和收益管理的方法主要是向住在附近的居民推销季票，再就是在需求低迷期为组团过来的游客施行团票价格。六旗公司估算了在它们在 2005 年的客流量情况，大约 31% 的游客都是组团或者购预售票，另外 28% 的游客买的是季票。六旗公司也给予一些商务机构或者学校游园折扣。

主题公园还可以用限制条件来实施折扣制度，例如只有提前购买才能得到折扣等。主题公园的收益和产量管理中限制条件之一，就是在一周中的周末和假期时没有折扣和优惠。

主题公园和游乐场提供一套很复杂的入园价格体系，包括一日通行证、多日通行证、季票、为本州居民提供的特殊票价和 VIP 票。游乐园也会提供赠券或与其他商家搭配销售。主题公园经常会有让人吃惊的购物和餐饮机会。主题公园会利用团队销售和优惠日期限制，即这个时候不能用折扣。所有这些商业行为都可以理解为在一个竞争者在面对高固定成本、低边际成本的行业情况下，所有竞争者都提供相似却有区别的产品时，所采取的利益最大化的行为。

11.6 小结

旅游目的地是一个游客想参观游览的明确地点。这可以是国家（尤其是法国、西班牙、美国和中国），可以是州、城市或者其他地方。景点是一个旅游目的地永不磨灭的特征，例如历史遗址、文化中心、商务中心或自然奇观。大型活动是旅游目的地有时效性的特征，比如 FIFA 世界杯、美国橄榄球比赛，或者大学的毕业典礼。

国家、省、州、城市和其他地点都有政府资助的宣传本地旅游业的机构。

迪士尼公司、六旗公司、安海斯布希公司，NBC 环球公司和杉点公司是最大的主题公园和游乐场经营商。主题公园和游乐场有高固定成本和低边际成本。在这样的条件下竞争的公司通常会寻找很多利益最大化的方法，包括产品差异化、客户锁定、差别取价（第一等级、第二等级、第三等级）和交叉销售互补产品。

第 12 章
旅游中介组织：旅行社、旅游经销商

学习目的

- 了解旅游业中介组织的职能类型
- 了解旅游业中介组织如何创造价值
- 理解旅行社和旅游经销商的最新发展
- 理解旅游业委托 – 代理关系存在的问题
- 理解旅游业委托 – 代理问题的时间解决方案

12.1 概要

有机会或有义务去旅行的消费者面临着巨大挑战。休闲旅行目的地的数量多得令人难以置信。即使是一个知道自己要去哪里的旅行者也会对如何到达目的地这个问题感到不知所措。他们要选择旅行方式和路径，包括沿途的停站。接下来，就算旅行已经到达目的地，他们还将面临很多选择。即使是对各种选择有了很清晰的认识，消费者也有可能不知道每个选择的成本和收益。中介机构可以提供专业的旅游知识，包括旅行目的地的有关信息、旅行模式、住宿价格和服务的选择，可以向被各种选择压得喘不过气来的消费者提供帮助。

就在消费者对问题做出选择的时候，航空公司、酒店、旅游景点，以及其他的旅游服务提供商，也在接近它们的潜在顾客，并完成交易。它们跟消费者一样，也很重视中介机构提供的服务。中介机构能够向旅游服务提供商提供最基本的分销渠道，熟悉每个销售的学生和专业人员，其中包括广告、个人销售等方面的服务。

12.2 旅游业的组织

对于旅游，让消费者感觉到困惑的选择特别多，因为从字面上理解这些选择有很多意思，但是让消费者难以招架的基本问题并不仅仅限于旅游。试想一个大学刚毕业的学生在一个新的地方接受一份新工作。这样的毕业生往往会去一个他们从未生活过的城市，或者一个为了面试而短暂停留的城市。他们会有这样的问题：我要去哪儿？他们会在哪里逛街？我要到哪里去剪头发？在这种情况下，他们会向朋友、亲戚、熟人，或老板寻求帮助。他们会看看公共出版物，比如房地产和公寓的指南、城市指南、杂志，也会查查互联网。他们也经常向专业人士，例如地产公寓代理商和经纪人寻求帮助。代理商和经纪人要了解他们的市场，可以根据各类消费者的不同要求提供出租或出售的服务。他们提供专业的咨询、搜索、事务处理的办法，这些都是消费者自己处理起来感到很有困难的问题。

处于消费者与商品和服务的供应商之间的是代理商和经纪人。他们是被市场称为分销渠道的一部分。分销渠道是一种范围很广的机制，它把商品和服务从生产商带到消费者。最常见的分销渠道的成员，如沃尔玛、凯马特、塔吉特等。汽车经销商也是分销渠道的成员。批发商、分销商都是分销渠道中很重要的一部分。当沃尔玛可能直接和宝洁公司商量如何填满它的货架时，很多小的零售商却从一些批发商和分销商那里得到商品。下面，我们来看一个很好的体现了分销功能例子。试想从事汽车维修行业的人并不知道维修问题会怎样显现出来。比如，他现在需要修理 1998 年沃尔沃车上的散热器，2002 年别克车上的燃料注射器，或者是 2003 年本田雅阁车上破碎的左侧镜。这是不可思议的，因为在接下来的一周或一月中，当地的汽车维修商不可能拥有全部有可能使用的零部件的存货。库存各式各样的零部件是分销商的工作，他们在广阔的领域为大量的汽车修理店服务。只需打个招呼，他们可以在当天向任何修理店提供他们需要的零部件。批发商、经销商通过集中存货或根据需要的地点和时间分配零部件来降低成本。

旅行代理商、旅游管理公司、观光旅游网站和网上 GDSs 是服务于旅客和旅游业的主要中介。它们从事于旅游业，提供服务把成千上万的旅游消费者以及种类和数量都很庞大的酒店、度假村、航空公司、餐馆、景点，还有其他产品和服务的提供商联系起来。它们帮助消费者做出明智的选择，以及执行交易，并以此来创造价值。

12.3 旅游组织创造价值

就像我们在第 2 章中看到的那样，旅行社通过很多方法创造价值。旅行社，作为旅游者和旅游服务提供商的中介，为双方的旅行交易提供服务。它们向消费者提供有关旅行的机会、价格，以及许多其他的与旅游相关的信息。旅行社搜索如山般多的信息，同时也提供建议。一家经验丰富的旅行社可以基于它们的经验给旅行者提供建议，比如以前旅游过的目的地、待过的宾馆，或者航行过的邮轮，这些都是旅行者正在考虑的。另外，旅行社通常会进行交易，例如，通过接受旅行者的支付和复印旅行者的证件。所有的这些活动都为旅行者创造价值。通过出售它们的服务及处理业务，旅行社也为旅游服务供应商创造价值。因此，旅行社为旅游者和旅游服务提供商双方都创造价值——它们提供信息、搜索、咨询、促销、销售和处理交易的服务。

12.4 旅行社行业

　　旅行社是旅游业最重要的中介机构。如今有两个大类的旅行社：一类是消费者可以出入的有固定办公场所的办事处，另一类是网上旅行社（旅行中介），旅客只能通过互联网得到服务。从传统意义上来说，旅行社的工作是代表旅游服务的卖家向潜在旅游者提供信息，然后执行交易。例如，游客可能会寻找一个加勒比邮轮。代理人就会解释这类邮轮，每个邮轮和其航线的具体特点，路线和离开日期的选择，价格和付款条件，所有针对特有客户的要求而设立的细节服务。在预订服务结束并收到旅客的付款后，代理人将不向旅客收取其他服务费用。另一方面，作为邮轮公司的代理，代理人将收到来自邮轮公司的佣金。直到 20 世纪 90 年代中期，大多数旅行社赚取的收入大部分来自销售机票。旅行社接受预订服务，出售机票，印制机票和收款。代理人只收取旅客车票价格的金额，但通常能得到航空公司 10% 的佣金。大量提供服务给某特定航线的代理人或其他服务提供商可能会收到一个"超额佣金"，这是一个支付给代理人的超出标准佣金的额外付款。

　　2005 年，大多数的旅行是从一个只拥有 2 至 10 名雇员和低于 200 万美元销售额的单一办公地点的经营机构做起来的。这里的销售额是指该机构的订单总额，其中大部分是通过航空公司、邮轮公司，或其他服务提供商而得到的。代理人的收入包括从该机构得到的佣金和订票得到的收入，工资、薪金，还有其他费用和利润（如果有的话）里得到的收入。表 12—1 显示了订单按提供服务的类型分布的情况。

　　大部分旅行社办理商务和休闲旅游，而且休闲旅游的订单占了绝大多数。一些旅行社是著名的民族品牌旗下的专营公司。

表 12—1　　　　**2005 年美国旅行社商业组合**

服务提供商	营业收入份额（%）
航空公司（美国国内以及国际）	33
邮轮	25
旅游团	19
酒店	13
租车	5
铁路	4
其他	1

数据来源：Travel Weekly（2006）。

　　11 家州立有执照的旅行社。旅行社主要的规章制度是通过会议评审的。旅行社收取佣金之前，必须通过提供商的会议认可。这里主要的认证机构就是 ARC。自 1984 年起，它就已经认可了旅行社，并使旅行社从航空公司收取佣金。ARC 还解决了一个巨大的实际问题，这个问题来自于成千上万的旅行社筹集资金只为了数十家航空公司的旅行机票。问题就是要记录谁欠谁的钱，然后付所需款项。ARC 提供了有效的解决方法，向旅行社发放发票，从旅行社搜集航空公司的佣金。CLIA 委派一些旅行社从邮轮公司收取佣金。IATA 的子公司委派一些旅行社代表 non – U. S. 航空公司。

近年来，旅行社行业发生了迅速的变化，主要是因为有了互联网，为服务提供商和旅游消费者提供了新的方法来完成交易。就像我们在第 2 章中看到的那样，互联网使消费者很容易获取咨询、搜索和业务处理信息。互联网也可以让服务提供商直接向潜在消费者推广和销售它们的服务，而且在某些情况下，可以不通过服务中介处理业务。这些因素在某些情况下会减少旅行社提供中介服务的机会。因此，互联网已经减少了许多旅行社的潜在收入。

近年来，另一个对旅行社行业产生不利影响的因素是一些服务供应商不愿意支付佣金。航空产业，其佣金曾是旅行社行业主要的收入来源，但在 1995 年以后，它们付给旅行社行业的佣金在逐步减少。航空公司在 1995 年限制了旅行社每卖出一张票的佣金，然后在 1997 年它们普遍把 10% 的佣金率降到了 8%。到 2002 年，许多航空公司已经结束了付给旅行社佣金的传统。Transue 和具有 5 到 10 年收取佣金工作经验的机构说它们的收入在 1995 年以后下降了。

表 12—2　　　　　　　　　　**2000 年美国十大旅行社**

旅行社	销售额（10 亿美元）	员工数
American Express Travel	14.6	15 600
Carlson Wagonlit Travel	12	20 000
Rosenbluth International	4.8	5 805
World Travel BTI	4.6	5 762
Navigant International	3.8	3 936
Travelocity	2.5	1 400
Expedia	1.79	661
TQ3 Maritz Travel Solutions	1.66	2 519
Liberty Travel	1.39	3 000
Sato Travel	1.2	1 818

数据来源：Travel Weekly（2001）。

在 20 世纪 90 年代初，旅行社行业由大约 35 000 家公司组成，其中大多数是小的，当地运作的。小部分是大的，国有的公司，拥有许多分公司。近年来，美国旅行社的数量已经在下降，非常小的机构的数量也已经在下降。

相反，一些旅行社规模巨大。表 12—2 给出了 2000 年美国 10 个最大的旅行社，每一家的年收入都超过 10 亿美元。

比较表 12—2 和表 12—3，表 12—3 列出了 2006 年美国 10 个最大的旅行社。

表 12—3　　　　　　　　　　**2006 年美国十大旅行社**

旅行社	销售额（10 亿美元）	员工数
American Express Travel	24.2	–
Carlson Wagonlit Travel	22.1	19 000
Expedia	17.2	6 600
BCD Travel	12	12 000

旅行社	销售额（10 亿美元）	员工数
Hogg Robinson Group	12	12 000
Travelocity	10. 1	5 000
Orbitz Worldwide	10	1 600
AAA Travel	3. 89	5 130
Priceline. com	3. 3	–
Liberty Travel	1. 8	2 450

数据来源：Travel Weekly (2007)。

　　有关这两个表的一些重要的数据说明这个行业正在发生重大的变化。首先，2000 年美国第七大旅行社是 Expedia，这是一家网络旅行社，从 1996 年开始登录互联网。靠着仅 661 名员工几乎达到了这个行业的顶峰。Travelocity 是另一家网络旅行社，也是于 1996 年开始运作的。到 2000 年，Travelocity 仅 1 400 名员工却排名第六。因此，1996 年到 2000 年之间，这些网络旅行社成长迅速。另外，我们可以看到 Expedia 和 Travelocity 每个员工都完成了 2 000 多笔交易，平均盈利超过 220 万美元。这是表中七个传统的旅行社每个员工交易量的三倍。

　　我们还可以看到，在 2006 年前十位旅行社中有一半与 2000 年的前十位旅行社不同，这是因为新的网络旅行社的出现。比如 Orbitz，一家仅拥有 1 600 名员工的新的网络旅行社，在 2001 年成立后的五年里成长得很快，进入了前十的榜单。Priceline. com 用它注册的 Name Your Own Price 价格体系，于 1997 年开始运作，十年内迅速成长并进入了前十。其他的改变比如兼并、收购、组合，正在巩固旅行社产业。自 1995 年以来，许多旅行社已通过合并或并购，由小公司变为大公司。许多最小的公司已经倒闭。2004 年，American Express 收购 Rosenbluth International 是近年来发生的最大的一起收购。

　　榜单上的在线旅游机构仅仅经过几年的运作就已经变成大家非常熟悉的名字了。这其中包括 Priceline. com 和 Expedia，由微软公司始建于 1996 年。Expedia 后来被裁成一家独立的公司，再后来被 IAC 完全收购，在 2003 年它又被裁成 Expedia, Inc。2005 年，另外一家 OTA Travelocity 成为 Sabre Holdings 的子公司。近年来，Cendant 靠收购 CheapTickets. com 进入了前十，同样的情况还有其他的网络旅行社包括 2004 年的 Orbitz。但是 Cendant 后来把其旅游服务单位，包括 CheapTickets. com 和 Orbitz 卖给了 Blackstone Group，它是一家私人股本公司。Blackstone 在它的 Travelport company 旗下经营这些旅游服务单位和其他品牌。Travelport 于 2007 年向公众发售了 Orbitz 40% 的股份。

　　Navigant International 是新加入该行业的另一家更传统的机构。它成立于 1998 年，由一个被母公司裁掉的小公司通过并购迅速发展起来，并购对象包括 SatoTravel，2000 年它在前十名名单中排名第十（见表 12—2）。2004 年，Navigant 获得了 TQ3 50% 的股票，TQ3 是一家与德国旅游及运输巨头 Touristik Union International 合作的合资企业。2006 年，TQ3 被卖给了 Dutch company BCD Holdings，这意味着这家合资企业终止了运营。BCD 曾与合作伙伴 Hogg Robinson

一起经营过 World Travel BTI，BTI 在 2000 年的前十名名单中排名第四，但这桩合作在 2006 年时终止了。同样是在 2006 年，Carlson Companies 和 JP Morgan Chase 的合资公司 Carlson Wagonlit Travel 收购了 Navigant。近年来，也有很多大的旅行社被兼并和收购。

12.5 旅游管理

一年中，大公司通常有许多员工外出旅游。他们每年花费数百万美元在旅游的机票、住宿和其他费用上。而且，他们的旅游需求会很复杂，许多游客在不同时候去不同的地方，而且有不同的目的和停留时间。高层管理人员的旅行或者他们期望的旅行通常包括高水平的服务、一流的空中旅行、豪华的酒店和与之相配的一流的住宿。公司的政策可能会允许级别很高的管理人员拥有高额度的旅费，同时要求典型的公司旅行者住更合适的居所。这就产生了公司旅游政策的强制执行这项任务，这是一件复杂且不讨好的工作。

多年来，这些公司雇用了旅行社来帮他们处理旅行的要求。根据《华尔街日报》，1998 年 10 个最大的旅游管理公司处理了美国公司一半的商务旅行，在旅游服务预订方面总价值超过 400 亿美元。近几十年来，一些最大的旅行社已成为旅游管理公司，它们的工作就是处理大公司的旅行事宜。American Express 一直是最大的旅游管理公司之一，业务范围从美国到世界各地。Carlson Wagonlit，BCD Travel，还有 Hogg Robison Group 是其他三家非常大的公司旅游管理企业。

旅游管理公司都提供了一张长长的单子，上面列了对客户的服务，包括下列事项：
- 搜寻低价的空中交通和其他服务
- 处理交易
- 执行公司的旅游政策
- 与服务提供商谈判，争取低的公司税率
- 奖励旅游
- 提供公司旅游的管理报告
- 帮助旅客解决旅行的问题

一般来说，旅游管理公司的盈利主要是向消费者收取的服务费，而不是依靠旅游服务提供商的佣金。另外，旅游管理公司可以建立它的旅行代理机构，称之为现场机构，内设必要的设施，机构可以在这里向最大数量的消费者提供最快捷、最专注的服务。

旅游管理公司一个典型的不同就是奖励旅游，这是一种老板支付全额旅费以奖励表现出色员工的旅游。Martitz Travel 是一家提供奖励旅游服务的公司。Martitz Travel 是一家位于 St. Louis，MO 的私营企业，是 Martitz, Inc. 的一部分。

12.6 全球分销系统

在 20 世纪六七十年代，旅游和观光发展到顶点的时候，人们依赖电话，纸质记录不再能跟上行业的信息流和交易。为了完成这项工作，旅行代理商必须知道哪些特定的即时旅行服务是可行的，而且它们的价格是多少，这样才能预订及销售服务。这是一个与机票有关的非常严重的问题，因为顾客面临着太多的选择，而这些选择会随着机票的卖光而迅速变化。旅游代理必须得跟上这个复杂而又瞬息万变的环境。

计算机和通信技术为行业信息和交易处理提供了解决方案。这项产业使得电脑订票系统能够处理大量和迅速变化的数据流。在互联网出现之前的很长一段时间里，这个系统使旅行代理商和旅游服务提供商之间可以进行网络数据通信，开始时只有航空公司，后来加入了饭店、租车公司、邮轮和其他公司。

这些系统发展到今天的 GDSs，是联系整个旅游业的一个庞大而复杂的全球数据通信网络。有四个主要的 GDSs：

- Sabre Travel Network：始于 1964 年作为美国航空公司的电脑预订系统，现在属于 Sabre Holdings Corporation，2007 年它加入一家私有股份公司 Silver Lake，同时 TPG 获得它的股份后，它成了一家私人控股有限公司。
- Galileo International：始于 1971 年作为美国 Apollo 电脑预订系统，现在归 Travelport 所有，Travelport 是私有股份公司 Blackstone Group 的一家旅游服务公司。
- Amadeus IT Group SA：始于 1987 年，作为服务于 Air France，Lufthansa，Iberia 和 SAS 的 GDS，被 WAM 于 2005 年收购前成为公共贸易公司。
- Worldspan：创建于 1990 年，由 Delta Airlines，TWA 和 Northwest Airlines 的电脑预订系统组成，现在归 Worldspan 所有，但 Travelport 已经宣布打算收购它。[①]

像所有旅游行业的参与者一样，面对因特网发展的挑战。随着计算机和数据通信技术的继续发展，这些公司也在不断地变化。

12.7 旅游运营商和旅游批发商

旅行社卖的许多产品和服务已经由旅游运营商或旅行批发商代理销售。在对目的地、旅行方式、路线、设施和旅行的其他方面做重大决定时，游客面临着许多挑战。一旦游客做出了决定，它们必须执行自己的计划，这通常需要旅游行业的许多公司协调工作，包括安排住宿、多模式的运输、食品、娱乐、购物、旅游胜地以及提供很多其他的服务。

旅游运营商会提供帮助。他们的业务是向游客提供预先打包好的预付旅行的机会。他们提供一系列精心考虑过的、有吸引力的计划，通常可以从中选取价格最优惠的旅行计划。一旦消费者作出选择，旅游运营商就几乎掌控了一切。

旅游运营商近几十年来增长迅速，现在已形成了旅游业的一大组成部分。2001 年国家旅游协会调查了美国及加拿大的消费者使用包价旅行的情况。不同

① Travelport（2006）.

旅游目的地的包价旅游开支显示于表12—4。

调查发现，平均持续时间超过一晚上的旅行中，包价旅行多于非包价旅行，每个包价旅行的平均费用是2 775美元。显然，旅游运营商提供的包价旅行是北美及世界各地旅游产业的重要组成部分。

表 12—4 　　　　2001年美国和加拿大消费者的包价旅游花费

旅游目的地	花费（10亿美元）
美国	99
墨西哥	13
加拿大	9.5
北美以外地区	45
总计	166

数据来源：National Tour Association（2002）。

12.8 旅游运营商为旅客和服务供应商创造价值

旅游运营商靠预先安排和包价旅行赚钱，包括交通运输、住宿、用餐、观光、购物，或者其他活动。旅游运营商办理许多细节，消除交通和住宿间转变的不利，也安排好行李搬运、小费支付、税收、入会费用等。他们直接或通过其他公司，尤其是旅行代理商把这些打包旅行服务卖给消费者。这个包是预付的，所以旅客们在启程之前就知道大概要支付的旅行费用。

包价旅游可以为个人设计，但通常是为团体设计的。这种旅行中的旅游者通常有人安排或是陪同。一次独立的旅行是两项或更多项预付费用的旅行服务（例如航空旅行、出租汽车和住宿）的打包。有安排的旅行也是为独自出行的旅客准备的一系列预付好费用的旅行打包服务，如果必要的话，旅客还可以享受旅行社具有代表性的服务。陪同游览是为一组一起旅行的人准备的旅游服务的打包，陪同人员领导这个队伍并保证所有的安排妥善执行。

旅游运营商的增长为许多旅游和服务业提供商创造了机会，但也出现了许多问题。随着旅游部门的增长，旅游服务提供商经常想推销自己，比如通过招聘销售人员来瞄准旅游运营商。旅游服务提供商通常用不同的交通工具来处理旅行团迎来送往时产生的交通高峰。旅行团的崛起使一些供应商轻松地在收益管理过程中建立一个区段或一系列区段，这使得市场细分与价格歧视变得更容易。因此，一些大的宾馆有时会向熟悉的旅客，或者参加某项活动的旅客组成的旅行团分配一些有折扣的房间。这是对产量管理系统的一个补充。但在高峰期间，旅客可能要接受没有折扣的房间，以便支付更高价位的储备房间。

12.9 旅游运营商行业

从"大旅游"时期，或者更早的时候，旅游运营商就已经出现。Thomas Cook是这个行业的先锋，为19世纪英国的消费者创造旅游产品并从那时开始推广。随着收入的增长，旅游服务供应也不断增长，旅游业迅速成长，这个行业在 20 世纪 60 年代到 70 年代之间迅速增长。许多旅游运营商开始对很有限的一部分旅游群体提供专业的服务。比如 Collette Vacations，1918 年开始运营，自称是美国最古老的独家旅游运营商，在美国东部提供汽车旅游。在 20 世纪 60 年代、70 年代和 80 年代之间，这家公司在北美洲、欧洲、澳洲、非洲和亚洲扩展其旅游产品。American Express 也宣称是较早进入行业的旅游运营商，在 1992 年它已经包租了第一个世界巡回邮轮。它现在除了是旅游管理机构和多样化的金融服务公司外，还是一家大的批发商和零售旅游运营商。另一家美国最早的旅游公司是 Tauck World Discovery，它始于 1925 年的 New England tour，已在美国和世界各地扩展它的产品，尤其是在 20 世纪 60 年代以后。ACIS 从 1978 年开始请老师和学生参加教育旅行。Travcoa 始于 1954 年，专业提供异国风情的奢华旅行，包括利比亚、莫桑比克、拉普兰。随着时间的推移，许多只专注于一小部分的旅游运营公司开始扩展它们的产品为更广泛的消费者服务。

特种旅游在整个旅游运营商中占有很大的一部分。USTOA（United States Tour Operators Association）的官方网站 www. ustoa. com，允许用户通过旅游类型来搜索其成员，结果显示如下：

商务旅游	运河历史旅游	古迹旅游
摄影旅游	游猎旅游	单车
秋叶赏析	参观鲸鱼	参观鸟类
漂流	酿酒旅游	坐狗拉雪橇
徒步旅行	温泉度假	

一些旅游运营商成功运营了数十年，已成长为大公司。还有一些虽然不是 USTOA 最大的和最有名的成员，但也建设良好，下面是这些公司的名称：

- Abercrombie and Kent
- Brendan Worldwide Vacations
- Celtic InternationalTours
- CIE Tours International
- Globus
- GOGO Worldwide Vacation
- Lindblad Expeditions
- Mayflower Tours
- Rail Europe
- SITA World Travel
- Trafalgar Tours

旅游也是由各家公司提供各种各样的服务而形成的复杂网络。旅游运营商可以通过零售商或者自己的网站直接销售产品。大多数批发商与供应商协商以最低的折扣预订大量的宾馆、机票和其他的旅游服务，并把这些服务打包。他们再通过旅行社和其他销售点转手卖掉这些打包服务。游客向旅行社咨询一个休闲打包旅游的信息，旅行社就会提供一系列的机会，通常会写在一本做工精美的小册子里。然后旅行社就会试着把其中一些打包服务卖给游客。每一笔交易运营商都要向旅行社支付佣金。

批发、零售旅行社可以提供它自己包价的服务，或者更经常的是它们与其他公司签订合同，提供这些打包服务的一部分。最全面的旅游运营商是 Holland America Tours。它提供去阿拉斯加的旅行，包括乘坐从荷兰到美洲的邮轮，乘坐自有公交车通过特许灰色路线，乘坐有轨电车，并住在其所属的 10 个 Westmark 宾馆和酒店。有些旅行社拥有自己的航空运输，许多旅行社拥有并且自己经营公交车。但是大多数的旅游运营商与其他公司签订交通运输、住宿和其他服务的合同。这些旅游运营商甚至可能利用一些本地旅行社为自己的旅游提供外包服务。灰色路线旅行是公交旅游产业很大的一个组成部分，向其他的旅行社提供旅行服务，也向消费者提供零售旅游服务。

美国最大的旅游批发商之一是 Mark Travel Corporation，总部在 Milwaukee。它们通过数十家公司销售自己的旅游，包括 United Vacations 和 South west Airlines Vacations。因此，这些航空公司宁愿把交通运输包给旅游批发商，而不愿自己经营旅游。这里，关于旅游经营市场的其他方面，比如与分公司签订合约，体现了 Coase 的公司理论，我们曾在第 1 章和第 9 章提到过。

接纳型旅游运营商是旅游批发商中的一个专业团队，它们把服务卖给外国旅游运营商。它们向外国游客也称为入境游客提供境内旅游服务。比如，前面提到的 Mark Travel Corporation，把 Mark International 运作为接纳型经营者，专门从事外国旅行。有许多接纳型旅游运营商，它们与各式各样的商贸组织打交道，包括 RSAA 和 TIA。TIA 每年组织一次非常大的贸易展，叫做 International Pow Wow，这个展览集合出售美国旅游公司的服务并且让外国旅游运营商为来年安排商业活动。2005 年的 International Pow Wow 在纽约举行，吸引了 5 200 多人，包括购买美国旅游服务的来自 70 个国家的 1 300 人。

12.10 旅行社和旅游运营商的信息不对称

旅游运营商是服务游客和旅游行业最重要的中介，旅游运营商业务给了我们有趣的经济分析机会，有助于我们了解这个行业。但让旅游运营商困惑的是消费者为了他们已经付款的旅行安排而非常依赖旅游运营商。当旅游运营商因为各种各样的原因而没能向消费者提供他们已付钱的服务时，这个问题就出现了。下面这个表列出了旅游运营商没能提供它们承诺的服务的一些原因：

- 旅游运营商或者一家已签合同的服务供应商破产
- 对旅游运营商或者一家已签合同的服务供应商有误解或被其欺骗
- 不可预料事件

在美国，联邦贸易委员会（FTC）规范企业以保护它们的顾客，帮顾客为受到的虚假或误导而要求索赔。2006 年，FTC 收到的投诉中有 1% 是与旅游有关的。幸运的是，根据 Starr，现在的旅游广告比过去可信度高。然而，消费者还是要在安排旅游行程的时候多些小心。我们将看到，联邦立法机构、州立法机构和这个行业将会提供许多的指引和帮助。

面对许多消费者关于打包旅行的投诉，FTC 已经想出了一些指引方针来帮助消费者避免这样的问题。首先，它建议消费者从他们信任的商家购买打包旅行服务。它建议消费者警惕未经申请的提供折扣旅行计划的电子邮件或传真。FTC 建议消费者核实书面的打包旅游项目，包括具体酒店的名字和位置、航空公司和其他服务供应商，并拿到卖家关于退款和取消服务的书面条款。同时，消费者应使用信用卡，因为游客可能为没有收到的服务而与信用卡公司争吵或要求赔偿。

旅游运营商的问题并不都与电话销售欺诈有关。在过去的许多年里，破产已经导致了许多问题。事实上 USTOA 宣称它们于 1972 年成立的一个主要的原因就是保护消费者不受旅游运营商倒闭的影响。2003 年 9 月 Far & Wide Travel 公司倒闭，这是美国旅游运营商最大的倒闭之一。在倒闭前的 4 年里，Far & Wide Travel 公司拥有并经营了许多家旅行社。在 2001 年 9 月 11 号以后，恐怖袭击导致了旅游服务需求剧烈下降。9·11 以后，伊拉克战争和 SARS 也导致了旅游服务需求的下降。很快，随着销售额的持续下降，这家公司预计 2003 年的年收入降到了 2000 年的一半，这导致了其无力偿还债务。在公司倒闭的时候，还有 15 000 名游客正在等待出游或正在旅游。在破产后的几个月里，监督法庭卖掉了许多 Far & Wide Travel 公司正在经营的旅游分公司，用以筹钱还债。

英国假日市场

旅行社产业在英国庞大且多样化，不仅提供境内旅游服务还提供镜外旅游服务。ATBA 拥有 1 000 多家旅游运营商和 6 000 多家旅行社办事处。英国旅行者经常从旅游运营商那里买打包旅游服务。但是这些年来，当英国的打包旅行销量下降时，独立预订的旅行数量迅速增长，现在独立预订旅行占的市场份额大于打包旅行。

英国海外度假旅游市场是高度集中和整合的。直到最近，四家旅游运营商已经主导了这个产业，它们是 My Travel Group（formerly Airtours），TUI（包括 Thomson Holidays），First Choice 和 Thomas Cook。My Travel 在英国经营，其他的在欧洲或北美洲经营。在 2003 年，这家公司的全年收入大概是 70 亿美元，超过一半的利润是在英国获得的。2002 年，这家公司拥有 22 000 名员工，通过 100 多家分支公司卖其旅游产品和服务，其中包括 Airtours Holidays，这家公司是高度集中和整合的。2002 年，My Travel 拥有或经营 120 家度假村，并拥有 56 架飞机。这家公司还拥有游艇。

2007 年，My Travel 和 Thomas Cook 合并成了 Thomas Cook Group plc。同样，TUI 也计划将自己的旅行社与 First Choice 合并。这两件合并的完成将形成两家行业巨头，但因特尔网和低价的航线也将鼓励更多的自助游。

12.11 关于信息不对称的经济学

George Akerlof 因其在市场信息不对称方面的成就获得了诺贝尔经济学奖。在他对柠檬市场，即有缺陷的二手车市场的研究中，Akerlof 考察了不对称信息对市场发展的影响。这里的信息不对称是指卖家很了解旧车的质量，许多潜在的买家却对旧车知道得很少，因为他们没有经验。因此，买家会怀疑关于提供给他们的车的质量。他们通常会认为卖家都是为了摆脱问题轿车—柠檬，而他们自己通常持有异常良好的二手车。因此，抱有期望的买方会使得卖家不能以一个与轿车性能相符的价钱卖出一辆高品质的二手车。Akerlof 推论出这样的行为可能会完全将优质轿车挤出市场，因为它们无法实现其真正的价值。

Akerlof 把他的结论推广到欠发达经济区域的信贷市场，在那里关于偿还能力的信息不对称可能会阻碍信贷市场的发展。经济学家称这个问题即 Akerlof 研究的问题为逆向选择。因为从市场的角度来看，不论是买方还是卖方，机遇将提供相反的结果，因为机遇是由对方经选择后提供的。

市场中还有一个的重要而广泛的信息不对称现象。这个现象就是在市场交易中其他方所采取行动的信息问题，这被称为道德风险。一个典型的例子就是产权人买了财产保险，他的财产有了保险，所以他就没有采取防范措施来避免损失。

Akerlof 和其他人指出，市场参与者通常会完善机制，Akerlof 称之为 counteracting institutions，用以减少逆向选择与道德风险的影响。下面包括了一些可能的机制或机构：

●担保人：这个行业的公司，包括个人的或团体的，如果消费者得到柠檬，担保人可能会提供担保使消费者放心，让他们拿回自己的钱或者得到相应的赔偿。

●品牌和声誉：公司可以通过广告和其他促销方式为自己的品牌投资，那样它们可以提高自己的知名度。这样它们可以在消费者心中建立一个可信的形象，即它们不会出售柠檬，即使出售了也会提供赔偿。

●公司链：公司可以与其他公司合作，或者靠着它们的品牌和名气在新的地方开设分公司。

●许可或证明：市场可以通过它们自己的机制或者政府采取的行动为行业建立行为标准，来中和信息不对称的影响。

同样，市场和每位消费者进行着重复的合同和重复的销售就是为了保护他们不受信息不对称的影响，因为重复的销售让双方知道对方的交易信息。

12.12 旅游中介对信息不对称的反应

旅游运营商行业已经面临信息不对称带来的影响。许多旅行社卖出了打包旅游却未能兑现其承诺。许多运营商已经破产，留下没能去旅游的游客，或者更糟的是，许多游客被困在国外。根据 Holloway 的报告，1974 年英国破产的最大旅行社导致 50 000 名游客被困在国外。根据旅行作家 Wendy Perrin 的描述，每年一些旅行社和旅游运营商的倒闭导致许多游客没有享受到承诺的服务。她指出在 California 和 Florida，消费者受到保障可免受服务供应商倒闭的影响。尽管受到许多由信息不对称带来的潜在问题的影响。

　　为了繁荣这个行业，旅游运营商行业非常努力地健全机制以保护消费者，比如通过担保人、品牌、声誉、公司链和许可证等方式。在一些情况下，如早些时候的 Perrincites，州政府会要求旅行社和旅游运营商向消费者提供一些保障，但是大多数州不要求旅行社和旅游运营商。

　　各大旅游行业协会都努力使消费者相信，它们会安全地与协会的成员相处。协会开始一般都有严格的会员资格要求。比如，National Tour Association 有北美会员资格要求，这些要求包括符合州的许可批准和规定，拥有至少三年打包旅游的工作经验。每个独立的审计年度，针对每个已发生事件或可比较自办保险项目保持 100 万美元的最低保额，以此标准维护综合与专业负债保险项目。在北美以外的公司，对会员还有比这多的要求。

　　行业协会通常也有非常明确的保障计划，以保护消费者。USTOA 还有一个"游客援助计划"包括下面的内容：

　　●各成员向 USTOA 交付 100 万美元的保证金，万一该公司破产了，这笔资金将用来保护消费者。

　　●万一一个成员倒闭了，USTOA 将告知消费者他们拥有的权利，并对游客提供一个消费者信息中心。

　　●万一一个成员倒闭，USTOA 会要求其会员通过发行信贷来保护受到影响的游客，提供免费旅游，或者兑现存款。

　　●USTOA 作为一个清算中心，告知游客可行的选项。

　　根据 Starr，USTOA 已经用过好几次消费者保护计划了。USTOA 的一个成员 Far & Wild Travel Corporation 在 2003 年倒闭后，USTOA 的百万美元消费者保护计划于 2004 年之间把这 100 万美元分发给了合格的索赔人。

　　旅游中介机构努力提高行为标准并通过职业道德和专业认证使消费者放心。ASTA 要求它的旅行社和它的专业成员要遵守广泛的道德标准，包括下面的内容：

　　●准确：提供准确的信息并避免欺诈行为。

　　●公开：完整提供出售的任何旅游服务的条款和细则。

　　●回应：及时回应客户的投诉。

　　●退款：在指定期限内退还无争议的资金。

　　●保密：对每位顾客的交易保密。

　　●利益冲突：不允许用供应商的关系来影响客户的利益。

　　对每位 ASTA 的成员除道德准则之外的要求：

　　●通知：在旅行情况发生改变时，经管旅行的成员要立刻告知旅行社或客户。如果旅行社做了大量的改变，游客有取消旅行的权利。

　　●交付：经管旅行的成员要向游客提供一个介绍旅游的小册子，或者是提供相等的或更高的价值，或者是赔偿消费者。

　　●证书：一个 ASTA 的成员只能向出售和管理旅游服务的人提供旅游代理证书。

　　这些要求直接指出了消费者和服务供应商所担心的问题，即给人们提供旅游代理打折服务的人不一定是旅行代理人。

12.13 小结

旅行社、全球分销系统、旅游管理公司、奖励旅游公司、旅游运营商是旅行行业的中介，向消费者和旅游服务供应商提供服务。在许多其他的服务中它们通过提供信息、检索、交易处理、推广、销售创造价值。在美国有成千上万的旅游中介，它们当中有些是非常大的。

近年来，随着旅游服务供应商的减少和佣金的消除，旅行社行业已经发生了巨大的改变。提供服务的费用被旅行社用在更广的范围。许多公司已经合并，同时一些基于互联网的新公司正在出现。

旅行社靠包价旅游服务创造价值，包括旅游住宿和其他的服务，还有向消费者出售打包旅行。这种旅游打包可在许多种旅游方式中使用，包括专业旅游、去某些热门景点的预算旅游、有陪同人员的团体旅游等。许多旅游运营商是批发商，通过旅行社销售服务。世界一些最大的旅游运营商是纵向整合的，提供运输服务，在某些情况下，还提供自己的住宿和其他服务。

旅游中介数十年来一直被一些没有道德的经营商向消费者误传它们的服务的问题困扰。同时，因为这个行业是根据对销售做的估计来实行长期交货，提前交付旅游服务和住宿，不可预知的时间可能导致财务危机，在有些情况下，甚至导致破产。这就造成了旅行社能否履行其对消费者承诺的不确定性，还有逆向选择和道德危机等潜在问题的不确定性。一般来说行业可以靠提供担保、品牌和声誉、名气、产业链、许可或认证来缓和这些信息问题。旅游中介用这些机制使消费者放心。中介机构已经试着为可靠的服务建立品牌和声誉，它们参与财团或者产业链，它们还提供贸易协会组织的程序支持的担保。同时，它们有保证其专业性的程序。

第 13 章

赌场游戏

●了解最近几个世纪以来，美国商业赌场和美国本土赌场的发展以及其对美国旅游业的影响

●了解美国和国际赌业的结构

●学习赌场是如何运行的

●了解政府是如何对赌场进行管制的

●了解赌场的税赋

●学习赌场如何影响地方经济发展

●学习赌场娱乐的潜在社会成本

13.1 概要

尽管一般情况下许多人反对赌博，尤其是对赌场深恶痛绝，但近十年来赌场娱乐已发展为旅游产业里发展最快的组成部分之一。其发展主要有两个主要原因：首先，已经建立起来的赌博目的地，尤其是美国的拉斯维加斯和中国的澳门，发展迅速。再者，本地授权，尤其在美国，近几十年已经建立了很多新的赌场圣地。

娱乐场包括各种各样的置赌注的活动。这些活动包括赌博娱乐、彩金（例如赛马比赛、快速船比赛及回力球比赛）、彩票及其他。在美国，置赌注在赛马比赛上是欧洲殖民者来到美国后迅速发展起来的。现在我们知道的第一个赌场，1827 年建立于美国的新奥尔良。在接下来的几十年，更多的赌博设施在美国的大城市建立起来，包括纽约、芝加哥、旧金山和迈阿密。然而到 1910 年，美国所有州都废除了各种这样的赌博形式。

现代美国娱乐产业始于 1931 年，内华达州使赌博再次成为合法的娱乐项目，从而促使拉斯维加斯在近几十年发展成了赌博娱乐的主要目的地。1987 年，美国最高法院申明本地美国人有权利在其他土地上经营赌场。印第安土地上赌场的快速发展时期也紧接着开始了。同样在继内华达认可了赌博的合法性后的几十年内，许多州开始允许彩金赌注。1963 年，新罕布什尔州建立了它的第一注州际彩票。又经过了几十年的时间，许多别的州也纷纷效仿新罕布什尔州，有了自己的彩票投注站。结果显示到 2007 年已经有 12 个州拥有了商业性的赌场、11 个州已经拥有了赛马场赌场、24 个州有了三级（包括老虎机、桌球及别的高

赌注的游戏）本地美国赌场、41 个州和哥伦比亚区拥有彩票、43 个州有了彩金赌注。2008 年，在美国 50 个州中只有夏威夷和犹他州没有任何形式的关于合法赌场的设施。

对于旅游学的研究，赌场娱乐的扩大发展是旅游业发展中重要的组成部分。1976 年，美国新泽西州成为了在近代史上允许赌场游戏的第二个美国大州，它批准了在大西洋城赌场娱乐的运作。别的州也纷纷随之建立了商业性的赌场，如表 13—1A 和表 13—1B 所示。商业赌场可以是陆地的，如在拉斯维加斯的赌场，也可以在内河船只上，或是在码头，例如在美国印第安纳州的赌场。有 8 个州拥有带赛道的赌场，这就是著名的赛赌场。这三种赌场路易斯安那州都有。表 13—1A 和表 13—1B 显示了 2007 年各个州商业赌场和赛道赌场的收入。

表 13—1 显示了美国从 1997 年到 2007 年赌场游戏收入的发展情况。

表 13—1A 　　　　　2007 年美国商业赌场营业收入总额

州名	陆地和船上赌场营业收入 （百万美元）
科罗拉多州	816
伊利诺伊州	1 983
印第安纳州	2 625
爱荷华州	908
路易斯安那州	2 197
密歇根州	1 335
密西西比州	2 891
密苏里州	1 592
内华达州	12 849
新泽西州	4 921
宾夕法尼亚州	27
南达科他州	98

表 13—1B 　　　　　2007 年美国赌马场营业收入总额

州名	赌马场营业收入 （百万美元）
特拉华州	612
佛罗里达州	202
爱荷华州	455
路易斯安那州	369
缅因州	43
新墨西哥州	245
纽约州	828
奥克拉荷马州	79
宾夕法尼亚州	1 063
罗德岛	448
西弗吉尼亚州	932

数据来源：American Gamming Association（2008e），pp. 12 - 28。

表 13—2　　　　　　　　1997—2007 年美国赌业收入总额

年份	商业赌场营业收入 （10 亿美元）
1997	18.2
1998	19.7
1999	22.2
2000	24.3
2001	25.7
2002	26.5
2003	27.0
2004	28.9
2005	30.3
2006	32.4
2007	34.1

数据来源：American Gamming Association（2008d）。

13.2 美国赌场产业

　　赌场产业包括一小部分非常大的公开交易，还包括小的私有公司以及印第安部落的赌场交易。这个产业经常将"商业性质"的赌场与印第安或是部落的赌场区分开。拉斯维加斯和大西洋城是大多数最大的商业性赌场的故乡。拉斯维加斯包括三个主要的赌博区域："条带区"，拉斯维加斯林荫大道的一部分，就是大型度假胜地赌场的所在位置；"巨砾带状区"和"闹市区"是许多赌场的所在地，这里有许多吸引人的地方，比如"弗里蒙特街体验"。内华达州的雷诺、太浩湖、劳克林、麦斯科特（Mesquite）、15 号州际公路（位于内华达州普里姆和让的城镇里）也拥有巨大的赌场。除了内华达州和大西洋城，在密西西比州、印第安纳州、伊利诺伊州、密苏里州、密歇根州、路易斯安那州、爱荷华州、科罗拉多州都有大型的商业性赌场。最大的部落赌场是美国康涅狄格州的康州快活（Foxwoods）。在加利福尼亚州、明尼苏达州、密歇根州及其他的州都有大型的印第安赌场。

　　表 13—3 表明了 2007 年最大的美国赌博市场年度总的游戏收入。

　　尽管有许许多多公司操纵着美国赌场，但在 2007 年一小部分大型集团掌控着绝大多数大规模的美国商业性赌场，这些公司基本都是公开交易的。在 20 世纪 90 年代期间，一些大的宾馆连锁公司出售了它们自己的赌博游戏。这样导致了游戏产业快速踏上了合并及收购的步伐。

　　●哈拉斯娱乐公司（Harrah's Entertainment, Inc）是普罗米斯公司（Promus Companies, Inc）的新名字。公园广场娱乐公司（Park Place Entertainment Corp）成立于 1998 年年底，希尔顿酒店集团（Hilton Hotels Corp）将它的寄宿和赌博游戏分给了不同的独立公司。公园广场娱乐公司随后兼并了大赌场公司（Grand Casinos, Inc）和凯撒世界公司（Caesars World, Inc）并改名为凯撒娱乐中心（Caesars Entertainment）。凯撒于2005年6月兼并了哈拉斯娱乐公司（Harrah's Entertainment），哈拉斯之前兼并过利澳酒店（Rio Hotel）和赌场公司（Casino, Inc）。2007年4月，哈拉斯同意被私人股权投资公司TPG中心（TPG Capital）和阿波罗管理公司（Apollo Management）兼并。这次兼并直到2008年才彻底完成，并且公司宣告改名为凯撒娱乐中心（Caesars Entertainment Corporation）。

表13—3　　　　　　　　　2007年美国最大的博彩市场

排名	博彩市场	营业收入（百万美元）
1	Las Vegas Strip, NV	6 750
2	Atlantic City, NJ	4 921
3	Chicago, IN/IL	2 602
4	Connecticut	1 685
5	Detroit, MI	1 335
6	Tunica/Lula, MS	1 243
7	Biloxi, MS	1 007
8	St. Louis, MO/IL	999
9	Boulder Strip, NV	928
10	Reno/Sparks, NV	928
11	Shreveport, LA	844
12	Lawrenceburg/Rising Sun/ Belterra IN	791
13	Kansa City, St. Joseph, MO	758
14	New Orleans, LA	704
15	Lake Charles, LA	641

数据来源：American Gaming Association (2008e)，p. 8。

●1999年，米高梅金殿酒店（MGM Grand）兼并了金殿酒店（Mirage Resorts）和普莱姆多纳度假村公司（Primadonna Resorts, Inc），包括纽约－纽约公司（New York – New York.）在内的内华达赌场产权。曼德勒海湾度假村公司（Mandalay Bay Resorts, Inc）就是之前著名的马戏团公司（Circus Cricus, Inc）。2005年米高梅公司（MGM Mirage）兼并了曼德勒海湾公司（Mandalay Bay）。

除了兼并和收购外，仍然有重要的新加入者进入赌博行业，包括永利度假村有限公司（Wynn Resorts, Limited），其于2005年成立了永利拉斯维加斯度假村（Wynn Las Vegas Resort）。还有1999年威尼斯公司（The Venetian）成立的拉斯维加斯金沙（Las Vegas Sands），以及成立于2008年的拉斯维加斯宫（The Palazzo Las Vegas）。别的公司也通过内部调整或收购等方式壮大了起来。到2006年年底公开交易的公司在美国也建立了许多主要的大赌场：

●Harrah's Entertainment
●MGM Mirage
●Las Vegas Sands Corp
●Wynn Resorts Ltd
●Station Casinos, Inc

●Boyd Gaming Corp

●Penn National Gaming，Inc

●Aztar Corporation

●Pinnacle Entertainment，Inc

表13—4展示了2005年年底操纵着美国赌博市场的两大公司其在美国主要资产的名字，在相关旅馆中拥有的房间数目以及其拥有赌场的大小（单位：平方英尺）。表底部的总计是公司2005年年底近似的总产值，其中包括没有列出的赌场。

表 13—4　　　　　　2005 年选自米高梅公司和哈拉斯娱乐公司赌场

米高梅公司		
赌场	客房数（间）	赌场规模（平方英尺）
Bellagio	3 933	155 000
MGM Grand Las Vegas	5 044	156 000
Mandalay Bay	4 756	157 000
The Mirage	3 044	118 000
Luxor	4 403	100 000
Treasure Island	2 885	90 000
New York – New York	2 024	84 000
Excalibur	3 990	100 000
Monte Carlo	3 002	102 000
Circus Cricus Las Vegas	3 764	133 000
Primm Valley Resorts	2 642	137 000
Circus Cricus Reno	1 572	69 000
Gold Strike（Jean）	811	37 000
Edgewater（Laughlin）	1 356	57 000
MGM Grand Detroit	N/A	75 000
Beau Rivage（Biloxi）	N/A	N/A
Gold Strike（Tunica）	1 133	40 000
Borgata—50% owned（Atlantic City）	2 000	125 000
米高梅公司总计	49 665	1 955 000
哈拉斯娱乐公司		
赌场	客房数（间）	赌场规模（平方英尺）
Harrah's Atlantic City	1 630	142 100
Bally's Atlantic City	1 740	225 800
Caesars Atlantic City	1 220	130 900
Harrah's Las Vegas	2 530	88 400
Rio	2 520	107 000
Caesars Palace	3 350	129 000
Paris Las Vegas	2 920	180 700
Flamingo Las Vegas	3 550	76 800
Reno Hilton	2 000	107 000

续表

赌场	客房数（间）	赌场规模（平方英尺）
Harrah's Lake Tahoe	530	57 600
Harveys Lake Tahoe	740	63 300
Caesars Indiana	500	87 000
Horseshoe Tunica	510	63 000
Grand Casino Tunica	1 360	136 000
Grand Casino Biloxi	980	134 000
Harrah's St. Louis	500	120 000
Harrah's New Orleans	—	125 100
Harrah's Ak – Chin（Arizona）	150	48 000
哈拉斯娱乐公司总计	42 760	3 247 200

数据来源：Harrah's Entertainment, Inc.（2006）；MGM Mirage（2006）。

13.3 全球赌场产业

尽管许多大型的赌场都在美国，尤其是在拉斯维加斯，全世界其他国家也有许多大型的赌场。摩纳哥的蒙特卡罗大赌场（Casino of Monte Carlo）因其优雅的环境和精良的设施而在全世界范围内享有盛誉。继 1958 年好莱坞明星格雷丝·凯利（Grace Kelly）嫁给摩纳哥统治者雷尼尔亲王（Prince Rainier）后，童话般的爱情故事将这里演绎得更加神秘浪漫。许多人一定会在电影里看过蒙特卡罗大赌场（Casino of Monte Carlo），许多电影里的镜头都是以这个赌场周围为中心的。摩纳哥的蒙特卡罗大赌场（Casino of Monte Carlo）正是有关詹姆斯·邦德的系列小说《皇家赌场》（*Casino Royale*）中赌场的原型。

近些年，中国澳门地区的赌场产业，就是之前葡萄牙在中国的殖民地，已经发生了戏剧性的变化。自从 1999 年葡萄牙放弃了它对这个地区的政治管辖权，中国澳门地区就成了中国的一个特别行政区，也成为中国唯一拥有合法赌场的地区。中国澳门特别行政区已经将赌场的操纵权或是特许权授予了三个公司：中国澳门地区博彩股份有限公司（Sociedade de Jogos de Macau）、银河娱乐公司（Galaxy Casino Company）和永利度假村有限公司（Wynn Resorts, Ltd）。

这些公司已经准许次特许经营权与包括拉斯维加斯金沙公司（Las Vegas Sands）和米高梅公司（MGM Mirage）在内的许多别的公司合作。这些赌场新的经营权引起了巨大的爆炸式轰动和一个大的赌博产业的发展。到 2005 年，中国澳门地区赌场的总的收入大约是 560 万美元。例如，中国澳门地区金沙公司（Sands Macao）于 2004 年建立了它的赌场和旅店，现在还在不断地扩大。著名的金光大道（Cotai Strip）就是美国赌博中心酒店林立的拉斯维加斯大道的一个亚洲翻版。计划中的金光大道包括十几个巨型旅馆和类似于拉斯维加斯大道（Las Vegas Strip）的赌场。

新加坡也将很快加入亚洲的赌场竞争中。2006 年新加坡将第一张赌场执照授予了拉斯维加斯金沙公司（Las Vegas Sands, Inc）。

加拿大省级政府经营赌场或是与私营合作者联合经营赌场。例如，不列颠哥伦比亚省与不同的私有赌场经营者合作经营的赛马娱乐场，最初是为了迎合本地玩家的需要而建立的14个社区赌场和4个游客专属赌场。私人经营者接受桌上游戏红利的40%和老虎机红利的25%作为他们服务的回报。省政府所属的安大略省博彩公司（The Ontario Lottery and Gaming Corporation）经营着17个赛马娱乐场并跟私人经营者联合管理4个商业性赌场，包括巨大的尼亚加拉瀑布赌场度假村（Niagara Fallsview Casino Resort）。除了经营商业赌场和赛马娱乐场之外，加拿大也允许经营慈善赌场和美洲原住民赌场。

自2005年颁布《博彩法案》以来，大不列颠的赌业经历着一场巨变。南非、澳大利亚和新西兰也有不小的赌业。

13.4 赌场运营

13.4.1 博彩游戏收入

赌场通过为消费者提供博彩游戏娱乐以及许多相关活动而创造价值。今天现代的度假区赌场包括住宿、餐饮、会议及会展相关设施、舞台表演、购物、户外娱乐等其他活动。绝大多数大型赌场及相关设施都是一天二十四小时一周七天营业的。最流行的博彩游戏除了竞赛和体育博彩外，还有21点、双骰子游戏、轮盘赌、扑克牌游戏和老虎机。

在美国，老虎机是目前为止博彩游戏收入的最大来源。例如，在内华达州的赌场中，2/3的博彩收入来源于老虎机。2007年内华达州赌场的博彩游戏总收入如表13—5所示。

表13—5　　　　2007年内华达州博彩收入（按来源分）

来源	营业收入（百万美元）
老虎机	8 451
桌类游戏	4 230
牌类游戏	168
赌场总计	12 849

数据来源：Nevada Gaming Commission and State Gaming Control Board（2008），p. 1。

收入在娱乐产业算是一个比较令人困惑的概念，因为并不是一美元的投注就能有一美元的收入。这个产业指的抽头是投注的总额。在赌场，投注是指转化成筹码的现金的总额。但是，一些投注会赢，因为玩家的收益大于他的投注。这时玩家一般会连续下注，但有时赢有时输。最后，平均每次，赌场都会将一部分投注变成自己的盈利。赌场或彩票的收入就是赌场或彩票赢得钱的总数。

赌场收入来自于与每个游戏相关联的"庄家优势"。玩家与庄家对抗的游戏中，例如21点或轮盘赌，每盘预想的支出或赢的几率乘上支付奖金的数目要比投注小。例如，在一场典型的轮盘赌中，如果从38种可能性中选出幸运的号码，庄家将按支付35倍投注支付。长期单号投注，（仍有更复杂的赌注涉及数字的结合），赌场将为每 38 美元的投注支付 35 美元，剩下的作为庄家优势。赌场通常从投注中赢取 10% 到 25%。在与别的玩家对抗的游戏中，赌场充分利用庄家优势从投注池中抽头，根据固定的公式分配剩下的投注。这些被叫做按注分彩法游戏，包括赛马、彩票和扑克牌游戏。赛马场通常赚赌注总额的 70% 或更多，然而，彩票通常抽取赌注总额的 50% 左右。

　　一些赌场为特选的团队或个人提供免费的交通、住宿和餐饮，就是我们知道的"VIP"或"超级赌徒"，这些人或者拥有很高的赌场信用卡额度，或者在赌场存有大笔保证金，或者就是之前在赌场上投注巨大。这种提供免费食物或住宿的过程就是我们所谓的"谢礼"。高级赌场给许多桌上游戏玩家发"借据"。借据就是简单的"借条"，那就是说，赌场借赌注给玩家。这对大部分老虎机玩家和大多数桌上游戏玩家不是很重要，但对豪华奢侈的赌场里的大赌徒是非常重要的。

■ 13.4.2　博彩游戏设施

　　对于赌场行业如此重要的老虎机或游戏设施，是由少数的制造商公司制造的，包括国际游戏技术公司（International Gaming Technologies）、WMS 工业公司（WMS Industries）、贵族技术公司（Aristocrat Technologies）和巴利技术公司（Bally Technologies）。这些赌场游戏机包括传统的老虎机，带有三个、四个或是五个卷筒，陈列水果、条块、数字或是其他图案。赌场已经普遍用计算机化的机器取代过去机械式的老虎机，很多情况下新机器可以在电脑屏幕上模仿卷筒。不久前，这些游戏设施提供了更多种的游戏，包括非常流行的录像扑克牌游戏，这个游戏一定程度上取决于玩家的技术水平。平常最流行的赌场老虎机是以拥有知名品牌名字的游戏为基础的，例如，WMS 技术（WMS Gaming）的大富翁（Monopoly）和好莱坞广场（Hollywood Squares）以及国际游戏科技公司的命运之轮（International Game Technology's Wheel of Fortune）和星际大战（Star Wars）。别的创新包括逐步发展的累积奖金，有机会用一很小的赌注获得大赢，和一种无钞机器，可以打印出一张小票显示玩家赢得的所有钱，而不是早期的尝试将硬币弹在机器下面的一个浅盘里。

　　游戏机器制造商可以通过许多方式获得他们的收益。他们通过卖游戏机给赌场经营者赚取收益。在一些情况下，制造商也可以收取机器的日常租金，或者，机器制造商也可以向赌场经营者收取每台机器的盈利中的一部分或机器赌注数目中的一定百分比。同样，游戏制作人或知识产权的第三方业主可以收取使用这些东西的版税，例如游戏里出现的名字、设计和游戏中的人物等。

　　游戏制造商、独立的设计师和赌场都致力于提供能吸引玩者的机器。国际游戏技术公司（International Game Technology）声明 2005 年已经有多于 1 200 员工致力于产品开发，包括游戏设计、图形学、计算机技术及其他领域。赌场和制造商谨慎地监测游戏使用情况，以便取消使用率极低的游戏设备，并用能够带来更多收入的游戏替换旧游戏。一般情况下，新的游戏设备需要获得管理机关的许可才能投入使用。

13.4.3 非游戏收入

近几十年来，拉斯维加斯赌场已经涉及住宿和餐饮的经营。许多赌场也拥有娱乐场所。最新的拉斯维加斯赌场和其他赌场也是庞大的旅游度假地的一个组成部分，有多个住宿选择、会议中心、大型娱乐场所，许多世界最著名的饭店和许多别的景点。米高梅公司（MGM Mirage）的曼德勒海湾度假地（Mandalay Bay resort）的赌场包括以下设施：

●数目众多的饭店，包括查理帕尔默的光环（Charlie Palmer's Aureole），沃尔夫冈普克的饮食店——德尔路波（Wolfgang Puck's Trattoria Del Lupo），休伯特凯勒的鸢尾花（Hubert Keller's Fleur de Lys）

●一个有12 000座位的特殊会议场所

●一个有1 760个座位的剧场，以百老汇大街热门剧为主

●蓝调之家（House of Blues）

●兰姆森林（Rumjungle）饭店和俱乐部

●鲨鱼礁（Shark Reef），鲨鱼和别的海生物之家

●一个很大的游泳池和沙滩区域，包括波浪泳池和一个欧式海滩

●一个30 000平方英尺的水疗中心

●四季饭店（Four Seasons Hotel），拥有自有的大堂、餐厅、游泳池和水疗中心

●THE饭店，全套房酒店，包括自有的水疗中心和健身中心、休息室和餐厅，包括艾伦杜卡斯的混合拉斯维加斯（Alain Ducasse's Mix Las Vegas）

●大型会议、展览、小型会议设施和拥有200万平方英尺的展厅

●一个零售中心，有大约40个时装商店、餐馆，还有著名的滑稽剧院Forty Deuce

零售业经营者通过与赌场合作已经有了很大的发展，尤其是凯撒皇宫（Caesars Palace）的论坛商店（Forum Shops），威尼斯人的运河购物中心（Canal Shoppes），阿拉丁的贝拉吉奥（Via Bellagio）和沙漠通道（the Desert Passage），米高梅大酒店（MGM Grand）的步行工作室（the Studio Walk）等。拉斯维加斯同样也有大的购物步行街，包括拉斯维加斯服装展（Fashion Show Las Vegas），这些是和赌场分开的。

近些年，这些住宿、娱乐、饮食的经营在收入上已经可以与赌场相媲美，并且在一些情况下已经超过了赌场的收入。米高梅公司（MGM Mirage）2007年拆分财报（见表13—6）显示它的住宿、娱乐饮食及零售经营等非赌场收入比赌场经营收入多出50亿美金。

表 13—6　　　　　　　　2007 年米高梅公司营业收入（按来源分）

收入来源	净收入（百万美元）
赌场	
桌类游戏	1 228. 3
老虎机	1 897. 6
其他	113. 1
赌场总计	3 239. 1
非赌场	
客房	2 130. 5
餐饮	1 651. 7
娱乐，零售以及其他	1 376. 4
非赌场总计	5 158. 6
收入总计	8 397. 7
减少：促销费用	−706. 0
净收入	7 691. 6

数据来源：MGM Mirage（2008），p. 20。

13.5 赌场的税收和法规

■ 13.5.1　美国各州的规定

在美国及全世界范围内赌场都是严格监管并且苛以重税的。在美国，由各州负责赌场的监管。内华达州的赌场受《内华达州博彩管理法案》（Nevada Gaming Control Act）的制约，及内华达州博彩委员会（Nevada Gaming Commission）和内华达州博彩管制局（Nevada State Gaming Control Board）的监管。内华达州规范赌场经营者的执照发放、卡牌游戏行为、赌场钱财的处理、筹码和老虎机专用币的设计和生产、顾客纠纷的解决方案、赌场监视系统的操作和许多别的关于赌场经营的细节问题。

这些规章制度如下：
● 阻止不适宜的人群参与博彩游戏
● 建立负责任的会计惯例和程序
● 保证对执照拥有者财务实践的财政控制，包括对财产和收入的安全保护并保证可靠的记录保存
● 防止作弊和欺诈
● 通过税收和收费为国家和当地提供一个新的收入来源
拥有合法赌场的美国其他州也有类似的规章制度。

■ 13.5.2　赌场税收

对于州政府、省级政府和中央政府来说赌场都是收入的一个主要来源。例

如，在加拿大，省级政府拥有商业赌场并赚取收入以支撑广泛的政府事务。这些省同样也会跟赌场所在地的社区共同分享赌场的收入。安大略省同样经营着慈善赌场，赌场的净收入都将会进入省的慈善基金。慈善基金达到了每年大约 1 亿美金。

在美国，州政府与印第安部落经营赌场签有收入共享的协议。这些协议表明了博彩游戏净收入的 8% 到 25% 给州政府和当地政府。再者，州政府对商业赌场征收各种各样的税收和费用，包括按百分比对博彩游戏收入收费、执照费、管理税及其他税费。例如，密歇根州对博彩游戏收入征收 19% ~ 24% 的税，州政府与底特律市平均分。内华达州确定了"月收费标准"将最高税率增至总游戏收入的 6.75%。它同时也对桌上游戏征收年度和季度执照费，还对每台老虎机征收每年 250 美元的税及按季度征收每台 20 美元的执照费。

2007 年国有商业性赌场的税收收入如表 13—7 所示。

在一些情况下，州或省及政府都对博彩游戏收税，包括赌场税收实行专款专用。州和当地政府的赌场收入通常会用于普通基金、教育、医疗保健、青年计划、老年公民计划及其他用途。

表 13—7　　　　　　　　2007 年各州商业赌场税收

州名	税收（百万美元）
科罗拉多州	115
伊利诺伊州	834
印第安纳州	842
爱荷华州	315
路易斯安那州	559
密歇根州	366
密西西比州	350
密苏里州	417
内华达州	1 034
新泽西州	475
宾夕法尼亚州	473
南达科他州	15
总计	5 790

数据来源：American Gaming Association（2008c）。

■ 13.5.3　美国原住居民赌场

1987 年，美国最高法庭在审理（California v. Cabazon Band of Mission Indians（Cabazon））的案件中明确了美国原住民可以在部落的土地上拥有和经营赌场的权利。接下来的一年，即 1988 年，议会通过了《印第安游戏管理法案》（Indian Gaming Regulatory Act），具体说明了经营部落赌场的条款和条件。该法案同时也成立了印第安国家博彩委员会（Nation Indian Gaming Commission），从而在联邦法律层次规范了印第安的博彩业。该法案将印度博彩游戏分为三个等级。等级Ⅰ和等级Ⅱ包括传统的游戏，例如宾果及其他较小风险的游戏。等级Ⅲ包括赌场博彩游戏，例如老虎机、21 点、轮盘赌及其他桌上游戏，同样还包括等级 Ⅰ 和等级 Ⅱ 中不包含的高风险游戏。《印第安游戏管理法案》（Indian Gaming Regulatory Act）明确指出部落只有和该州签订一个被称为"部落－州契约"的书面协议才可以在这个州建立等级 Ⅲ 中的赌场。这些部落－州契约会明确指出关于在部落土地上建立赌场的协议条款。契约包括了与这些州共享收入的条款。2005 年，已经有 28 个州拥有印第安博彩，然而这些州中的 22 个都有正在经营的印第安赌场。

2004 年，部落总收入已经超过了 194 亿美元，包括 55 个年收入超过 1 亿美元的赌场。

13.6 赌场的收益和成本

赌场不仅创造收益还有成本。最初的收益是通过为消费者提供博彩娱乐、其他与博彩相关的娱乐项目、餐饮、住宿及其他与赌场相关的服务和产品来创造客户价值的。在拉斯维加斯大道（Las Vegas Strip），通过向消费者介绍赌场来展示旅游吸引物。游客人数和在拉斯维加斯大道的消费水平证明了赌场能为消费者创造价值。

赌场的工作人员及拥有者为他们的消费者创造了价值，同时也为他们自己创造了收入，这种收入通过周薪、月薪、利息、租金、版税、企业利润等体现出来。因此，一个地区赌场的发展可以增加就业、收入、税收收入，也是其他经济增长的标志。拉斯维加斯城惊人的发展也再次证明了赌场可以给旅游目的地带来经济增长。然而，拉斯维加斯只是一个极端的例子，密西西比州的丘尼卡提供了第二个例子。丘尼卡是离田纳西州的孟菲斯不远的一个县城，曾经是美国最穷的县城之一。自从 1992 年第一个赌场开张以来，它的 9 个赌场已经带来了很大的经济利溢，包括就业和收入的增长。

商业性赌场在多大程度上拉动了经济增长是有争议的。一些人争论说旅游目的地赌场吸引地区之外的游客拉动了本地区的经济增长，而专为地区居民而设立的当地赌场并没有促进经济增长。他们认为当地的赌场只是简单地把开销和就业从其他行业转移到赌场，例如在建赌场之后对本地饭店经营的冲击。但是这种争论正确吗？赌场正如其他行业或产业，创造了经济增长，从某种程度来说就是创造了新的附加价值。附加价值是收入的唯一来源。如果新赌场的开业能为该地区产生更多的附加价值，那么该地区的收入就会增加，不管消费者是在该地区之内还是该地区之外。

这当然不是说出口对经济增长不重要。相反的，出口的增长对地区或是国家的经济增长都很重要。我们在第 5 章就能看到这点，在这章我们把总出口纳入最终需求的一个组成部分。研究不同国家间经济增长差异的研究人员已经认真地考察了经济发展的源泉，并且发现了对外贸易的公开性是增长的一个重要来源。

但是还有别的经济增长来源，并且彼此都是相互关联的。物质资本和人力资本的积累还有生产技术的进步都与地区或国家的经济增长相关联。有物质资本和人力资本积累优惠政策的国家及地区，就有经济增长的要求。这些有助于经济增长的法规与政策包括物权法、稳定的货币政策、稳定的政治制度及与别的国家及地区的贸易公开化。

地里因素，例如靠近通航水域、无地方性疾病、充足的自然资源、临近其他高收入地区等其他因素，同样对经济发展和收入增长有一定贡献。然而，就像韩国与朝鲜的例子，或者民主德国与联邦德国的例子来说，地理本身并不决定经济的发展速度。物质积累、地理因素、制度（包括政治制度）、技术和知识等众多因素在国家或地区经济发展中的角色一直是活跃经济学家研究的主题。赫尔普曼（2004）对这个研究提供了很好的调查。

显而易见，在美国各州引进商业性赌场的同时，也通过设施的建设和大型机器的安装而带来大量物质资本的投资。赌场提供教育和培训，提升了员工的知识、技术和能力。赌场不仅在游戏机器方面还在管理、安全及其他许多方面引进了先进的技术。所有的这些不仅提高了工人的生产力，还增加了现代赌场地区经济发展的附加价值，不管消费者是本地的还是游客。

对于绝大多数赌场的顾客，赌博只是娱乐的一种形式。一些顾客成了问题赌徒不能控制自己行为，不能将损失控制在合理范围。这些问题赌徒可能因赌博而犯罪、申请个人破产、扰乱家庭生活，或导致其他反常行为。赌场赌博与这些焦点问题的关系一直是社会学家及健康领域研究者研究的题目。

1996 年，美国国会（U. S. Congress）成立了一个国家赌博影响研究委员会（National Gambling Impact Study Commission）来研究赌博对美国社会和经济的影响。在 1999 年 4 月份，投票建议限制赌博业的扩张。国家委员会在 1999 年 6 月的最终报告里，建议如下：

●限制 21 岁以下的人；
●禁止对业余体育博彩；
●为了保护赛马场地，禁止在赛马场引进赌场性质的博彩；
●在美国禁止网络博彩；
●允许在每个州范围内印第安部落的博彩游戏活动（与州内别人被允许的博彩游戏活动一致）；
●认可赌场游戏（非彩票、单机的老虎机及网络游戏）对经济发展的推动，尤其是对于经济萧条地区。

不可否认赌场博彩游戏对许多地区的旅游发展是非常重要的。然而，扩大赌场博彩的建议仍然是有很大争议的。

13.7 小结

在最近几十年，赌场博彩已经成为旅游产业发展最快的一个市场。建立已久的赌场旅游目的地，包括拉斯维加斯和中国澳门地区，还有美国当地政府已经批准新建赌场的其他地区，发展迅速。赌场有许多类型，包括商业性的赌场，可以是位于陆地上的、内河船只上的、码头边的或赛道上的，还有美国原住居民赌场。美国商业性赌场年收入已经超过了300亿美元。少数上市公司或私有企业拥有美国绝大多数的商业性赌场。加拿大、南非、澳大利亚和新西兰同样拥有不小的博彩产业。

赌场通过提供博彩游戏娱乐和许多相关的活动为客户创造价值。今天的现代度假地赌场集结了住宿、餐饮、会议设施、舞台娱乐、购物、户外休闲及其他活动。赌场收入来自于与每场游戏密切相关的庄家优势。在美国,老虎机提供了赌场娱乐收入的最大来源。

在美国及在全世界范围内赌场都是严格监管和苛以重税的。在美国,各州有责任规范它们的赌场博彩。州与开设赌场的印第安部落签有共享收入的协议。

赌场为它们的顾客创造价值,主要是提供娱乐,同样它们也为它们的员工和所有者创造收入及其他利益。然而赌场的扩张是相当有争议的,因为赌场赌博存在消极作用,包括潜在的增加破产及犯罪率的风险。

PEARSON

北京培生信息中心
北京市东城区北三环东路 36 号
北京环球贸易中心 D 座 1208 室
邮政编码:100013
电话: (8610) 57355171/57355169/57355176
传真: (8610) 58257961

Beijing Pearson Education
Information Centre
Suit 1208, Tower D, Beijing Global Trade Centre,
36 North Third Ring Road East,
DongchengDistrict,Beijing, China100013
TEL:(8610)57355171/57355169/57355176
FAX:(8610)58257961

尊敬的老师:

您好!

　　为了确保您及时有效地申请教辅资源,请您务必完整填写如下教辅申请表,加盖学院的公章后传真给我们,我们将会在 2-3 个工作日内为您开通属于您个人的唯一账号以供您下载与教材配套的教师资源。

请填写所需教辅的开课信息:

采用教材			□中文版 □英文版 □双语版
作　者		出版社	
版　次		ISBN	
课程时间	始于　年　月　日	学生人数	
	止于　年　月　日	学生年级	□专科　□本科 1/2 年级 □研究生　□本科 3/4 年级

请填写您的个人信息:

学　校			
院系/专业			
姓　名		职　称	□助教 □讲师 □副教授 □教授
通信地址/邮编			
手　机		电　话	
传　真			
official email(必填) (eg:XXX@ruc.edu.cn)		email (eg:XXX@163.com)	
是否愿意接受我们定期的新书讯息通知:	□是　　□否		

系 / 院主任:＿＿＿＿＿＿＿＿（签字）

（系 / 院办公室章）

Please send this form to: Service.CN@pearson.com
Website: www.pearsonhighered.com/educator

＿＿年＿＿月＿＿日

东北财经大学出版社

Supplements Request Form (教辅材料申请表)

Lecturer's Details（教师信息）

Name: (姓名)		Title: (职务)	
Department: (系科)		School/University: (学院/大学)	
E-mail: (邮箱)		Lecturer's Address / Post Code: (教师通讯地址/邮编)	
Tel: (电话)			
Mobile: (手机)			

Adoption Details（教材信息）　　　影印版 □　　　双语版□　　　翻译版□

Title: (中文书名) 　　　(英文书名) Edition: (版次) Author: (作者)	
Local Puber: (外国出版社)	

Enrolment: (学生人数)		Semester: (学期起止日期时间)	

通过哪种方式获得我社的图书信息

参加会议 □　　　邮寄书目 □　　　书店□　　　网站□　　　他人推荐□

Please fax or post the complete form to（请将此表格传真或 email 至）:

东北财经大学出版社有限责任公司
电话: (86) 0411-84710878/84712996
传真 : (86) 0411-84710878
邮箱: guohebu@126.com
通讯地址: 辽宁省大连市沙河口区尖山街 217 号东北财经大学出版社
邮编: 116025